공문제자화전

孔門弟子畵傳

3

전언(前言)

BC 5세기에 춘추시대 노나라에서는 위대한 사상가이자 교육가인 공자가 '관부(官府)에서의 배움'이라는 전통을 타파하고 사학(私學)을 열었는데, 출신 성분의 빈부와 귀천을 막론하고 모두 그의 학생이 될 수 있었으며, 이는 중국 교육의 선하(先河)를 연 것이었다. 그는 재목에 따라 가르침을 베풀고 사람을 가르치는 데 게을리하지 않아 성공적으로 대규모의 제자들을 교육해냈다.

전하기로는 제자가 3천 명이고, 현자가 72명이었다고 한다. 공자가 세상을 떠난 이후 그의 제자들은 그가 강술(講述)한 내용을 정리하여 《논어》 등의 전적을 편정(編訂)하고 아울러 문도들을 받아들여 학문을 가르쳐 공자의 사상을 가르쳐 점차 유가학파를 형성하게 되었다. 공자 문하의 제자들은 공자 사상의 전파와 발전, 보급에 중요한 작용을 하였을 뿐만 아니라 그들 자신의 사상 학설 또한 유가 사상의 중요한 구성요소가 되었다.

한대(漢代)에 '백가(百家)를 몰아내고 유술(儒術)만 높인' 후부터 유가사상은 점차 중국 역대 왕조의 정통사상이 되어 중국 민족 전통문화의 골간과 초석이 되었다. 역대 통치자는 공자와 그의 제자들을 부단히 높여 봉하였다.

공자는 춘추시대 노나라 애공(哀公)의 '이보(尼父)', 서한 평제(平帝) 때의 '포성선니공(襃成宣尼公)', 북위(北魏) 효문제(孝文帝) 때의 '문성이보(文聖尼父)', 무측천(武則天)의 '융도공(隆道

公)'에서 원나라 무종(武宗)의 '대성지성문선왕(大成至聖文宣王)', 명나라 세종(世宗) 때의 '지성선사(至聖先師)', 청나라 강희(康熙) 때의 '만세사표(萬世師表)'에까지 이르렀다.

공자의 제자 가운데서도 안회(顔回)는 '복성(復聖)'에 추봉되었고, 증삼은 '종성(宗聖)'에 추봉되었으며, 기타 제자들 또한 전후로 '선현(先賢)'과 '선유(先儒)'에 봉하여졌다.

본서는 광범위하게 해당 자료를 수집하고 착실하게 퇴고하고 정리하여 생평(生平)과 일화(逸話), 유적지 및 명언 등의 네 방면으로 나누어 공자의 제자들에 대해 소개하였다. 곡부사범대학교의 뤄청리에(駱承烈) 교수가 정성껏 구체적인 지도를 해주었으며, 화가인 지아밍(賈明) 선생이 하나하나 공자 문하 제자들의 화상을 그렸으며, 우리는 현존 유적지에 대한 사진을 촬영하고 수집하여 이《공문제자화전(孔子弟子畵傳)》을 완성하여 중국 전통문화를 사랑하는 여러분들과 공유하여 누리기를 바란다. 수준의 한계 때문에 온당치 못한 부분이 있음을 면치 못하겠지만 많은 독자 여러분이 귀중한 의견을 내주시기를 바란다.

— 2024년 4월 편자

역자 서문

중국은 지자체마다 한 글자로 표기하는 방안이 있다. 이 방안은 그 지자체의 역사적 배경과 자연적 지리 등에 의해 결정된다. 하북성과 하남성은 각각 우(禹)가 정한 구주(九州) 가운데 기주(冀主)와 예주(豫州)의 지역에 해당하므로 기(冀)와 예(豫)라고 한다.

산서성은 춘추시대의 강국 진나라가 있던 곳이어서 진(晉)으로 표기한다. 그런데 제나라가 대부분을 차지했던 산동성은 당시 춘추오패의 하나였던 제(齊)가 아니라 제나라와는 비교도 할 수 없을 정도로 약소국이었던 노(魯)로 표기한다. 이는 국력의 잣대가 아닌 문화적 잣대를 고려한 것인데 2500년이나 중국의 이념적 근저가 된 유가의 창시자인 공자(孔子)가 노나라 출신이기 때문이다.

공자가 나고 자라면서 유가를 창시하는 데 발판이 된 옛 노나라 지역인 산동성 곡부에 가면 지금도 공자의 숨결을 어디서나 느낄 수 있다. 특히 핵심이 되는 곳은 명나라 때 지어진 노성 안팎에 있는 공묘(孔廟 : 공자의 사당)와 공부(孔府 : 공자 종손인 연성공延聖公의 거처와 집무 공간) 그리고 공림(孔林 : 공자와 그 후손들의 공동묘지)인 이른바 삼공(三孔)이다.

나는 곡부(曲阜)에 네 차례 가본 적이 있는데 한 번을 제외하면 모두 노성 안에 위치한 궐리빈사(闕里賓舍)에서 묵었다. 궐리빈사는 지은 지 40년이 다 되어가는 요즘 기준으로 보면 낙후하여 그리 편의시설이 잘 갖춰진 호텔이라고는 볼 수 없다.

고층건물도 아니고 전통 양식을 많이 적용한 기와를 얹은 외양을 갖추고 있다. 이는 노성 안의 건물은 모두 바로 옆에 위치한 공묘 대성전의 높이를 초과할 수 없다는 규정을 따른 때문이다. 그래도 나는 다음에 또 간다면(물론 몇 번은 더 갈 것이다) 숙소는 무조건 이곳 궐리빈사로 생각하고 있다. 강점이 많기 때문이다. 단체 투어를 하더라도 일정 외의 전후 자투리 시간을 이용해서 노성 안팎을 시간 나는 대로 걸어서 다 돌아볼 수 있는 장점이 있기 때문이다.

중국 호텔의 객실에는 그 지역을 홍보하기 위한 책자 같은 것을 비치해 놓는데, 보다가 맘에 들어 소장을 하고 싶으면 프런트에서 살 수도 있다. 일정을 마치고 객실에 비치해 놓은 책자를 살펴보았는데 눈길을 끄는 책이 한 권 있었다. 바로 본 역서의 원본 《공문제자화전(孔門弟子畫傳)》이다. 꼼꼼히 다 살펴볼 수는 없었지만 유명한 제자나 눈길 가는 대로 손이 펼쳐주는 페이지를 따라 몇 편을 읽어보았더니 재미가 있어서 프런트에 이야기를 해서 한 권을 샀다. 그랬더니 수책(手冊) 형태로 원문만 수록한 《논어》까지 덤으로 준다.

노성 남쪽으로 조금 나오면 공자문화원이 있다. 삼공과는 달리 현대에 조성한 국제적인 공자연구센터이다. 그 맞은편에는 논어비원(論語碑苑)이 있는데 《논어》전 장구에 해당하는 512장(章)을 중국 국내외의 저명한 서예가에게 위촉하여 쓰게 하고 비석으로 만들어 비원을 조성한 것이다. 각종 서체가 망라되어 있고 우리나라 서예가도 참가하였다. 공자문화원에는 로비부터 《논어》에 나오는 상황을 테마로 조형물을 설치해 놓았다. 정면에 사자시좌(四子侍坐) 장을 구현한 조형물이 있고, 그 뒤쪽으로는 진채절량(陳蔡絶糧)[1]과 만년저술(晩年著述)을 표현한 조형물도 있다. 그리고 그 외에 각 공간에서는 관련 책 등 각종 관련 전시를 하기도 한다. 그 가운데서 가장 나의 눈길을 끈 것은 「공문칠십이현상(孔門七十二賢像)」이었다.

공문칠십이현상은 3천 제자 가운데 현자로 알려진 72명의 아담한 사이즈의 조상을 만들어 전시한 것이다. 피라미드 형태의 4단으로 구성하였는데 제일 꼭대기에는 단 한 사람 공자가 서 있다. 그 다음 단에는 이른바 공문십철이라고 하는 10명의 제자가 모두 바깥쪽을 향하여 서 있다. 다음의 아래쪽 두 단은 나머지 62명의 제자들이 같은 자세로 서 있다. 그 상(像)들을 본 후 느낀 생각이 저것을 책으로 표현하면 아마 《공자제자화전》이 될 것 같다는 것이었다.

여행에서 돌아왔고 기존의 사서 강의가 이어졌다. 관련 조목이 나오면 틈틈이 이 책을 보면서 수강생들에게 예화를 들려주었다. 이 책을 봄으로써 강의의 내용이 훨씬 풍부해졌고 수강생들의 호응도 피부로 느껴졌다. 이 책의 구성을 잠깐 소개해 보겠다.

---

1) 노나라 애공 6년(B.C. 489)경 천하를 돌아다니던 공자가 초나라의 초대를 받고 가는 도중에, 진나라와 채나라의 국경 어딘가에서 포위를 당하여 7일간이나 꼼짝달싹 못하는 신세가 되었다. 마침내는 양식이 떨어져 다 굶어 죽을 판이었다. 이를 '진채절량陳蔡絶糧' 사건이라고 한다.

서문이나 개황은 빼고 본문 위주의 소개임을 밝힌다.

1. 일생, 2. 일화, 3. 유적지, 4.《논어》의 관련 장구 순으로 서술하고 있다. 일생은 생몰연대와 출신지, 공자 문하에서의 위치, 사후 추봉된 내력 등을 서술하고 있다. 일화는 그야말로 숨겨진 해당 인물의 이야기를 소개하고 있다.

유적지는 무덤과 사당, 기타 유적지를 빠짐없이 찾아 경우에 따라 도판을 곁들이기도 하였다. 《논어》관련 장구는 언급된 회수와 언급된 장구를 소개한다. 가끔 《논어》 외에서 언급한 부분도 수록되어 있는 것이 보인다.

이상의 내용에서 가장 중요한 부분은 일화를 다루고 있는 두 번째 부분일 것이다. 자로가 부모를 위해 밤에 쌀을 지고 100리 길을 왕복하였다거나 안회가 밥을 짓다가 흙덩이가 묻은 밥을 차마 못 버려 먹다가 들키는 등 문헌에서 찾아볼 수 있는 것이 있는가 하면, 염경이 속수의 예를 갖출 형편이 못 되어 나무 위에서 몰래 강의를 듣다가 떨어져서 다치거나 공야장이 새의 말을 듣다가 누명을 쓰는 등과 같이 문헌에서 찾아보기가 힘든 경우도 있다.

같은 인물 속에서도 위 자로의 경우처럼 「백리부미(百里負米)」의 고사가 있는가 하면 공자를 처음 만날 때 우물가에서 호랑이를 만나 다툰 이야기 등 잘 알려지지 않은 부분도 있다. 다만 72제자 가운데 익히 알려진 제자의 경우에는 관련 조목마다 제대로 잘 갖추어진 반면 그렇지 않은 사람도 많아 일생에서 추봉된 것만 간략하게 소개하고 끝나는 부분도 많다.

　이렇게 편차가 큰 까닭은 아무래도 전승되어 오는 자료의 한계 때문일 것이다. 그래도 소개된 일화 등을 보면 제자들의 성격을 파악하는 데 큰 도움이 된다는 것을 알 수 있다.

　국내에는 이렇게 공자 제자들의 전기만 간략하게나마 한데 모아서 엮은 책이 거의 없는 것으로 알고 있다. 늦게나마 이런 책을 소개할 수가 있어서 다행이라고 생각한다. 이 책을 내는 데 감사를 드려야 할 분이 있다.

　독서를 그리 즐기지 않는 시대를 맞아 요즘 도서출판이 어려운 상황에서도 이 책의 출판을 선뜻 허락해 주신 명문당 김동구 사장님께 깊은 감사를 표하는 바이다. 그리고 이 책의 편집 등 실질적으로 이 책이 나오는 데 가장 큰 역할을 한 채희걸 편집장님께 무엇보다 큰 감사를 표한다. 그 외에 이 책이 나오기까지 알게 모르게 많은 도움을 주신 모든 분들께 감사드린다.

　다음에 산동성[魯] 곡부에 가서 공자와 제자들의 유적지를 돌아보면 전과는 확연히 다른 감흥을 느끼게 될 것 같다.

2024년 어느 봄날 장세후

차 례

서론 : 공자 문하의 제자 개황 및 그 역사적 작용

공자는 30세 안팎에 강단을 설치하고 가르치기 시작하였는데 빈부와 귀천을 가리지 않고 널리 문도들을 받아들여 《시》와 《서》, 《예》, 《악》을 가르치고, 아울러 '자신이 하고자 하지 않는 것을 남에게 베풀지 않는(己所不欲, 勿施於人)' 원칙을 이어 '인(仁)'을 핵심으로 하는 사상을 전파하여 대규모 사학교육의 선하(先河)를 열었다.

공자는 온순[溫]하고, 어질고[良], 공손하고[恭], 검소하고[儉], 겸양하여[讓] 가르침을 베푼 40여 년 동안 가르침에 차별을 두지 않는 학교 설립의 종지(宗旨)를 가지고 '배우기를 싫어하지 않으며, 사람 가르치기를 게을리하지 않는(學而不厭, 誨人不倦)' 교육정신과, 재능에 따라 가르쳐주고 계발시키고 유도하는 교육방법을 가지고 많은 재능 있는 학생들을 양성하였으며, 유가사상의 형성과 계승, 전파에 중요한 작용을 발휘하여 후세에 큰 영향을 끼쳤다.

1. 공자 문하의 제자 개황(槪況)

사마천(司馬遷)은 《사기(史記)》 〈공자세가(孔子世家)〉에서 "공자는 《시》와 《서》, 《예》, 《악》을 가지고 가르쳤는데, 제자가 거의 3천 명이었다."라고 하였다. 공자의 제자 가운데 비교적 유명한 사람으로는 '공문칠십이현(孔門七十二賢)'과 '공문십철

(孔門十哲)'이 있다. '칠십이현'은 공자의 제자 가운데 이름이 알려진 현자에 대한 일종의 통속적인 일컬음이지 결코 72명은 아니다.

《사기》에는 두 가지 기록이 있어 왔는데, 〈공자세가〉에서는 공자 문하의 제자로 '육예(六藝)에 통달한 자가 72명'이라 하였고, 〈중니제자열전〉에서는 공자의 말을 인용하여 공자 문하의 제자로 '학업을 배워 정통한 자가 77명'이라 하였고, 아울러 이 77명에 대하여 간단한 소개를 하였으며, 그 가운데 35명은 성명과 자, 나이를 기록하였으며, 언행이 있는 사람이 27명이며, 나머지 42명은 성명과 자만 있다.

'공문십철'은 《논어》 선진(先進)편에 나오는데, 공자가 열거한 뜻을 얻은 제자 10명을 말한다. 공자는 "덕행(德行)에는 안연(顏淵), 민자건(閔子騫), 염백우(冉伯牛), 중궁(仲弓)이었고, 언어(言語)에는 재아(宰我), 자공(子貢)이었고, 정사(政事)에는 염유(冉有), 계로(季路)였고, 문학(文學)에는 자유(子游), 자하(子夏)였다."라고 하였는데, 후인들은 이 10명의 우수한 제자를 '공문십철'로 병칭하였다.

2. 공자 제자의 내원(來源)

문헌 자료를 근거로 추론해 보면, 공자에게는 비교적 문도들을 집중적으로 받아들인 시기가 3차례 있었는데, 공자 문하의 제자들은 이에 따라 대체로 초기와 중기, 후기의 3시기로 나눈다.

첫번째 문도들을 받아들인 것은 노나라 소공(昭公) 24년(BC 518) 전후이다. 맹희자(孟僖子)[2]는 삼환(三桓)[3]의 하나로 임종 때 두 아들에게 공자에게 예를 배우라는 유언을 했다. 그 후 공자 문하의 제자들은 조금씩 더 진전이 있었다.

공자의 초기 제자로 연대를 고증할 수 있는 사람은 6명으로 공자와의 연령 차이는 약 10세 정도이고, 모두 다 노나라 사람이며, 주로 빈한한 가문의 자제였다.

두 번째로 문도들을 받아들인 것은 공자가 중도재(中都宰)[4]를 맡았던 전후의 시기이다. 공자의 사회적 지위는 조금 더 높아졌고 명성이 조금 더 확대되었으므로 많은 학자들이 명성을 흠모하여 와서 배우기를 구하였으며 공자 문하의 "제자들이 갈수록 많아져 먼 곳에서 이르러 수업을 받지 않음이 없는" 형국을 형성하였다. 공자의 중기 제자 가운데 연대를 고증할 수 있는 사람은 19명으로 공자와의 연령 차이는 대략 30세 정도이다. 그들은 대부분 노나라 사람

---

2) 맹희자(孟僖子) : 성(姓)은 희(姬)이고 씨(氏)는 맹(孟)이며 이름은 획(貜), 시호는 희(僖)이다. 춘추시대 후기 노나라 사공(司空)으로 삼환(三桓) 중 하나이며 맹효백(孟孝伯)의 아들이다. 노나라 소공(昭公)을 수행하여 초나라를 방문할 때 정나라를 거쳐 초나라에 이르렀는데, 전혀 예(禮)로 외교업무를 처리하지 못하여 맹희자는 이를 매우 부끄럽게 여겼으며, 마침내 분발하여 주나라의 예법을 배웠다. BC 518년에 맹희자는 죽음을 앞두고 두 아들(孟懿子와 南宮敬叔)에게 공자를 스승으로 모시라는 유언을 하였다.

3) 춘추시대 노(魯)의 환공(桓公)에게서 난 맹손(孟孫)·숙손(叔孫)·계손(季孫) 세 대부(大夫).

4) 중도(中都) : 지금의 산동(山東) 문상(汶上).

이었고 또한 제(齊)나라, 위(衛)나라 사람도 있었으며, 그 가운데 일부 제자는 공자를 따라 열국을 주유하기도 하여 환난의 제자라 할 만하다.

세 번째로 문도를 받아들인 것은 노나라 정공(定公) 11년(BC 484년) 이후로 공자가 열국을 주유하다가 노나라로 돌아온 후 계속 강학하고 가르침을 베풀던 때이다. 공자 문하의 후기 제자들 가운데 연대를 고증할 수 있는 사람은 18명으로 공자와의 연령 차이는 대략 40세 정도이다.

그들의 본관은 잡박하고 다수가 노나라 사람이지만, 진(陳)·위(衛)·오(吳)·초(楚)·진(晉)·송(宋) 등의 나라에서 온 제자들이 부쩍 증가하였다. 공자의 후기 제자들은 공자가 고대 전적들을 정리하는 데 힘을 보탠 조수들로서, 어떤 제자들은 조예가 상당히 깊어 학술적 성취로 드러난 사람이 많다. 이런 학생들은 공자의 영향을 확대해 가는 방면에서 중요한 역할을 하였으며, 이 때문에 역사적으로 일정한 지위가 있다.

3. 공자 문하 제자의 공통점

공자가 일생 동안 받아들인 제자는 상세한 통계는 없지만, 초·중기 제자나 후기의 제자를 막론하고 모두 비교적 뚜렷한 공통점이 있다.

첫째, 배우기를 좋아하고 질문을 잘했다. 공자의 제자들은 자질의 고하를 막론하고 모두 배우기를 좋아하고, 생각이 깊었으며, 부지런히 공부하고 질문을 잘하였다. 안회(顔回)는 총명하고 배우기를 좋아하여 공자는 수차례나 안회의 배우기를 좋아하는 정신을 칭찬하였다. 증자는 아주 총명하지는 않아서 공자는 그를 비교적 노둔하다고 하였지만, 각고의 노력으로 공부를 해서 결국 유가사상을 전파하는 가장 중요한 대표자 중의 하나가 되었다.

공자 문하의 제자는 결코 학습에만 몰두한 것이 아니지만, 공자에게 가르침을 청하기를 좋아했다. 《논어》에서는 많은 스승과 학생 사이의 문답을 기록하고 있는데, 이를테면 안회는 인(仁)에 대해서 묻고, 자유(子游)는 효(孝), 자공(子貢)은 군자(君子), 임방(林放)은 예(禮), 번지(樊遲)는 인(仁), 자로(子路)는 귀신을 섬기는 등등의 일에 대하여 물었다.

공자는 모두 대답을 해주었다. 바로 대답하는 과정 중에 공자는 이 문제들에 대한 관점을 표현했으며, 점차 유가사상을 형성하게 되었다. 공자는 '질문'이 학습에서 일으키는 작용을 특히 중시하였다. 공자는 일찍이 "알지 못하는 문제에 부딪혔을 때는 문제의 정반(正反) 두 방면을 물어보면 전부를 분명히 알 수 있다."5)라고 하였다.

스승과 제자들은 묻고 답하는 사이에 학생들의 의혹에 대해 대답을 해주는가 하면, 또한 공자를 계발시켜 주는 것도 있었다. 공자는

---

5) 《논어》 자한(子罕)편에, 공자께서 말씀하셨다. "내가 아는 것이 있는가? 나는 아는 것이 없다. 그러나 어떤 비루한 사람이 나에게 (무엇을) 물으면 그가 아무리 무식하다 하더라도 나는 그 양쪽을 다 말해준다."(子日 吾有知乎哉아 無知也로라 有鄙夫問於我하되 空空如也라도 我叩其兩端而竭焉)라는 말을 참조하라.

제자 자하(子夏)가 《시(詩)》에 대해 물었을 때, 그를 계발시켜 준 것에 대해 감탄한 적이 있었다. "나를 일깨워주는 사람이 상이로구나(起子者商也)!"

둘째, 덕행을 중시했다. 공자는 도덕교육을 매우 중시하여 "제자가 들어가서는 효도를 하고, 나와서는 공손하며, (행실을) 삼가고 (말을) 성실하게 하며, 널리 사람들을 사랑하되 인(仁)한 이를 친히 해야 하니, 이것을 행하고도 남는 힘이 있으면 글을 배워야 한다(子曰 弟子入則孝 出則弟 謹而信 汎愛衆 而親仁 行有餘力 則以學文)."[6] 는 것을 요구하였다.

학생들에게 먼저 사람이 된 다음에 일을 할 것을 요구한 것이다. 공자 문하의 제자들은 공자의 교육하에 모두 우수한 덕행과 수양을 갖추었는데, 이를테면 민자건(閔子騫)과 증자(曾子)의 효, 자장의 충신(忠信), 자로의 충용(忠勇) 같은 것이다.

셋째, 지향(志向)이 높고 멀었다. 공자의 제자 가운데는 매우 많은 사람이 세상을 구제하고 나라를 안정시킬 치국(治國)의 재능을 갖추었고, 원대한 이상적 포부를 갖추었다. 그러나 공자 문하의 제자들이 출사하여 관직생활을 하는 데는 대부분 원칙이 있었는데, 이는 공자가 가르쳐준, "천하에 도가 있으면 나타나고(벼슬하고), 도가 없으면 숨어야 한다(天下有道則見, 無道則隱)."는 것이었다.

그들은 일신과 일시의 부귀영화를 위해서 조금도 무원칙적인 관직생활을 할 수 없었다. 공자는 "의롭지 못하면서 부유해지고 귀해

---

6) 《논어》 학이(學而).

짐은 나에게 있어 뜬구름과 같다(不義而富且貴, 於我如浮雲)."라고
하였다. 무도한 임금이나 나라를 만나면 차라리 시골에서 곤궁하게
살기를 바랐다.

공자 문하의 제자들은 하늘을 공경하고 백성을 보호하며, 덕을
밝히고 벌을 삼가 행하는 예악의 다스림으로 관직생활을 했고 덕으
로 정치를 행하였다. 자로(子路)와 자천(子賤), 무마시(巫馬施) 등
출사한 제자들은 모두 공자의 이 사상을 실천하였으며, 관직생활을
할 때 모두 세상 사람의 칭찬을 받는 정적(政績)을 쌓았다.

넷째, 박학하고 재예(才藝)가 많았다. "도에 뜻을 두고, 덕을 굳
게 지키며, 인에 의지하고, 예에 노닌다(志於道, 據於德, 依於仁, 游
於藝)."는 것이 공자가 학생들에게 보편적으로 요구하는 것이었
다. 덕행 이외에도 공자는 "예(禮)·악(樂)·사(射)·어(御)·서(書)
·수(數)" 육예(六藝)를 가르쳤는데, 72제자는 바로 육예에 통달한
것으로 알려졌다.

《논어》에서 공자는 염구(冉求)의 재주를 칭찬하고 아울러 염구
의 '재주[藝]'를 "장무중의 지혜와 공작(公綽)의 탐욕하지 않음과
변장자의 용기(臧武仲之知 公綽之不欲 卞莊子之勇)"와 나란히 열
거하여 전인[成人]이 되는 조건의 하나로 삼았다.

4. 공문 제자들의 상이점

《순자(荀子)》 법행(法行)편의 기록에 의하면, 남곽혜자(南郭惠子)
라는 사람이, 공자 문하의 제자들에 대해, "선생님의 문하는 뭐가

그리 복잡합니까(夫子之門, 何其雜也)?"라고 비웃은 적이 있다. 공자의 제자들은 사회 각계각층의 출신이면서 성격도 뚜렷한 차별을 가지고 있다. 지역도 같지 않고 빈부도 일치하지 않으며, 성격 또한 각기 다른 것은 공자 문하 제자의 현저한 특징이며, 또한 공자의 가르침에 차별을 두지 않는 교육사상의 구체적인 체현(體現)이다.

첫째, 공자 문하의 제자들은 사회계층의 출신이 다르다. 그들 중에는 빈민과 장인(匠人)·천인(賤人)·비인(鄙人)·야인(野人), 심지어 형도(刑徒)도 있었고, 또한 상인과 귀족도 있었다. 그 가운데 대다수는 평민 출신이다.

"궁벽하게 누추한 골목에서 살면서 대밥그릇의 밥과 표주박의 물을 마신(窮居陋巷, 簞食瓢飮)" 안회와 "변(卞)지방의 야인(野人)으로 명아주를 먹은" 자로, "곤궁하여 사흘 동안 불을 피우지 못했고 10년 동안 옷을 짓지 못했던" 증삼, "방의 문을 쑥대로 만들고 천정은 새고 아래는 축축했던" 원헌(原憲), "아버지가 천인으로 집에 송곳을 세울 땅이 없었던(無立錐之地)" 중궁(仲弓) 등과 같은 사람들이다.

상인 출신도 있는데, 상업과 매매업에 종사했던 자공 등이다. 또한 소수이지만 귀족 출신도 있는데, 노나라의 남궁괄, 송나라의 사마경 등과 같은 사람이다. 또한 죄를 지어 투옥된 적이 있는 사람도 있으니 공야장과 자장 같은 사람이다.

둘째, 공자 문하 제자들은 성격이 뚜렷하고 매우 다르다. 안회는 겸손하고 학문을 좋아하였으며, 민자건은 침묵하여 중후했고, 염경은 솔직담백하였으며, 염옹은 도량이 넓었고, 염구는 활발하고 명랑하였으며, 자로는 뻣뻣하고 용기를 좋아했고, 자아는 언변이 매우 뛰어났으며, 자공은 통달하고 총명하였고, 자하는 무용이 있고 진솔하였으며, 자장은 개성이 강해 떠벌렸고, 증자는 조용하고 명철하였으며, 자천은 임금을 높이고 예를 지켰으며, 원헌은 가난을 편안하게 여기고 도를 즐겼으며, 남궁괄은 삼가고 덕을 높였으며, 공석(公皙)은 홀로 군자의 도를 행하였고, 증점은 호방하고 얽매이지 않았으며, 고시는 성격이 곧고 상쾌했으며, 칠조개는 강직하고 바르며 아첨하지 않았다.

이런 성격이 각기 다른 제자들이 공자의 문하에 모여 공자로 하여금 더욱 정확하게 인성의 특징을 파악하게 하고 사회의 각 방면을 이해하게 하였으며, 사람과 사람 사이에 처한 원칙과 분수를 깨닫게 하였고, 공자의 사상과 일상생활을 풍부하게 하였다.

셋째, 공문 제자들의 성취는 각자 나름의 장점이 있다. 정치 외교에 뛰어난 사람도 있고 전적을 정리하고 제자들을 가르친 사람도 있으며 덕행을 수양한 사람도 있다. 사료의 기록에 의하면, 공문 제자들 가운데 나라를 다스리고 정치에 참여한 사람이 11명인데 노나라와 제나라, 위(衛)나라에서 임직한 사람이 많았다.

자로는 전후로 노나라 계씨의 총관(總管)과 위나라 포읍(蒲邑)의 읍재를 맡았고, 염경은 노나라의 중도재를 맡았으며, 염옹과 염구는 전후로 노나라 계씨의 총관을 맡았고, 자천과 무마시는 전후로 위나라의 선보재(單父宰)를 맡았으며, 고시는 전후로 노나라와 위나라 두 나라에서 관직을 맡았고, 자유는 노나라의 무성재가 되었고, 재여는 제나라의 임치대부가 되었으며, 자공은 제나라의 대부를 맡았고, 자하는 노나라의 거보재(筥父宰)를 맡았다.

72현 가운데 학생을 받아들여 학업을 가르친 사람도 또한 적지 않으며 강단이 노나라와 제(齊)·오(吳)·초(楚)·진(陳)·위(衛)나라 등 제후국에 널리 분포되었으며 사료에 기록이 있는 사람이 7명이다. 안회는 공자를 따라 열국을 주유하다가 노나라로 돌아와서 곡부에서 학교를 열었다. 공야장은 제나라의 고향으로 돌아가 사람들에게 책을 가르쳤다. 담대멸명은 남쪽으로 오·초7)에까지 이르러 강학하였는데 문도가 300여 명에 달하였다. 자하는 위나라의 서하(西河)8)에 이르러 강학하였는데, 제자들이 문을 가득 채워 수업을 듣는 자가 300 명에 이르렀고 사람들은 그를 "복부자(卜夫子)"라 일컬었다. 자유는 만년에 강남(江南)9)으로 돌아가 강학을 하고 도를 전하였으며, "도로 동남방을 열고 문으로 오회를 연(道啓東南, 文開吳會)" 「남방부자(南方夫子)」이다. 증자는 노나라 남무성에서 강학하고 가르쳤으며 제자가 70여 명이었는데 공자의 손자인 공급(孔伋)도 증자에게 배운 적이 있다. 자장은 진(陳)나라에서 제자들을 불러 모았는데 영향이 매우 컸다.

자하와 자유, 자장의 학교를 세운 영향은 매우 커서 전국시대 초기와 중기에는 언(言)과 복(卜), 전손(顓孫)의 3대 교육 유파가 정립하는 성황(盛況)을 출현시켰다. 공자의 제자 가운데 상업의 영역

---

7) 지금의 강서(江西) 일대.

8) 지금의 하남 안양(安陽).

9) 지금의 상해시 봉현구(奉賢區).

에 속하여 초나라에서 날개를 폈던 자공은 중국 역사상 문인이면서 상업을 경영한 첫 번째 사람으로 "유상(儒商)의 비조"라고 일컬어지고 있다. 공자 문하 제자 가운데는 또한 원헌(原憲)을 대표로 하는 몇몇 권귀(權貴)를 위해 봉사하기를 원치 않는 지식을 가지고 난세에서 은거하며 사는 사람도 있다.

5. 공문 제자의 역사적 지위와 작용

공자의 인격과 사상의 영향 아래 공자의 제자들은 굳게 공자를 따르고 공자의 주장을 옹호하였으며 그것을 사방과 후세에 전하여 떨쳤다.

1) 공자 문하의 제자들은 공자의 확고한 지지자이다. 우선 공자 문하의 제자는 공자의 치국사상의 지지자이다. 초기 제자인 자로는 공자가 "세 도읍의 성을 허물어(隳三都)" 노나라 대신의 세력을 약화시키고 노나라 임금에게 권력을 집중시켜 주는 것을 도운 적이 있는데 이는 공자 사상에 대한 일차적인 실천이다. 공자 문하의 제자들은 공자의 지음(知音)으로 그들은 공자가 교수한 육예에 정통하였을 뿐만 아니라 정확하고 깊이 있게 공자의 사상을 이해하고 파악할 수 있었다. 염구와 재여는 공자의 비평을 가장 많이 받은 학생으로 심지어 개별적인 방면에서 공자의 사상을 위반하였지만, 중요한 시각에서는 자기의 스승을 옹호하였고 아울러 공자와 생사를 함께했다.

다음으로 공자 문하의 제자들은 공자의 정신적인 지지자이다. 노나라 정공(定公) 13년(BC 497)에서 노나라 애공(哀公) 11년(BC 484)까지 50세를 넘긴 공자는 정치사상을 실현하고 인애(仁愛)를 전파하고자 14년간 열국을 주유하면서 위(衛)나라와 광(匡)·포(蒲) 그리고 조(曹)나라와 송(宋)나라·정(鄭)나라·진(陳)나라·채(蔡) 나라·초(楚)나라 등 9개 제후의 나라와 지역10)에 이르러 수천 리를 돌아다니며 크고 작은 봉군(封君) 70명을 만나보았다. 당시의 교통이 매우 발달하지 않았던 시대에 영향이 매우 컸다. 공자는 진나라와 채나라 사이에서 양식이 떨어지는 곤경을 겪고, 광 땅 사람의 포위와 환퇴의 난을 당한 적이 있으며 마음이 불안하고 허둥대어 심지어 '상갓집 개(喪家之狗)'라는 놀림을 받은 적도 있다.

공자가 가장 어려웠을 때 안회와 자로, 자공 등 제자들이 그를 따라 사방으로 생사를 함께했다. 염구는 백방으로 노력한 끝에 결국 나라 밖을 떠돌던 공자가 노나라로 귀국할 수 있게 하였다. 더욱 중요한 것은 공자 문하의 제자들은 공자가 전적을 정리하는 데 힘을 보탠 조수이자 만년의 동반자라는 사실이다.

공자가 만년에 노나라로 돌아온 후 자하와 증자 등 제자들은 공자의 신변에서 공자가 문헌을 정리하는 것을 도와주었다. 공자가 곤경에 처했을 때는 자공과 염구 등의 제자들이 공자를 많이 보살폈다. 공자 문하의 제자들 가운데 어떤 사람들은 심지어 죽을 때까지 공자를 따라다녔는데 그 정감의 깊이는 부자 형제보다 더하였다. BC 479년에 공자는 73세로 세상을 떠났으며 곡부 성 북쪽 사

10) 지금의 하남 복양(濮陽)과 산동 정도(定陶), 하남 상구(商丘), 하남 회양(淮陽), 하남 상채(上蔡), 하남 신양(信陽) 등지를 포괄한다.

27

수(泗水) 가에 묻혔는데 제자들은 부친의 예로 공자를 대하여 3년 상을 지냈다. 자공은 공자가 세상을 떠났을 때 공자의 신변에 있지 않아 은사에 대한 부끄러움이 배가되어 다른 제자들이 떠난 뒤에 공자의 무덤 곁에 초려(草廬)를 짓고 계속 상을 지켜 다시 3년이 지난 후에야 마지못해 절을 하고 그곳을 떠났다.

2) 공자 문하의 제자들은 공자 사상의 직접적인 계승자이다. 공자가 세상을 떠난 후 제자들은 공자의 일상적인 가르침과 생활 상황을 추억하면서 《논어》를 정리하여 "전술하되 창작하지 않은(述而不作)" 공자를 위해 진귀한 기록을 남김으로써 우리로 하여금 2500여 년이 지난 후에도 공자의 정성스런 가르침을 깨달을 수 있게 하였다. 《논어》는 또한 이 때문에 유가의 경전이 되어 중국의 교육과 문화 발전에 심원한 영향을 끼쳤다.

3) 공자 문하의 제자들은 공자 사상의 적극적인 전파자이다. 공자 문하의 제자는 노나라와 제(齊)·위(衛)·송(宋)·진(陳)·채(蔡)·진(秦)·진(晉)·오(吳)·초(楚)나라 등 10여 개국에서 모였다. 그들은 학문을 이룬 후에 다시 광활한 사회생활 속으로 돌아가 공자의 사상을 전파하고 공자의 품덕을 선양하였다. 자하와 자유, 자장, 증자 등을 대표로 하는 일단의 공자 문하의 제자들은 고향으로 돌아가 제자들에게 강학하는 것을 업으로 삼아 공자의 사상과 유가 경전을 사방으로 전하고 유가 문화의 전파와 전승에 탁월한 공헌을 하였다. 통계에 의하면 지금 산동과 하남 등 8개 성(省) 40여 현(縣

: 市)에 공자 문하 제자의 유적이 있으며 남으로는 강소와 안휘, 상해, 강서에까지 서로는 산서에 이르고, 서남쪽으로는 사천까지 이르며 산동과 하남 두 성에 가장 밀집되어 있다. 이로써 공자 사상의 전파가 광범위하였음을 알 수 있다.

공자 문하의 제자들은 공자의 사상을 정리하고 연구하며 계승, 발전시키는 데 중요한 공헌을 하였으며 중요한 역사적 지위를 갖추었다. 전국시대의 한비자(韓非子 :《한비자》〈현학顯學〉)는 '유분팔파(儒分八派)'를 제기하였는데, 바로 '자장지유(子張之儒)'와 '자사지유(子思之儒)', '안씨지유(顔氏之儒 ; 안회)', '맹씨지유(孟氏之儒 ; 맹자)', '칠조씨지유(漆雕氏之儒 ; 칠조개)', '중량씨지유(仲良氏之儒)', '손씨지유(孫氏之儒 ; 순경)', '악정씨지유(樂正氏之儒 ; 악정자춘)'이다.

공자 문하의 제자들이 다른 문파를 형성한 것은 공자가 재주에 따라 가르침을 시행한 성과는 이미 유가학설에 새로운 생명력을 주입시키고 공자 사상을 발전시켰으며 중국의 문화를 풍부하게 하였다.

4) 공자 문하의 제자들은 공자 사상의 충실한 실천자이다. 공자 문하의 제자들은 공자의 사상을 실천하여 여러 방면에서 모두 새로운 발전을 이끌었다. 덕행 방면에서 자로는 충의하고 용감하여 '백릿길을 쌀을 지고 양친을 효경하였다(子路負米).' 민자건은 갈대 솜을 넣은 옷을 입고도 어머니에게 순종하여 어버이를 높이고 효제하여 효성이 하늘을 감동시켰다.

안회는 총명하고 진중하며 가난함을 편안하게 여기고 도를 즐겼
으며 배움에 뜻을 두어 공자가 단사표음(簞食瓢飮)과 불천노(不遷
怒) 불이과(不二過)의 미덕을 칭찬하였다. 증삼은 부모를 효경하여
돼지를 죽여 믿음을 보여 몸소 법도로 삼았다. 정치 방면에서 자로
는 걸출한 정치 재능을 가졌으며 정령(政令)이 충신하고 너그러워
포읍을 질서정연하게 다스렸다.

복자천은 선보(單父)를 다스릴 때 "금을 치면서 다스리어(鳴琴而
治)" 공자의 "몸을 공손히 하고 바르게 남면(恭己正南面)"하여 다
스리지 않음으로 다스리는 정치 이상을 실천하였다. 무마시는 별과
달을 보며 정치에 힘써 몸소 힘써 나라를 위해 온 힘을 다하여 백성
들을 행복하게 하였다.

외교 방면에서 자공은 종횡무진 활약하여 노나라를 존속시키고
제나라를 혼란스럽게 하였으며, 오나라를 깨뜨리고 진나라를 강하
게 하였으며, 월나라가 패권을 잡도록 하였다.

공서적은 살찐 말을 타고 가벼운 갖옷을 입고 제나라에 사신으로
갔다. 학술 방면에서는 상구(商瞿)는 《역》을 전하였고, 칠조개는
《서》를 전하였으며, 자하는 《시》와 《춘추》를 전하였고, 다른 공
자 문하의 제자들은 거의 《예》와 《시》에 조예가 깊었다.

5) 공자 문하의 제자들은 공자와 맹자의 사상을 전승한 중요한
연결고리이다. 오랜 기간 동안 사람들은 주로 "공(孔)—맹(孟)—순
(荀)"이라는 삼단론(三段論)으로 초기 유가사상의 전승관계를 개괄
하였으며 공자와 맹자 사이의 전승 과정 중에서 중요한 작용을 일

으킨 공자 문하의 제자들은 소홀히 하였으며 공자 문하 제자들이 초기의 유학에서 형성하고 전승한 작용을 덮어버렸다.

공자가 세상을 떠나고 맹자가 출생한 백 년간 공자 문하 제자들은 강학하고 저술에 종사하여 공자의 사상을 전파하고 널리 발양하였다. 염옹은 《경간집(敬簡集)》 6편을 지어 공자의 응답 가운데서 "경에 처해 있으면서 간략함을 행하는(居敬而行簡)" 관점을 천발(闡發)하였지만 진나라의 분서(焚書)의 화를 겪어 책은 이미 남아 있지 않다. 재여의 글은 《대대례기(大戴禮記)》 왕제덕(王帝德) 제계(帝系)편에 남아 있는데 공자의 관점이 전파될 수 있게 하였다.

상구는 공자에게서 《역》을 배워 후세에 전하였다. 고시는 《자고(子羔)》와 《공자시론(孔子詩論)》 등의 저작을 남겼다. 자하의 공적 가운데 가장 큰 것은 《시》와 《서》, 《예》, 《악》을 전한 것인데, 그 가운데 특히 《춘추》를 공양고(公羊高)와 곡량적(穀梁赤)에게 전하여 지금까지 유전되게 하였다.

증삼은 부지런히 배움에 힘써서 공자의 참된 전함을 자못 터득하였으며 그는 스승이 말로 전하고 몸으로 가르친 것에 근거하여 자기의 탐색과 이해를 더하여 《대학》과 《효경》 등의 경전 저작을 지어 유가 사상의 발전과 보급에 중요한 작용을 하였다.

이것이 바로 공자 문하 제자들의 공자 사상에 대한 계승과 전파 그리고 크게 떨침이며 공자의 위대한 사상은 2천 년을 유전(流傳)해서야 중국의 전통적인 문화의 골간이 되어 세계 각지로 전파되어 갔다. 그리고 공자문하 제자 자신의 독특한 성취 또한 중국의 우수한

전통문화의 중요한 구성 성분으로 중국문화 사상 영원한 광채를 발
하고 있다.

孔門弟子畫傳【秦商】

孔門弟子之秦商——先賢秦子。

庚寅陽春賈明製

孔門弟子【畫傳】

1. 진상(秦商, BC 547~?)

춘추 말기 노나라 사람이다.

당나라 개원(開元) 27년(739)에 상락백(上洛伯)으로 추봉되었
다. 송나라 대중상부(大中祥符) 2년(1009) '풍익후(馮翊侯)'로 높
여 봉하여졌다. 명나라 가정(嘉靖) 9년(1530)에 '선현진자(先賢秦
子)'로 바뀌어 일컬어졌다.

孔門弟子畫傳【顏無繇】

顏無繇，姓顏名無繇，字路。
也稱季路，比孔子小六歲，魯國人。

孔門弟子【畫傳】

2. 안무요(顔無繇)

1) 일생

안무요(BC 545~?)는 자가 로(路)이며, 계로(季路), 안로(顔路)라고도 하고, 춘추 말기 노나라(지금의 산동 곡부) 사람으로 공자보다 6세 적으며 안회(顔回)의 부친이다.

안무요는 공자가 궐리(闕里)에 학교를 설치한 뒤의 첫 번째 제자이다. 《공자가어(孔子家語)》 권 9와 전목(錢穆)이 지은 《공자연표(孔子年表)》의 기록에 의하면 공자는 30세 때 제자를 불러 모았는데 "안무요와 중유(仲由), 증점(曾點), 염백우(冉伯牛), 민손(閔損), 염구(冉求), 중궁(仲弓), 안회, 고시(高柴), 공서적(公西赤) 등 여러 사람이 전후로 좇아 배웠다."

당나라에서 명나라 때까지 안무요는 여러 차례 통치자에 의하여 봉하여졌다. 당나라 현종(玄宗) 개원(開元) 27년(739)에 그를 '기백(杞伯)'에 추봉하였다. 북송 진종(眞宗) 대중상부(大中祥符) 2년(1009)에는 그를 '곡부후(曲阜侯)'에 봉하였다. 명나라 세종(世宗) 가정(嘉靖) 9년(1530)에는 그를 '선현(先賢)'으로 칭하고 공자에 종사(從祀)하였다.

2) 안무요의 일화

안로가 아들을 장사지내다(顔路葬子)

　안회가 죽은 후 그의 부친 안로는 공자와 안회의 후사에 대하여 상의하였다. 옛사람들은 상을 치를 때 관재(棺材)의 외면에 '덧널(椁)'을 씌워 망자의 부유함과 사회적 신분의 고귀함을 드러내 보였다. 안로는 덧널을 살 수가 없어 공자와 상의하였는데 공자의 수레를 팔아 돈을 마련하여 곽을 사서 안회의 상을 치르려 하였다.

　공자가 이 말을 듣고 말하였다. "안 된다. 너는 자기의 아들을 사랑하여 이 생각을 하였으며 나도 이해할 수 있다. 그러나 내 아들 공리(孔鯉)가 죽었을 때 그도 관만 있었고 덧널이 없었으며 그 당시에도 나는 수레를 팔아 아들의 곽을 마련해주지 않았다. 나는 대부를 지낸 적이 있으니, 네가 나의 수레를 팔면 다음에 내가 국왕을 알현하고 대신과 회견할 때는 어떻게 하겠느냐? 내가 수레를 타고 다니지 않으면 안 되는 것이 아니고, 걸어다닌다면 또한 근육을 움직일 수 있지만 '예'의 규칙은 완전히 파괴되지 않겠느냐?"

　공자는 안로의 청을 거절하였는데, 이는 그의 '예'에 대한 엄격한 태도를 반영하고 있다.

　3) 유적지

산동 곡부 안림(顔林)

　세칭 복성림(復聖林)이라고 하며 동안림(東顔林)이라고도 하는데 곡부 동남쪽 11㎞ 지점의 방산(防山) 남쪽 기슭에 있으며 점유 면적은 180여 무(畝 : 30평)로, 안회의 부친 안무요와 안회 및 그 후손들의 묘지이다. 1986년 11월 19일 제령시 인민정부에서 비석을 세웠으며, 시급중점문물보호단위로 정하였다.

곡부 안림

4) 《논어》 가운데 안무요와 관련된 장구(章句)

顏淵死 顏路請子之車以爲之椁. 子曰 才不才 亦各言其子也. 鯉也
死 有棺而無椁. 吾不徒行以爲之椁. 以吾從大夫之後. 不可徒行也.

안연이 죽자 안로가 공자의 수레를 팔아 덧널을 만들 것을 청하
니, 공자께서 말씀하셨다. "재주가 있건 재주가 없건 또한 각각 자
기의 아들이라 말할 것이니 (내 아들) 이(鯉)가 죽었을 때에 관은
있었지만 덧널은 없었다. 내가 수레를 팔아 도보로 다니며 덧널을
만들어 주지 못한 것은 내가 대부의 뒤를 따르기 때문에 도보로 다
닐 수 없어서이다."

38

孔門弟子【畫傳】

子曰：
亡之，命矣夫！
斯人也而有斯疾也！
斯人也而有斯疾也！

庚寅陽春賈明繪

中國 濟寧 曲阜

3. 염경(冉耕)

1) 일생

염경(BC 544~?)은 자가 백우(伯牛)이며, 춘추시대 말기 노나라 동원(東原 ; 지금의 산동 東平) 사람으로 공자보다 7살 적다.

염경은 빈민 출신으로 사람됨이 엄숙하고 단정하여 공자는 그를 매우 중시하였다. 노나라 정공(定公) 10년(BC 500) 염경을 중도(中都)의 읍재로 임명하였다. 염경은 덕으로 백성들에게 은혜를 베풀고 인(仁)으로 정치를 베풀어 정적(政績)이 매우 현저히 드러났고 민심을 깊이 얻어 그가 다스린 중도는 다른 제후국의 모범이 되었으며 공자의 높은 칭찬을 받았다. 공자를 따라 열국을 주유하던 도중에 그는 교화를 널리 베풀었으며 세상 사람들의 존중을 받았다. 후에 염경은 불치의 병을 얻어 공자가 그를 찾아보고 하늘을 우러러 길게 탄식하였고 매우 슬퍼하였다.

염경은 인덕(仁德)의 수양 방면에서 두드러진 성취를 이루었는데 큰 인덕의 수양 방면이나 작은 대인접물(待人接物)의 방면을 막론하고 모두 지극히 타당하였으며 공문제자 가운데서 매우 높은 위망(威望)을 누렸다. 《맹자》 공손추(公孫丑) 상에서는 일찍이 "자하와 자유, 자장은 모두 성인의 일부분만 가지고 있었고, 염우와 민자, 안연은 모두 갖추고 있었으나 미약하다(子夏 子游 子張皆有聖人之一體 冉牛 閔子 顔淵則具體而微)."라 기록하였다. 맹자는 자하와 자유, 자장은 각기 나름대로 공자의 특정 방면의 장점만 갖추고 있었으나, 염우와 민자, 안연은 공자와 마찬가지로 재덕(才德)을 갖추고 있다고 생각하였던 것이다.

당나라 때부터 청나라 때까지 염경은 부단히 제사와 추봉을 받았다. 당나라 현종 개원(開元) 8년(720)에는 염경을 '십철(十哲)'에 편입하고 공자에 배향하였다. 개원 27년(739)에는 '운후(鄆侯)'에 봉하여졌다. 북송 진종(眞宗) 대중상부(大中祥符) 2년(1009)에는 '동평공(東平公)'에 봉하여졌다. 남송 도종(度宗) 함순(咸淳) 3년(1267)에는 '운공(鄆公)'에 봉하여졌다. 명나라 세종(世宗) 가정(嘉靖) 9년(1530)에는 '선현(先賢)'에 봉하여져 공자에 종사(從祀)되었다. 청나라 건륭(乾隆) 21년(1765)년에는 염경을 '십이철(十二哲)'에 편입하고 공자에 배향하였다.

2) 염경의 일화

염경이 몰래 배우다(冉耕偸學)

어느 스승을 뵙는 날 공자는 병풍 앞의 가르치는 자리에서 단정히 앉아 있었고 제자들은 모두 유복(儒服)을 차려입고 엄숙하게 행단(杏亶)의 양쪽에 서서 높이 떠받들며 예를 행하였다. 이때 안무요가 다친 청년 한 사람을 부축하여 행단으로 왔다. 이 청년은 대부분 거의 알지 못하였다. 원래 공자가 학도를 모아 강학을 시작한 이래 그는 늘 와서 몰래 엿들었는데, 어떤 때는 담장 아래 엎드려서 듣고, 어떤 때는 큰 나무에 기어올라 듣기도 하였는데 학생들이 낭독을 하면 그도 따라서 낮은 소리로 따라 읽었다.

날이 오래되어 이렇게 공부를 좋아하면서 어찌하여 자발적으로 와서 스승님께 예를 올리지 않는가 하고 모두의 관심을 끌게 되었다. 안무요는 그를 부축하고 공자의 앞으로 왔는데, 이 청년은 두 무릎을 꿇고 쓰러져서 말하였다.

"저는 일찍부터 선생님을 스승으로 모시고 싶었으나 출신이 비천하여 오래도록 감히 문하에 올라 스승으로 모시지 못하였사오나 오늘 나무에 올라가 몰래 배우다가 그만 부주의하여 떨어져 다쳤사온데 다행히도 구조를 받았습니다. 저는 뻔뻔스럽게 선생님을 스승으로 모시고자 하오니 선생님께서는 학생으로 거두어주셨으면 합니다."

공자는 그를 부축하여 일으켜 세우면서 말하였다. "내 널리 제자를 거두어들이는데 신분의 귀천과 연령의 대소 따위는 가리지 않고 다만 기꺼이 배우려는 의지만 있으면 된다!" 염경은 공자에게 감사의 절을 올렸으며 공자의 가르침 아래 일대의 대현(大賢)이 되었다.

염경이 소를 치다(冉耕牧牛)

한번은 염경이 황하를 건널 때 한 소녀가 황하에 빠진 것을 보고 조금도 주저 없이 뛰어 내려가 생명의 위험을 무릅쓰고 여자아이를 구해냈다. 나중에 여자아이의 부친이 염경에게 감사의 표시로 소 한 마리를 보내주었다. 염경은 마침 소 한 마리가 필요하던 터라 털끝만큼도 사양하지 않고 그것을 받았다. 주위의 사람들이 알고서 분분히 그를 질책하면서 그가 사람을 구하고는 남의 물건을 거두었으니 훌륭한 태도가 아니라고 말하였다. 염경은 울적함을 느껴 사정의 자초지종을 공자에게 알렸다.

공자가 말하였다. "잘 받았다. 네가 받지 않았더라면 다음부터는 위험을 무릅쓰고 남을 돕는 일이 없을 것이며 의와 용기를 보이는 사람도 없을 것이다."

3) 유적지

산동 비성(肥城)의 염경 고리(故里)

지금의 산동성 비성시(肥城市) 서남쪽에는 염씨의 후예들이 씨족을 이루어 살고 있다. 마을 안에는 염자사(冉子祠)와 염자묘(冉子廟)가 있고, 묘(廟)에서 10리 떨어진 곳에 염자묘(墓)가 있다.

산동 동평(東平)의 염자사(冉子祠) 유지

염경이 세상을 떠난 후에 처음에는 문수(汶水) 가에 있는 성 서쪽 문밖의 감화교(感化橋) 곁에 장사를 지냈다고 한다. 당나라 때 지금의 산동 태안시(泰安市) 동평호(東平湖) 곁의 노호진(老湖鎭) 염자촌(冉子村)으로 이장하였다. 현재 동평의 염자사는 유지만 남아 있다.

하남(河南) 맹진(孟津)의 염백우 묘(墓)

염백우의 묘는 지금의 하남성 맹진현(縣) 백학진(白鶴鎭) 동남쪽 2리쯤 되는 우장(牛莊)에 위치해 있다. 백우가 죽은 후 이곳의 학생들이 그의 문방사보(文房四寶) 및 서적 등을 망산(邙山) 북쪽 기슭에 있는 오룡구(五龍溝) 입구의 왼쪽에 장사지내고 아울러 마을 이름을 '백우촌(伯牛村)'이라고 고쳐서 염백우에 대한 존경과 추념의 뜻을 표현하였다.

4) 《논어》 가운데 염경과 관련된 장구(章句)

❶ 伯牛有疾 子問之 自牖執其手曰 亡之 命矣夫! 斯人也而有斯疾
也! 斯人也而有斯疾也!

　백우가 병을 앓자, 공자께서 문병하시며 남쪽 창문으로 그의
손을 잡고 말씀하셨다. "이럴 리가 없는데, 운명인가 보다. 이런
사람이 이런 병에 걸리다니! 이런 사람이 이런 병에 걸리다니!"
《논어》 옹야(雍也)

❷ 德行 顔淵閔子騫冉伯牛仲弓 言語 宰我子貢 政事 冉有季路 文
學子游子夏.

　덕행에는 안연과 민자건·염백우·중궁이었고, 언어에는 재아
와 자공, 정사에는 염유와 계로, 문학에는 자유와 자하였다. 《논
어》 선진(先進)

孔門弟子【畫傳】

4. 중유(仲由)

1) 일생

중유(BC 542~BC 480)는 자가 자로(子路) 또는 계로(季路)이며, 후인들에게 중자(仲子)로 일컬어진다. 춘추시대 노(魯)나라 변(卞 ; 지금의 山東 泗水) 사람으로 공자보다 9살 적다.

자로는 출신이 한미하였으므로 가정생활을 유지하기 위하여 어려서부터 각종 힘든 일에 종사하여 어려서부터 고난을 이겨내고 무용을 숭상하고 과감하고 강의하며 약자와 빈자들을 구제하는 성격을 키워왔다. 그는 공자를 사사하기 전에는 완전히 씩씩한 무사로 머리에는 수탉의 깃을 꽂은 모자를 쓰고 허리에는 자루에 돼지가죽을 감은 장검을 차고 있었으며, 이런 복장으로 그의 무용을 드러내었다.

18세 때 공자가 동쪽으로 노나라 변 땅으로 유람하면서 제자로 거두어 공자의 인내심 있는 교육을 거쳐 점차 거칠고 야성적인 습성을 바꾸어 육예에 정통하여 공자의 제자 가운데 '정사(政事)' 방면의 고재생(高才生)이 되었다. 공자가 노나라의 '중도재(中都宰)'에서 부단히 '사공(司空)'과 '사구(司寇)', '대사구(大司寇)'로 승진하는 것과 궤를 같이하여 자로 또한 그를 따라 정치무대에 올라 처음에는 계씨(季氏)에게서 자질구레한 일을 맡다가 나중에는 계씨의 신임을 얻어 계씨 일족의 총관(總管)이 되었다. 이 기간에 그는 동문인 고시(高柴)를 계씨의 비읍(費邑 ; 山東 費縣)에 행정장관으로 추천하였다. 노나라 정공(定公) 12년(BC 497) 자로는 공자가 '삼도(三都)를 무너뜨리는 것'11)을 도왔다. BC 497년 자로는 공자를 따라 장장 14년에 달하는 주유열국의 유리(遊離) 생활을 시작하였다. 이 14년 동안 그는 시종일관 공자를 따라다니며 선봉장 역할을 맡아 공자의 근심과 어려움을 해결해 주었으며 계책을 내놓았다.

노나라 애공(哀公) 14년(BC 485) 위(衛)나라 귀족과 대부 공회(孔悝)가 자로를 포읍(蒲邑)의 재(宰)로 청하여 자로가 포를 다스린 성적이 두드러져 공자의 칭찬을 받았다.

BC 484년 자로는 공자를 따라 노나라로 돌아왔으며 나중에 또한 위나라로 돌아가 직책을 맡았다.

BC 480년 위나라 귀족 사이에 내홍이 발생하자 자로는 위험에 맞서 두려워하지 않고 죽음을 무릅쓰고 성안으로 쳐들어가 공회를 구원하려다가 결국 영용(英勇)스럽게 순직하였는데, 당시 나이가 63세였다.

후세의 자로에 대한 평가는 매우 높아서 당나라 때부터 청나라 때까지 자로는 수차례에 걸쳐 통치자의 제사와 추봉을 받았다. 당나라 현종(玄宗) 개원(開元) 8년(720) 자로는 '십철(十哲)'에 편입되어 여덟 번째로 공자에 배향(配享)되었다. 개원 27년(739)에는 '

---

11) 휴삼도(隳三都) : 주나라는 제후들이 반란을 일으키는 것을 막기 위하여 귀족 제후의 성장(城牆)은 18척(尺)을 넘기지 못하게끔 규정하였다. 그러나 노나라의 세 국상(國相) '삼환(三桓 : 季孫, 孟孫, 孫系氏)'의 성장은 기준치를 넘었다. 공자는 당시 노나라 대사구를 맡고 있어서 '삼도를 무너뜨려' '삼환'의 세력을 약화시키고자 하였으나 결국에는 실패하여 '삼환'의 적이 되었으며, 벼슬을 그만두고 열국을 주유하지 않을 수 없게 되었다.

위후(衛侯)'로 봉하여졌다. 북송 대중상부(大中祥符) 2년(1009)에는 '하내공(河內公)'으로 봉하여졌다. 남송 도종(度宗) 함순(咸淳) 3년(1267)에는 '위공(衛公)'으로 봉하여졌다. 명나라 세종(世宗) 가정(嘉靖) 9년(1530)에는 선현(先賢)으로 일컬어져 공자에 종사되었다. 청나라 건륭(乾隆) 21년(1765)에는 '십이철'에 편입되어 공자에 배향되었다.

2) 자로의 일화

백리에 쌀을 지다(百里負米)

자로는 소년시절에 가정환경이 어려웠는데 부친의 건강이 좋지 못하여 두 어깨에 무거운 집안일을 떠맡아 나무를 하고 물을 길었으며 농사를 짓느라 새벽에 일어나 한밤중에야 잠들었다. 빈궁함으로 인하여 온 가족이 야채로 주린 배를 채울 수밖에 없어 부모의 건강이 갈수록 나빠져 자로는 부모에게 쌀밥을 먹여드리기 위하여 일찌감치 나무를 하고 품팔이를 모색하면서 자신은 겨와 야채를 먹으며 돈을 모아 부모에게 쌀을 사서 봉양하였다.

한 해는 변교산(卞橋山) 경내의 수확이 좋지 못하여 백리 바깥에 있는 곡부성에 가서야 양식을 사가지고 올 수 있었다. 자로는 연로하여 몸이 쇠약하고 얼굴에 주린 기가 가득한 부모를 보고 있자니 검은 얼굴은 굳건해 보였지만 마음속은 쓰리고 아팠다.

이튿날, 날이 밝지도 않았는데 그는 곡부성으로 달려갔다. 저녁 무렵 부모는 지난날의 일상처럼 야채국을 끓여 자로가 돌아와서 저녁을 먹도록 기다렸는데 국이 다 식도록 그는 여전히 돌아오지 않앉다. 동산으로 달이 떠오르고 문 앞의 작은 길이 어슴푸레해지도록 시종 자로의 그림자조차 보이지 않았다.

부모는 또 지난날처럼 머리에 수탉 깃을 꽂은 모자를 쓰고 몸에는 멧돼지의 견치를 차고 고을을 돌아다니며 사람들과 싸움질을 일삼지나 않을까 걱정하여 전전긍긍 불안해했다.

자로는 하루 동안 산을 뛰어넘고 물을 건너며 밥도 사먹지도 못하고 물 한 모금 마시지도 못한 채 등에는 커다란 쌀자루를 지고 한 걸음도 쉬지 않고 돌아오는 중이었다. 집이 가까워질수록 부모가 창에서 초조하게 기다리는 모습만 보일 뿐이었다.

부모가 보이자 자로는 먼길을 달려온 피로감도 잊어버리고 기뻐서 큰 소리로 말하였다. "아버지 어머니 오늘 우리 쌀을 끓여 먹어요." 어머니는 기쁘고도 걱정스럽게 물어보았다. "애야, 너 이번에 무슨 일을 하러 가서 어찌 이렇게 늦게 돌아왔으며, 이 쌀은 어디서 난 거냐? 너 남과 싸우지는 않았지?" 그는 집으로 들어가 단숨에 탁자에 놓인 식어빠진 시래기국을 다 마신 후에 허허 웃으며 말하였다. "어머니 안심하세요. 저는 곡부에 가서 부모님께 드릴 쌀을 사가지고 온 것입니다."

나중에 자로는 공자를 따라 유학하고 관직을 지내면서 수행하는 사두마차가 백 대였고 쌓인 양식이 만 종(鍾)에 달하였다. 그러나 자로는 마음속에 영원히 부모가 기쁜 마음으로 위로하던 웃는 얼굴과 그 날 식어빠진 야채국의 따뜻한 뜻을 기억하였다. 그는 탄식하면서 말하였다. "어머니가 끓여주는 야채국이 얼마나 먹고 싶고, 다시 부모를 위해 쌀을 지고 싶지만 이제 모두 불가능하게 되었다."

「이십사효도(二十四孝圖)」 자로백리부미(子路百里負米)

자로가 호랑이를 잡다(子路打虎)

자로의 지향은 무장이 되는 것이었기 때문에 공부를 하는 것에는 마음을 두지 않았다.

어느 해 봄에 공자가 제자들을 데리고 산에 놀러가 산허리에 이르렀는데 공자는 자로에게 뒷산의 작은 시내에 가서 물을 길어오게 하였다. 그가 뒷산의 냇가에 이르러 막 허리를 굽히고 물을 길으려는데 갑자기 호랑이 한 마리가 풀숲에서 기어 나와 그는 맨손으로 호랑이와 연이어 십여 차례가 격돌하여 결국 호랑이의 꼬리를 뿌리째 뽑아버렸다.

자로는 득의만만하여 공자에게 책에 호랑이를 잡는 방법이 있느냐고 물어보았다. 공자가 말하였다. "호랑이를 잡는 사람은 네 가지 등급으로 나누지. 첫 번째 호랑이를 잡는 등급은 호랑이 머리를 누

50

르고, 두 번째 호랑이를 잡는 등급은 호랑이의 귀를 잡으며, 세 번째 호랑이를 잡는 등급은 호랑이의 네 발을 잡고, 마지막 호랑이를 잡는 등급은 꼬리를 당기지."

자로는 공자에게 농락당하였다고 생각하고 매우 노하여 내키는 대로 돌멩이를 하나 쥐고 노기등등하게 공자에게 물어보았다. "당신은 학문이 속에 가득 차 나오는 비교도 안 되니 영웅무사와도 싸워 이길 수 있겠지요?"

공자는 웃으며 말하였다. "유야, 너같이 건장한 사람이 손에 한 치의 무기조차 없는 늙은이 하나 죽이려 하는 것쯤이야 아주 쉬운 일이 아니겠느냐? 이는 영웅무사랄 것도 없고 단지 스스로 오명만 남기고 후인들이 너의 불인과 불의 부도덕함을 비웃게 하고 일 처리가 경솔하고 거칠고 머리가 없는 것일 따름이다. 내 진작 남들에게서 듣자니 사람을 죽이는데도 등급을 나눈다고 하더라." 공자는 이어서 말하였다. "첫 번째 사람을 죽이는 등급은 붓을 쓰고, 두 번째 사람을 죽이는 등급은 입을 쓰며, 세 번째 사람을 죽이는 등급은 주먹을 쓰고, 네 번째 사람을 죽이는 등급은 칼을 쓴다. 마지막 사람이 사람을 죽이는 등급은 돌을 쓰는 것이겠지." 자로는 부끄러워 어쩔 줄 모르며 돌을 떨어뜨렸다.

공자가 또 말하였다. "유야, 너는 사람의 여섯 가지 병폐에 대하여 들어본 적이 있느냐? 인의(仁義)를 좋아하면서 배우기를 좋아하지 않으면 그 병폐는 바로 우매해지는 것이고, 기지(機智)를 좋아하면서 배우기를 좋아하지 않으면 그 병폐는 방탕하게 되는 것이며, 신용을 좋아하면서 배우기를 좋아하지 않으면 그 병폐는 오류에 빠

지게 되는 것이고, 솔직한 것을 좋아하면서 배우기를 좋아하지 않
으면 그 병폐는 편협해지는 것이며, 용감한 것을 좋아하면서 배우
기를 좋아하지 않으면 그 병폐는 환난을 만나는 것이고, 강경한 것
을 좋아하면서 배우기를 좋아하지 않으면 그 병폐는 광망(狂妄)해
지는 것이다."

　공자의 인내심 있는 교육하에 자로는 경복하였다. 이로부터 그는
다시는 오기를 부리지 않았고 성실하게 실천하면서 공자를 따라 배
워 마침내 공자가 만족해하는 문하생이 되었다.

자로가 강변하다(子路强辯)

　자로는 노나라에서 계씨의 가신이 되어 한때 상당히 득세를 하였
다. 사람들이 그에게 도움을 청할 때마다 그는 시원시원하게 응답
하였으며 큰형님의 기개로 여러 친구들을 보살폈다. 그는 자고(子
羔 ; 高柴)를 비읍의 장관이 되도록 천거하였으며 공자와의 쟁론을
이끌어내기도 하였다.

　자로는 원래 생각하기를 자고를 비읍의 장관으로 천거하면 공자
의 인정을 받을 수 있으리라 생각하였다. 이에 그는 득의양양하게
공자를 찾아가 자고를 이끈 경위를 알리고 아울러 공자에게 말하였
다. "또한 관직을 얻을 만한 동료가 있으면 정치에서 우리의 주장—
인도(仁道)를 넓힐 것이니 저는 이것이 기뻐할 만한 일이라고 생각
합니다."

　"무엇을 인도라고 하느냐? 이는 분명히 남의 자제를 해치는 것이
로다! 자고의 지금의 학식으로 어떻게 중임을 맡을 수 있을 것이며

네가 이렇게 하는 것은 남을 호도하고 백성에게 화를 끼치는 것이다."

공자는 이렇게 엄격하게 자로가 그의 도리를 가진 것을 비평하였는데 이는 계씨의 영지 가운데 비읍이 가장 다스리기 어려운 고을로 인정되었기 때문이다. 심지어 민자건 같이 우수한 인재조차 비읍의 장관을 맡았을 때 또한 충분히 잘 다스릴 수가 없었다.

자고는 아직 세상을 경영한 적이 없는 풋내기로 비록 그의 인품과 수양이 훌륭하다고 하더라도 나이가 너무 젊어 재주와 경험 방면에서 모두 결점이 있으며, 이외에 사물을 인식하는 방면에 있어서도 비교적 둔한 편이었다. 이 때문에 어떤 각도에서 보더라도 공자는 자고가 실로 비의 읍재라는 관직을 거뜬히 맡기에는 어려울 것으로 생각하였다.

공자의 비평에 대하여 자로는 얼마간 복종하지 않으며 변명하여 말하였다. "저는 결코 인재를 식별하는 능력이 없지 않으며, 자고의 인품과 능력은 제가 분명히 알고 있습니다. 비록 그의 수준이 평범하더라도 제가 일깨워 준 것은 스승님의 가르침을 널리 떨치기 위함입니다. 그의 학식이 이런 중임을 맡기에 부족하다 하더라도 저는 그가 실제의 경험을 통하여 학문을 추구하기를 바랍니다. 스승님께서는 말하지 않으셨습니까? '백성이 있고 사직이 있는 것이니 어찌 반드시 글을 읽은 다음이라야 학문을 하는 것이겠는가?' 비읍에는 관리를 필요로 하는 각종 실무가 있으니 이런 백성을 관리하는 것과 신령에게 제사 지내는 실제적인 경험이 무엇보다 좋은 살아 있는 학문일 것입니다. 저희가 늘 스승님이 말씀하시는 것을 듣건대 진정한 학문은 실제의 경험과 서로 결합하여야 한다고 하셨습니다. 더욱이 자고 같은 사람은 독서 방면에서 비교적 힘겨우니 차라리 조금 일찍 그들을 실무 방면에서 학습을 시키는 것이 낫습니다."

공자가 말하였다. "어떤 사람들은 스스로 다른 사람에게 유익한 일을 한답시고 오히려 그의 앞길을 해치게 된다. 이런 사람은 그 나름대로 아름다운 도리를 갖고 있다. 그래서 내가……."

여기까지 말하고 공자의 음성은 갑자기 엄격하여지더니 "나는 교활하고 말 잘하는 사람을 가장 통한해 하노라."

자로는 매우 노한 공자를 보고 부끄러워하며 절을 하고 떠났다.

자로가 포를 다스리다(子路治蒲)

자로는 위(衛)나라 대부 공회의 요청을 받아들여 포읍의 읍재를 맡았다. 떠나기에 앞서 그는 공자에게 위정(爲政)의 도에 대한 가르침을 청하였으며, 이에 공자는 그에게 포읍은 다스리기 어려운 곳이니 종사함에 삼가고 타인을 존중하며 백성들에게는 엄격하면서도 관용을 베풀어야 한다고 일러주었다.

자로는 부임한 후에 홍수와 재해를 방비하기 위하여 백성들을 조직하여 배수용 시내를 파기 시작하였다. 그는 백성들이 피로하고 어려워하는 것을 보고 직접 백성들에게 밥과 국을 보내주었다.

공자는 그 말을 듣고 급히 자공에게 가서 그가 못하게 말렸다. 자로는 기뻐하지 않으면서 즉시 공자를 가서 찾아보고 아울러 자기의 불만을 나타내었다.

그는 말하였다. "저는 폭우가 내릴 것을 보고 수재가 있을까 두

54

려워하여 백성들에게 배수로를 파도록 명령하였습니다. 백성들이 먹을 것이 부족하여 제가 그들에게 밥과 국을 갖다주었습니다. 선생님께서는 저를 지지해 주시기는커녕 자공을 보내어 저를 저지하기까지 하시니 이는 저더러 인정(仁政)을 베풀지 말라는 것이 아닙니까?

공자가 대답하였다. "너는 백성들이 먹을 것이 부족하여 굶주리고 있다면 어째서 임금께 보고하여 국고의 양식을 가지고 그들을 구제할 생각을 하지 않고 다만 자기의 먹을 것을 그들에게 보내주느냐? 이는 명백히 백성들에게 임금은 모두에게 은혜를 베풀지 않고 다만 너만 그들에게 은혜를 베푸는 것이 아니냐?" 자로는 이 말을 듣자 갑자기 함구무언하였으며 깊이 생각에 잠겼다.

3년 뒤 공자가 포읍을 지나면서 내친김에 자로가 포읍을 어떻게 다스렸는지 보고 싶어졌는데 경내에 이르자 공자는 칭찬하여 말하였다. "자로는 정말 잘 다스렸도다. 공경하고 근신하며 신용이 있게 하였구나."

성에 이르렀을 때 공자는 또 칭찬하여 말하였다. "자로가 정말 잘 다스렸구나. 충성스럽고 신용이 있으며 너그럽도다." 자로가 사무를 보는 관아에 이르러 공자는 자기도 모르게 또 칭찬하여 말하였다. "자로가 정말 잘 다스렸도다. 밝게 잘 살폈고 또한 결단력이 있구나."

자공은 듣고 매우 이상하게 생각하여 고삐를 잡고 공자에게 물어보았다. "스승님께서는 자로의 정책과 성과를 보시지도 않으셨는데 세 번이나 그가 잘 다스렸다고 칭찬을 하셨으니 제자는 상세히 들고 싶습니다."

공자가 말하였다. "내 이미 다 보았느니라. 그 경내에 이르니 경지 정리가 잘 되어 있고 잡초는 깨끗이 김이 매져 있으며 밭고랑 사이의 물길도 더 깊으니 이는 그가 공경하고 삼간 데다 신용이 있기 때문에 백성들이 힘껏 농사를 지은 것이다. 성에 이르렀을 때 성장(城牆)과 집이 완전하고도 견고하며 수목은 매우 무성하게 자라 있으니 이는 그의 정령이 충성스럽고 믿음이 있으며 너그러웠기 때문에 백성들이 구차하고 적당히 하지 않은 것이다. 그의 관아에 들어서니 깨끗하고 한가로우며 아래에서 사무를 보는 사람들이 모두 힘을 쓰며 명령에 복종하니 이는 그가 모든 것을 잘 살핀 것이고 또한 매우 과단성이 있었기 때문에 그의 정령이 백성들을 어지럽히지 않은 것이다. 이런 측면에서 보아하니 그가 잘 다스렸다고 세 차례나 칭찬을 받는다 하여도 또한 어찌 그가 잘한 것을 다 말할 수 있겠느냐?"

군자는 죽을 때 관을 벗지 않는다(君子死 冠不免)

포(蒲)에 이르러 일단의 시간을 근무한 후에 자로는 또 위나라 대부 공회의 집에 이르러 가신이 되었다. 위나라 장공(莊公) 원년 (BC 480) 진(晉)나라로 도망쳤던 위나라 공자 괴외(蒯聵)[12]가 위

---

12) 괴외(蒯聵) : 위(衛)나라 영공(靈公)의 아들이다. 태자였을 때 영공의 부인 남자(南子)를 찔러 죽이려 한 적이 있는데, 실패한 후에 진(晉)나라로 달아났다가 위나라로 귀국하여 위나라 임금으로 옹립되었다. 나중에는 진(晉)나라 군사에게 패하여 피살되었다. 괴외의 후손들은 조상의 이름을 가지고 성씨로 삼아 괴(蒯)성으로 일컬었다.

나라로 돌아와 자기의 아들 위나라 출공(出公)과 왕위를 다투었다. 공회는 괴외의 생질로 그는 외숙이 정변을 일으키는 것에 찬성하지 않았지만 공회의 모친인 백희(伯姬)가 괴외가 정변을 일으키는 것에 찬성하고 아울러 무력으로 공회를 협박하여 맹약의 선서를 하게 하고 정변을 지지하였다. 위나라 출공은 소식을 듣고 달아났다.

자로는 밖에서 이 소식을 듣고 즉시 성안으로 들어가 공회를 구하기로 결정하였다. 위나라 성문에서 마침 성을 나오는 동문(同門)의 자고(子羔)를 만났는데 그는 자로에게 권하여 말하였다. "위나라 출공은 도망을 가고 성문은 곧 닫힐 것이니 우리 차라리 함께 도망쳐서 쓸데없이 재화를 당하지 않는 것이 좋겠습니다."

자로가 말하였다. "남의 녹을 먹으면 그의 사활을 보살피지 않을 수 없으니 내 성으로 들어가야겠소."

이렇게 하여 위나라의 성문에서 공자의 두 제자는 어깨를 스치며 지나쳤다. 자로는 맹세를 준비하는 단으로 달려가다가 공회가 갑옷을 입고 위쪽에 앉아 있는 것을 보고 곧장 괴외에게 고함쳐 말하였다. "사람(공회)을 풀어주지 않으면 불을 지르겠소."

말을 하는 동시에 단 아래에서 불을 지를 준비를 하였다. 괴외는 두 무사에게 자로와 싸우게 하였는데 자로가 잠깐 미처 손을 쓸 사이도 없이 달려온 무사에 의해 한쪽 팔에 상처를 입었고 모자의 갓끈도 끊어졌다.

자로는 모자의 갓끈을 매면서 고함을 쳤다. "군자는 죽어도 모자를 바로 쓴다." 두 무사는 이 기회를 틈타 난도질을 하니 자로는 영용스럽게 희생되었다.

3) 유적지

산동(山東) 사수(泗水)의 중자묘(仲子廟)

산동 사수의 중자묘는 산동성 사수현 성 동쪽 제하(齊河)의 서안(西岸)에 있으며 원래의 명칭은 '향현사(鄕賢祠)'이다. 명나라 만력(萬曆) 19년(1591) 사수령 담호선(譚好善)이 자금을 출연하여 중수하였으며 향전(享殿) 세 칸을 세웠다.

명나라 만력 22년(1594) 사수지현(知縣) 우응로(尤應魯)가 또 사당[廟]의 동쪽에 '중자고리방(仲子故裏坊)'이란 패방을 세웠다. 이 사당은 청나라 초기 강희(康熙) 연간에 대규모의 중수를 거쳐 백여 무에 달하는 땅을 차지하게 되었다.

수복 중인 사수 중자묘

옹정(雍正) 13년(1736) 사수지현 고진상(高晉詳)이 유지 보수할 것을 계청하였다. 건륭(乾隆) 50년(1785) 산동 순무(巡撫) 명흥(明興)의 주청을 거쳐 수리되었으며 규모도 전보다 확장되어 면모가 일신되었다.

주요 건축으로는 다음과 같은 것이 있다. 정대문(正大門)은 세 칸인데 높이가 2.2장(丈)이고 너비는 3장, 깊이는 2장이다. 문 앞에는 석패방이 있는데 겉에는 '중자묘(仲子墓)'라 되어 있고, 동쪽은 '백세지사(百世之師)', 서쪽은 '성문소외(聖門所畏)'로 되어 있다.

산동 미산(微山)의 중자묘

산동 미산 중자묘는 산동성 미산현 노교진(魯橋鎭)의 중가천촌(仲家淺村)에 있으며 성급문물보호단위이다. 이 사당은 당나라 개원(開元) 7년(719)에 처음 건립되었으며 송나라와 명나라 때 여러 차례 확장되고 중수되었으며 현재의 것은 명·청 시대의 묘당으로 축을 중심으로 대칭을 이루는 건축구조이다.

사당 안에는 천당과 위성전, 좌우무가 현존하여 있으며 전 안에는 건륭황제가 내린 '삼덕달신수용고불태 사과종정사과칙무난(三德達身修勇故不怠 四科從政事果則無難)'이란 대련(對聯) 한 폭과 큰 철제 향로가 있다.

미산 중자묘 천당(穿堂), 제령(濟寧)시급문물보호단위

하남(河南) 복양(濮陽) 자로분(子路墳)

자로분은 중유묘(仲由墓)라고도 하며 하남 복양시 신시구의 중심지대에 위치하며 그 서남쪽 500m 지점은 척성(戚城)의 유지이다. 전하는 말에 의하면 자로는 희생된 후 위나라 사람들이 그 고상한 품덕에 감격하여 그 머리를 얻어 이곳에 장사 지냈다고 한다.

이 묘는 1천여 년 전부터 기록이 있어 왔는데, 자로분은 높이가 4m이고 직경은 29m라 한다. 묘 곁에는 오래된 측백나무가 숙연하며 사방에는 담을 둘러쳤다. 분묘 앞에는 석주(石柱)와 석문(石門), 돌사자, 돌거북 등이 있는데 전각(篆刻)이 정치(精緻)하며 역사적 자취가 상세하고 확실하다. 1991년에서 1992년까지 복양시 인민정부에서는 자로의 묘사(墓祠)에 대하여 전면적인 수리와 복원작업을 진행하였다.

60

하남 복양 자로묘

하남 복양 자로묘 대전—자로사(子路祠)

4) 《논어》 가운데 자로와 관련된 장구(章句)

자로의 언행은 《논어》에 41차례 출현하는데 공문 제자 가운데 후세에 영향이 비교적 큰 것을 지금 몇 단락 가려 뽑는다.

❶ 季康子問 仲由可使從政也與? 子曰 由也果 於從政乎何有?

계강자가 물었다. "중유는 정사에 종사하게 할 만합니까?" 공자께서 말씀하셨다. "유는 과단성이 있으니 정사에 종사하는 데 무슨 어려움이 있겠는가!"《논어》 옹야(雍也)

❷ 柴也愚 參也魯 師也辟 由也喭.

"시는 어리석고, 삼은 노둔하고, 새[子張]는 편벽되고, 유는 거칠다."《논어》 선진(先進)

❸ 季路問事鬼神 子曰 未能事人 焉能事鬼? 敢問死 曰 未知生 焉知死.

계로가 귀신을 섬기는 것에 대하여 묻자 공자께서 말씀하셨다. "사람도 아직 잘 섬기지 못하는데 어떻게 귀신을 섬길 수 있겠는가?" "감히 죽음을 묻겠습니다."라 하자, 공자께서 말씀하셨다. "삶도 아직 잘 모르는데 어떻게 죽음을 알겠는가?"《논어》 선진(先進)

❹ 子路有聞 未之能行 唯恐有聞.

자로는 좋은 말을 듣고 아직 미처 실행하지 못하였으면 행여 다른 말을 들을까 두려워하였다.《논어》 공야장(公冶長)

❺ 子曰, 道不行, 乘桴浮于海. 從我者, 其由與? 子路聞之喜. 子曰, 由也好勇過我, 無所取材.

공자께서 말씀하시기를 "도가 행하여지지 않으니, 내 뗏목을 타고 바다를 항해하려 한다. 나를 따라올 사람은 아마 유일 것이다." 하셨다. 자로가 이 말씀을 듣고 기뻐하자, 공자께서 말씀하시기를 "유는 용맹을 좋아함은 나보다 나으나, 사리를 헤아려 맞게 하는 것이 없다." 하셨다. 《논어》 공야장(公冶長)

孔門弟子【畫傳】

榮旂　姓榮名旂，字子旂，一作子顏，魯國人。

5. 영기(榮旂)

1) 일생

영기(BC 542~BC 470)의 자는 자기(子旂)이며, 춘추시대 노나라 중도(中都 ; 지금의 산동 汶上) 사람으로 공자보다 9살 어리다.

영기는 수사서원(洙泗書院)13)에서 공자에게 배웠는데, 육예(六藝)에 정통하였으며 공자가 고대의 전적을 정리하는 것을 도왔다. 공자가 세상을 떠난 후 영기와 기타 공자 문하의 제자들은 묘를 3년간 지킨 후에 도를 안고 은거하면서 문수의 북쪽14)에서 장막을 설치하고 문도들을 가르쳤다.

영기는 "노년에 마음을 바로하고 몸을 수양하였고 도를 안고 자처하며 마음을 간직하고 본성을 길렀다." 하였다.

주나라 원왕(元王) 4년(BC 470) 세상을 떠났으며 지금의 문상현(汶上縣) 백석향(白石鄉) 현산의 서북쪽 기슭 염차령(厭次嶺)에 장사 지내졌다.

---

13) 수사서원(洙泗書院) : 곡부성 동북쪽 4㎞ 지점에 있다. "수수가 그 남쪽을 감돌고 사수가 그 북쪽을 지나기(洙水饒其南 泗水經其北)" 때문에 이렇게 불린다. 공자가 열국을 주유하다 노나라로 돌아온 후 이곳에서 《시》, 《서》를 산삭(刪削)하였으며 예악을 바로 잡았고 《주역》을 엮었으며 아울러 무리를 모아 강학하였다. 한대에서 송금(宋金) 시기까지는 모두 강당(講堂)이라 하였으며 원대에 수사서원으로 바꾸어 불렀다.

14) 원문에는 문수지양(汶水之陽)으로 되어 있다. 양(陽)은 산의 남쪽과 물의 북쪽이다.

영기가 유가 문화의 전승과 발전에 공헌을 하였으므로 동한 장제 (章帝) 원화(元和) 2년(85)에 태학에 화상을 그리라는 조령을 내렸다.

당나라 현종(玄宗) 개원(開元) 27년(739)에는 '우루백(雩婁伯)'에 봉하여지고 공묘에 배향되었으며 위패가 동무(東廡)에 20번째로 배열되었다. 송나라 진종(眞宗) 대중상부(大中祥符) 2년(1009)에는 추가로 '염차후(厭次侯)'에 봉하여졌다. 명나라 세종(世宗) 가정(嘉靖) 9년(1530)에는 '선현영자(先賢榮子)'라 칭하여졌다. 청나라 강희황제는 "황제의 은전으로 생 사원에게 제사를 받들어 올리고 모든 차출과 요역을 면제하노라(欽賜奉祀生四員, 蠲免一切差徭)"이라는 성지를 내렸다. 동치(同治) 연간에는 연주(兗州)의 지방장관이 영씨의 '삼락사(三樂社)'를 공자와 맹자의 후손들의 성택사(聖澤社), 아성사(亞聖社)와 함께 나란히 불렀다.

송나라에서 처음 수찬(修撰)한 《영씨종보(榮氏宗譜)》에서는 영기를 1세조로 높였다. 영씨의 선조는 서주(西周)의 희성(姬姓)과 같은 종족이어서 봉하여진 후 제령(濟寧)의 문상(汶上)으로 옮겼다.

영기의 후대는 일부는 갈라져 문상에 남아서 거처하였고, 일부는 갈라져 외지로 갔다. 영기의 75대손인 롱쫑징(榮宗敬)과 롱더성(榮德生) 형제는 중국 근대의 저명한 애국 자본가이며, 롱더성의 넷째 아들 롱이런(榮毅仁)은 중화인민공화국 부주석으로 선임된 적이 있고, 롱쫑징의 손녀 롱메이란(榮梅蘭)은 중국의 저명한 예술가이자 자선가이다.

2) 영기의 일화

세 가지 즐거움을 조술하다(祖述三樂)

영기의 선조 영계기(榮啓期, 자는 昌伯)는 영씨의 비조로 일컬어
지고 있으며 춘추시대 노나라 성읍(城邑 ; 지금의 汶上 古城) 사람
으로 공자와 같은 시대에 살았던 고사(高士)인데 '세 가지 즐거움
(三樂)'으로 공자의 물음에 답하여 세상에 유명해졌다.

공자가 태산을 유람하면서 도중에 중도(中都)를 지나는 길에 영
계기를 만났다. 영계기는 외모가 보잘것없었으며 몸에는 사슴가죽
을 두르고 띠로 묶었으며 가장자리를 정리하지도 않고 들판에서 거
문고(琴)를 타면서 노래를 하고 있었다.

공자는 자기도 모르게 속으로 가만히 물어보았다. "이 사람은 옷
이 몸을 가려주지도 못하고 곤궁하고 초라한데 무슨 좋은 일이 있
어서 이렇게 기뻐할 수 있는 것일까?"

이에 앞으로 나가서 물어보았다. "선생은 무슨 즐거운 일이 있어
서 이렇게 기뻐하십니까?"

영계기는 머리도 쳐들지 않고 손을 금에서 떼지도 않은 채 말하
였다. "지금 나의 즐거움은 매우 많으니 내가 말하는 것을 하나하나
들어보시오. 하늘이 만물을 낳음에 길짐승과 날짐승은 말할 나위도
없고 오로지 인간이 가장 존귀할진대 내가 인간으로 태어날 수 있
었으니 이것이 첫 번째 즐거움이요. 인생 세간에서 남녀를 구별함
에 남자는 높고 여자는 낮아 여자보다 남자를 귀하게 여기는데 내
이미 7척의 남자가 되었으니 이 어찌 또 하나의 즐거움이 아니겠
소? 사람의 수명은 단명하기도 하고 장수하기도 하여 어떤 사람은

나자마자 죽고 더 심한 경우에는 어미의 뱃속에서 달을 다 채우지도 못하고 죽는데 나는 지금까지 이미 90년을 넘게 살아 장수하였다고 할 만하니 어찌 기쁘지 않겠소? 이것이 세 가지 즐거움이라오. 빈한함은 선비들이 가장 평상적인 일이고, 사망은 사람의 수명이 한계점에 다다른 것이오. 한 사람이 빈한한 가운데 장수를 누리다가 정침에서 죽는다면 또한 무슨 걱정할 만한 것이 있겠소?"

공자는 듣고 난 후에 기뻐서 고개를 끄덕였다. "선생은 말을 아주 잘 하십니다. 당신은 스스로 자신을 너그러이 잘 대하는 사람이니 실로 만족함을 알면 늘 즐겁습니다."

"영자의 세 즐거움(榮子三樂)"은 비록 연대가 오래되었지만 전승은 오히려 생생하여 사라지지 않는 소박한 인생의 이념이다. 영계기의 달관하고 낙천적이며 인생이 충만한 깊은 철리는 그가 빈궁과 죽음 때문에 근심하지 않았으며 활달한 흉금과 낙관적인 천성을 드러내 보였으며 이는 모두 영기 및 후대의 후손에게 매우 깊은 영향을 끼쳤다.

3) 유적지

산동 문상(汶上) 영기 묘(墓)

영기는 73세에 생애를 마치고 현산(縣山)의 염차령(厭次嶺)에 장사지내졌는데, 지금의 문상현(汶上縣) 백석향(白石鄉) 현산의 서북쪽 기슭이다.

영기의 묘

영씨 1세조자기공릉묘(荣氏一世祖子祈公陵墓)

孔門弟子【畫傳】

子使漆雕開仕。對曰：吾斯之未能信。子說

庚寅陽春賈明繪

6. 칠조개(漆雕開)

1) 일생

칠조개(BC 540~BC 489)는 성이 칠조이며 본명은 계(啓)인데 한나라 경제(景帝) 유계(劉啓)의 휘를 피하여 개(開)라 하였다. 자는 자개(子開)이며 또한 자약(子若), 자수(子修)라고도 한다. 춘추시대 말기 노나라 사람(蔡나라 사람이라고도 한다)으로 공자보다 11살 적다. '칠조씨의 유가(漆雕氏之儒)'의 창시인이다.

칠조개는 공자에게 인사를 올린 후 각고의 학습을 하였으며 《상서(尚書)》에 더욱 뛰어났다. 학문을 이룬 후 칠조개는 단을 설치하고 강학을 하였는데 제자가 많았다.

그는 "용맹한 자는 두려워하지 않는다(勇者不懼)"는 미덕을 갖추었으며 사람됨이 강직하고 아첨하지 않았다. 그는 자기가 옳지 않은 일을 했다면 상대가 노비라도 몸을 피해야 하며, 자기가 옳은 일을 했다면 제후에게라도 노여움을 발하는 것을 어찌 두려워하겠는가? 하고 생각하였는데 칠조개의 이런 임협의 기풍은 묵가(墨家)에 매우 깊은 영향을 끼쳤다.

칠조개는 "성품은 서로 비슷하나 습관에 의하여 서로 멀어지게 된다(性相近, 習相遠)"는 학설을 발전시켜 '천리(天理)'와 '인욕(人欲)'이라는 개념을 제기하였으며, 독특한 인성론을 형성하여 《한서》예문지(藝文志)에는 《칠조자(漆雕子)》13편이 저록(著錄)되어 있다. 공자가 죽은 후 칠조씨의 학문 또한 "세상의 드러난 학문(世之顯學)"이 되었는데 칠조씨의 유가는 유가 8파의 하나가 되었다.

한비(韓非)는 다음과 같이 평가하였다. "공자가 죽은 후로 자장의 유가가 있고 안씨의 유가가 있었으며 칠조씨의 유가가 있고 …… 유가는 8로 나뉘었다."

한비자는 또한 그의 명편(名篇)인 〈현학(顯學)〉에서 평가하였다. "칠조의 의론은 얼굴에 두려운 기색을 드러내지 않고 눈동자를 피하지 않으며, 잘못된 일을 하면 종도 피하고 곧은 일을 하면 제후에게도 노하니 임금이 청렴하고도 예의가 있다고 생각하였다."

그 후대는 칠조(漆雕)를 성으로 삼고 아울러 칠조개를 그 시조로 받들었는데, 나중에 칠조의 복성(複姓)은 간략화하여 단성(單姓)인 칠(漆)씨가 되었으며 명청시대까지도 《칠조씨가보(漆雕氏家譜)》와 《칠조가훈(漆雕家訓)》 등의 문물을 간직하였다.

한나라에서 명나라 때까지 칠조개는 여러 차례 역대 제왕의 올려준 봉함을 받았다. 동한(東漢) 명제(明帝) 영평(永平) 15년(72)에 증점은 제사를 받았으며, 당나라 현종 개원(開元) 27년(739)에는 '칠백(漆伯)'으로 높이어 봉하여졌고, 송나라 진종(眞宗) 대중상부(大中祥符) 2년(1009)에는 '평여후(平輿侯)'에 높여 봉하여졌다. 명나라 세종(世宗) 가정(嘉靖) 9년(1530)에는 그를 '선현칠조자(先賢漆雕子)'로 일컬어졌으며 공자에 종사(從祀)하였다.

2) 칠조개의 일화

칠조개가 학문을 연구하다(漆雕開治學)

칠조개는 성년이 된 후에 공자의 문하에서 예를 올리고 잠심하여 학문을 연마하였다. 칠조개는 《상서》의 학습에 조예가 자못 깊었으며 확실한 소견으로 자수성가하여 공자의 칭찬을 많이 받았다.

공자는 칠조개의 재주와 학식이라면 충분히 세상에 쓰일 만하여 관직 생활과 정치를 할 만하다고 생각하였지만, 칠조개는 오히려 "학자가 학문을 하는 것은 반드시 도리를 마음속에 명료하게 하고자 함이며, 이해를 투철하게 하고 깊이 믿어 의심을 하지 않게 된 다음에야 재능이 세상에 나가 정치를 하고 자기의 재주와 학식을 펴면 일을 당해도 합당하게 처리할 수 있습니다. 저는 지금 이런 도리를 아직 확실히 파악하여 익숙하지 않아 아직 실낱같은 의혹도 없이 할 수 없으며 제 심중에는 아직도 믿지 못하는 곳이 있으니 마땅히 열심히 노력하여 스스로를 충실하게 해야 하리니 어찌 학습을 팽개치고 일을 하러 나가겠습니까? 나는 관직을 맡는 일에는 아직 자신이 없습니다."라고 하였다.

공자는 그의 말을 듣고 매우 기뻐하며 독실한 뜻을 가지고 학습하는 정신을 칭찬하며 말하였다. "예로부터 이윤(伊尹)은 농부였을 때 천하를 자기의 임무로 삼았고, 부열(傅說)은 몸이 간루한 곳에 거처하였으면서도 한번 세상에 나가 제왕의 스승이 될 수 있었으니 바로 그들의 학문이 순숙(純熟)하고 믿음이 확실하였기 때문에 재능이 제왕을 보좌하고 재상의 일을 성취한 것이다. 칠조개는 지향이 높고 멀며 도덕 학문을 추구함이 반드시 정미한 곳에 이르렀는데도 공을 세우는데 조급하지 않고 이익을 가까이하지 않으며 작은 성취에 안주하려 하지 않고 학문을 정밀하게 연구하고자 하니 이것이 학문을 하는 자의 모범이로다."

스승을 위해 어려운 일을 당하여 희생하다(爲師殉難)

주나라 경왕(敬王) 31년(BC 489) 공자는 제자들을 거느리고 칠조개의 고향인 홍극호촌(鴻隙湖村)에 이르렀다. 갑자기 하늘에서 먹구름이 밀려오더니 천둥번개가 치면서 동이를 엎는 듯한 큰비가 천지를 덮으며 퍼부어 공자는 더 이상 앞으로 나아갈 방도가 없어 칠조개의 집에서 머물렀다.

이 큰비는 내리기 시작할 때도 이상하더니 며칠이나 이어지도록 끝날 줄을 몰랐다. 칠조개의 집은 애당초 부유하지 않은 데다, 이렇게 많은 사람이 먹고 마시다 보니 집에 남은 양식이 금방 동이 나고 말았다. 공자가 굶주리는 일이 없도록 하기 위하여 칠조개는 큰비를 무릅쓰고 진흙탕 길을 밟으며 혼자 홍극호로 가서 토란을 캐어 스승의 배를 채워드리려 했지만 여러 날이나 큰비가 내려 길이 미끄럽고 물이 깊어 칠조개는 불행히도 물에 떨어져 죽고 말았다.

전하기로는 그가 물에 떨어진 후에 호수의 물이 사납게 석 자나 불어났고 미친 듯한 바람이 사흘이나 불었고 큰비가 또 사흘 밤낮을 내려 호수 양쪽 기슭의 백성들이 사흘 밤낮을 찾았다고 한다.

나중에 사람들은 그의 공자에 대한 존중과 충성을 기념하고 그에 대한 경앙을 표현하기 위하여 홍극호 가에 분묘를 하나 세워주고 아울러 묘 앞에는 '칠조개의 묘(漆雕開之墓)'라는 높고 큰 묘비를 세웠다.

3년 후 그의 동문의 친한 벗인 자로가 위(衛)나라에서 벼슬을 하면서 때때로 칠조개의 스승을 위해 희생한 일을 잊지 못하여 위공(衛公)에게 주청하여 칠조개를 봉해주도록 하였다.

자로는 여러 사람을 데리고 또 한 번 홍극호의 기슭 가에 이르러 칠조개의 묘를 거듭 정비하고 아울러 칠조개의 집에 토지 45무(畝)를 내렸으며 대대로 세금으로 곡식을 받지 않았고, 또한 땅 3무를 사서 삼진원(三進院) 식의 칠조개 사당을 세워 안에는 공자 및 칠조개의 소상(塑像)을 안치하고 향불로 제사를 지냈다.

또한 아직도 사당 곁에는 20여 칸의 방을 세우고 학당을 설치하였는데 칠조개의 고제(高弟)들이 무리를 모아 강학하여 그 후학과 영재들이 배출되었다.

3) 유적지

하남(河南) 상채(上蔡) 칠조개 묘(墓)

하남 상채의 칠조개 묘는 하남성 주마점시(駐馬店市) 상채현 화피진(華陂鎭) 화남촌(華南村) 서쪽에 있다. 묘는 원형의 흙묘이며 묘 앞에는 두 개의 고비(古碑)가 서 있는데 모두 청대의 비석으로 글자의 자취는 전부 소실되었다. 그 가운데 하나는 다만 반만 잘린 채 남아 있는데 지금은 상채현의 현급문물보호단위이다.

청대의 《여령부지(汝寧府志)》와 《상채현지》의 기록에 의하면 채(蔡)나라에는 6명의 공자문하 제자가 있는데, 곧 칠조개와 칠조종(漆雕從), 칠조치(漆雕哆), 칠조빙(漆雕凭), 조휼(曹卹)과 진염(秦冉)이다.

4) 《논어》 가운데 칠조개와 관련된 장구(章句)

子使漆雕開仕 對日 吾斯之未能信. 子說.

공자께서 칠조개에게 벼슬을 하도록 권하시자, "저는 벼슬하는 것에 대해 아직 자신할 수 없습니다."라 대답하니, 공자께서 기뻐하셨다. 《논어》 공야장(公冶長)

孔門弟子【畫傳】

子曰：孝哉！閔子騫，
人不間于其父母昆弟
之言。

廣東楊春貴明繪

中国 馬克 良車

7. 민손(閔損)

1) 일생

민손(BC 536~BC 447)은 자가 자건(子騫)이며 세상에서는 민자건(閔子騫) 또는 민자(閔子)로 일컬어지는데, 춘추시대 말기 노나라 무당읍(武棠邑 ; 지금의 山東 魚臺) 사람이다. 민자건은 공자보다 15세 적으며 중국에서 가장 저명한 사상가이자 교육가로 유가 학설을 창시한 사람 중 하나이다.

민자건의 조적(祖籍)은 곡부(曲阜)이며, 그 선조는 노나라의 네 번째 국군(國君) 노나라 민공(閔公)이었으나 민자건에 이르러서는 이미 노나라 무당읍의 민염방(閔染坊)으로 옮겨 산 서민이었다.

노나라 소공(昭公) 5년(BC 536)에 민자건이 탄생했다. 7살 때 생모인 강(姜)씨가 죽어 부친이 재취 악(樂)씨를 들여 민수(閔需)와 민여(閔如) 두 아우를 낳았다.

BC 518년 18세 되던 해 민자건은 다시 곡부로 돌아와 공자 문하에서 사사하여 이때부터 40여 년에 이르는 공자를 따라 배우는 생애가 시작되었다. 이 기간 중에 비읍(費邑)의 읍재로 잠깐 출사한 것을 빼고는 오로지 공자를 따라 배웠고 공자가 가르치는 것을 도왔다.

공자가 노나라를 떠나 떠돌 때 그는 스승을 따라 열국을 주유하였고, 공자의 병이 위중할 때는 사방으로 의원을 구하러 다녔으며, 공자가 병으로 세상을 떠난 후에는 비통함이 극에 달하여 다른 동문 제자들과 함께 공자의 묘를 3년간 지키며 스승과 제자의 정을 다하였다.

전국시대 초기에 민자건은 번지(樊遲), 복자천(宓子賤)과 함께 고향인 무당읍으로 돌아갔다. 민자건은 고향인 민염방에 거처를 정하였고 번지는 무당에 거처를 정하였으며 복자천은 복가인퇴(宓家 鄄堆)15)에 거처를 정하였는데, 이들 세 사람이 사는 곳의 거리는 5리에 지나지 않았으므로 '오리삼현(五里三賢)'이라 일컬어졌다. 그들은 단(壇)을 설치하고 제자 수백 명을 모집하여 집을 지어 계몽하고 정심껏 가르쳐 공자의 도를 전승(傳承)하였다.

위나라 도공(悼公) 14년(BC 454) 번지가 갑작스레 병에 걸려 죽었다. 민자건과 복자천은 번지를 당16) 땅에 장사지냈다. 후배의 일을 다 처리한 후에 계속 가르침을 베푼 후에 민자건은 고원(高原)17)을 떠났다. BC 447년 민자건은 병으로 죽었는데 향년 89세였으며 역성(歷城)의 현성 동쪽 5리 지점에 장사 지냈다.

민자건은 중국의 문화사에서 덕행의 수양이 가장 고상한 선현 중의 하나이다. 공자의 초기 제자로 민자건은 특히 '인(仁)'의 수양에 치중하였으며 '덕행(德行)'으로 안회(顔回)와 나란히 일컬어졌으며 그 '효제(孝悌)'의 덕은 더욱더 사람들에게 칭송되었다. 공자는

---

15) 민염방은 지금의 어대(魚臺) 대민촌(大閔村)이고, 무당은 지금의 어대 무대촌(武臺村)이며, 복가인퇴(宓家鄄堆)는 지금의 어대 후당촌(侯堂村)이다.

16) 원래의 고거(故居)는 서남쪽 1리쯤 되는 제수(濟水) 북안의 무당정(武棠亭) 아래에 있다.

17) 지금의 산동 제남(濟南).

일찍이 그를 칭찬하여 "효성스럽도다, 민자건이여!(孝哉閔子騫)"라
고 하였다.

　《논어》와 《사기》, 《민자건단의기(閔子騫單衣記)》 등에서는 모
두 민자건의 효행에 대한 기록이나 칭찬한 말이 있으며, 원나라 때
편찬한 《이십사효(二十四孝)》와 명나라 때 편찬한 《이십사효도
(二十四孝圖)》에는 모두 민자건이 홑옷으로 어머니께 순종한 이야
기를 세 편으로 열거하였으며 역사상 가장 효순(孝順)했던 24명의
전형적인 인물 중 하나로 떠받들어졌다.

　비록 문헌 중에는 민자건의 언론과 사적을 기록한 것이 많지 않
지만 그는 유가 학설을 창립하고 발전시킨 데 대하여 지울 수 없는
공헌을 하였으며 특히 '효(孝)'로 대표되는 덕행으로 유가사상을
적극적이고 핵심적인 부분을 체현하였으며 적극적인 시대적 가치
가 풍부하다.

　역대 통치자들은 모두 있는 힘껏 민자건의 효제충의를 선양하였
으며 그에 대하여 누차에 걸쳐 칭찬하고 추봉하였다. 서한(西漢) 때
에는 그를 칭찬하여 "예를 지켜 구차하지 않았고 어버이가 하는 대
로 따랐다."라 하였다. 동한(東漢) 때는 그를 칭찬하여 "증자(曾子)
와 민자는 효제로 덕을 이루었다."라고 하였다.

　당나라 현종(玄宗) 개원 8년(720) 민자건은 '십철(十哲)'에 편
입되어 공자에 배향(配享)되었다. 개원 27년(739)에는 '낭야공(琅
琊公)'에 봉하여졌다.

　남송 도종(度宗) 함순(咸淳) 3년(1267)에는 '비공(費公)'으로 바
뀌어 봉하여졌다. 명나라 세종(世宗) 가정(嘉靖) 9년(1530)에는 선

현(先賢)으로 일컬어져 공자에 종사되었다.

청나라 건륭(乾隆) 21년(1765)에는 민자건과 염백우(冉伯牛), 염옹(冉雍), 재아(宰我), 자공(子貢), 염구(冉求), 자로(子路), 자유(子游), 자하(子夏), 자장(子張), 유약(有若), 주희(朱熹) 등 12인을 "십이철(十二哲)"이라 일컫고, 민자건을 '십이철'의 으뜸에 두어 공묘(孔廟)에서 공자에 배향되었다.

2) 민자건 일화

채찍으로 갈대꽃을 때리다(鞭打蘆花)

민자건은 7세 때 어머니를 잃었으며 부친은 후처 악씨를 들여 민수와 민여 두 아들을 낳았다. 악씨는 처음에는 민자건에게 그래도 마음을 다하여 양육하고 가르쳤으나 가정형편이 빈한하고 옹색하여 민자건을 점차 소원하게 대하였으나 민자건은 성실하고 돈후하여 조금도 원망하는 말을 하지 않았다.

한 해는 연말이 가까워지는데 부친이 외출하여 친구를 방문하면서 세 아들에게 따라오도록 하여 민자건이 수레를 끌게 되었다. 도중에 찬바람이 뼛속까지 스미어 민자건은 추워서 온몸이 벌벌 떨렸고 손가락은 곱았으며 부주의하여 고삐와

채찍으로 갈대꽃을 때리다

채찍을 놓쳐 땅에 떨어뜨려 우차(牛車)가 길가의 냇가에 처박혔다.

　부친은 민자건이 정말로 계모가 말한 것처럼 게으르고 무능하다고 생각하여 매우 화가 나 채찍을 주워 들어 때렸는데 민자건의 솜옷이[18] 터져 갈대꽃이 훨훨 솜옷 속에서 날려 부친은 그 모습을 보고 대경실색하여 작은아들의 솜옷을 찢어서 보았더니 모두 새 실솜이었다. 잠시 후 부친은 모든 것을 명백히 알고 민자건을 안고 만면에 눈물을 흘렸다.

　집으로 돌아온 후 부친은 이혼장을 쓰고 계모를 집에서 쫓아내려 하였다. 민자건은 상황을 보고 계모를 붙잡고 부친의 면전에 꿇어앉아 애걸하였다. "아버지! 어머니에게는 아들 하나가 추운 것이지만 어머니가 떠나면 세 아들이 외로워집니다! 두 아우를 위해서라도 아버지께 어머니를 용서하시길 청합니다!"

　부친은 듣고 정신이 멍해짐을 금치 못하였는데 아들이 어리디어린 나이에 이런 온 가족을 생각하는 마음을 가지고 있는 것에 놀라 땅에 꿇어앉아 있는 민자건을 일으켜 세워 품속에 꼭 안아주고 다시는 아내와 이혼하는 일은 생각지 않기로 했다. 민자건은 또한 계모도 감동시켜 이때부터 계모는 민자건을 자기가 난 아들로 보고 세 아들을 모두 끔찍하게 사랑하였다.

　이것이 수천 년 동안 민간에 널리 유전되어 온 "채찍으로 갈대꽃을 때리다"라는 감동적인 이야기이다. 민자건은 순진하고 지극한 효로 계모 및 부친의 관계를 해결하였으며, 이는 중국의 전통 윤리

---

18) 춘추시대에는 아직 면화(棉花)가 없었으며 솜옷은 실솜을 가지고 만들었다.

와 공자의 효도 문화에 생동적인 체현으로 후세인들의 경로효친 사상에 일정한 계발과 교육 작용을 갖추어 주었다.

물이 육포 꾸러미보다 낫다(水勝束修)

민자건은 공자 문하에서 사사할 때 집이 가난하여 학비로 충당하는 속수[19]의 예를 올리지 못하여 공자에게 직접 정성들여 빚은 좋은 술을 바쳤다.

동문 가운데 어떤 사람이 비웃으며 말하였다. "조계(曹溪)의 물이 어떻게 속수보다 나을 수 있겠는가?"

민자건은 이 말을 듣고 정말 기분이 언짢아져서 답답하고 울적해졌다. 민자건의 평소와는 다른 정서를 공자가 눈여겨보고 이 일의 전말을 알고 난 다음 민자건의 고민을 해결해 주고자 강학할 때 의도적으로 말하였다. "민자건은 어렵게 배우고자 하여 정신이 가상하니 조계의 물 한 방울이 속수 백 꾸러미보다 훨씬 낫다."

민자건은 이 말을 들은 후 정신이 한번 크게 진작되어 더욱 각고 노력하여 매우 **빨리** 침착하고 신중한 사람됨과 **빼어난** 학업성적으로 동료들의 존경을 얻게 되었다.

민자건이 벼슬을 사양하다(閔子騫辭官)

민자건이 명성을 이룬 후에 노나라 임금에 의해 비읍의 읍재로

---

19) 옛날 학생들은 스승과 처음 만날 때 반드시 먼저 예물을 바쳐서 경의를 표하였는데 이를 속수(束修)라 한다. 일찍이 공자 때부터 이미 실행되었다. 학비는 곧 '속수 여러 꾸러미'였으며 속수는 바로 소금에 절인 돼지고기였다.

파견되었다. 그는 비읍에서 인정(仁政)을 행하고 덕치를 베풀어 1년
도 되지 않아 비읍에서는 큰 변화가 일어났다. 가을걷이가 막 끝난
후에 노나라의 권신인 계씨(季氏)의 가신 양호(陽虎)가 세금을 독
촉하자 민자건이 말하였다. "관세(官稅)를 막 조금 걷었으니 다 걷
은 후에 내가 직접 국고로 가져가겠소."

양호는 손을 내저으며 말하였다. "비읍은 계씨의 사읍이니 관세
는 직접 계씨에게 납부하면 되오."

민자건은 실재적인 사람이어서 자기도 모르게 대뜸 물었다. "나
는 노나라에서 나고 자라 지금 또 비읍의 읍재가 되었는데 어째서
지금까지 비읍이 개인의 읍이라는 소리를 들어본 적이 없소?"

양호는 참지 못하고 말하였다. "노나라 정공(定公)은 아우로서
형의 왕위를 계승하였으니 또한 불합리하며 이는 모두 계씨가 그를
옹립한 결과요. 지금 국가의 대권 장악은 계씨의 수중에 있으니 이
비읍이 그래도 계씨네 가문의 것이 아니겠소?"

민자건은 듣고 나서 심사가 답답해져서 자기가 전심전력으로 비
읍을 다스린 것이 원래는 나라를 위해서 힘을 쓴 것이라 생각하였
는데 뜻밖에도 이렇게 애쓴 것이 결국 개인을 위해 죽도록 일한 것
이 되어 이에 관직을 버리고 떠나기로 결정하였다.

그는 사직서에 부친이 연세가 높고 몸이 약하여 병마에 시달리고
있어 자기가 돌아가 노부를 모시며 효도를 다하여야 한다고 가탁하
고 충과 효를 다 온전해 이행할 수가 없기 때문에 비읍 읍재의 직무
를 사직한다고 하였다.

노나라 임금이 알고는 황망히 사람을 보내 잡아두려고 하였으나

민자건은 이미 뜻을 확고하게 가져 뜻대로 관직을 떠났다. 노나라 임금의 허락도 기다리지 않고 총총히 임지를 떠나 문수(汶水) 가에서 은거하며 이로부터 다시는 관직을 맡지 않으려 하였다.

민자가 거위를 죽이다(閔子殺鵝)

민자건은 관직을 떠난 후에 고향으로 돌아와 농사를 짓고 책을 읽으며 지냈는데 매우 청빈하게 생활하였다. 공자는 사랑하는 제자가 걱정이 되어 제자인 공야장(公冶長)을 데리고 무당읍으로 가서 민자건을 찾아보았는데 민자건은 존경하는 스승이 찾아왔다는 말을 듣고 매우 기뻐하여 온 가족을 이끌고 문을 나서 영접하였다.

민자건의 아내가 밥을 지으려 하면서 말하였다. "집에 쌀이 있으나 쌀밥을 지어 드시게 할까요?"

민자건이 말하였다. "쌀밥을 먹으면 되는데 다른 먹을 것은 없지 않소?"

며느리가 말하였다. "집에 거위 두 마리가 있는데 작은 놈을 잡지요!" 말을 하면서 작은 거위를 묶어왔다.

민자건이 말하였다. "우리 스승님 일행이 제법 되니 이 작은 거위로는 충분히 먹지 못할 것이다."

"그러면 큰 거위를 잡지요!" 며느리는 말하면서 큰 거위를 묶어왔다.

공자는 방에 앉아서 방 밖에서 두 마리 거위가 "꽥꽥" 하면서 쉬지 않고 우는 소리를 듣고 새 소리에 통달한 공야장에게 물어보았다. 공야장이 말하였다. "사형이 거위를 잡아 우리 스승님을 접대하려는 것입니다. 두 거위 중 한 마리를 죽이려 하는데 큰 거위가 작은 거위에게 '내가 죽거든 너는 스스로 보살피는 것을 배워야 하고, 주인집을 잘 봐주어 낮에는 족제비를 막고 밤에는 얼룩 여우를 조심해야 한다. 주인이 우리에게 그렇게 잘 해주었는데 우리도 은혜를 알고 보답할 줄 아는 아이가 되어야지.'라 하였습니다. 작은 거위는 큰 거위에게 '아무래도 주인에게 나를 죽이게 하십시오. 내가 죽은 후에 당신은 울어서 몸을 망치지 말고 주인집을 잘 봐주십시오.'라 하였습니다."

공자는 들은 후에 매우 감동하여 황급히 민자건이 거위를 죽이는 것을 막았다. 이 민간 전설 이야기는 민자건의 심후한 덕행과 수양이 이미 동물까지 감동시키는 정도에 이르렀다는 것을 말해준다.

3) 유적지

산동의 많은 현지(縣志)에서는 모두 민자건이 그곳 사람이라고 하고 있으며, 민자건을 매장한 땅에 대한 설도 여러 곳이 있다. 산동 어대현 외에도 하남 범현(范縣)의 맹촌(孟村)과 안휘(安徽) 숙주시(宿州市) 조촌진(曹村鎭)의 민사촌(閔祠村) 등지가 있다.

고증에 의하면 이런 묘들은 거의 '의관총(衣冠塚)'으로 매장한 것은 민자건이 생전에 쓰던 물건이거나 후인들이 민자건을 기념하거나 제사 지낸 건축물이다.

산동(山東) 제남(濟南) 민자건 묘(墓)

민자건은 죽은 후 제나라 땅(지금의 濟南 百花公園 서쪽)에 장사

지냈다. 북송 신종(神宗) 희령(熙寧) 7년(1074) 제남 태수 이숙지(李肅之)가 그의 비석을 세우고 사당을 세워 주었는데 안에는 민자의 소상(塑像)이 있으며 아울러 〈제주민자사기(齊州閔子祠記)〉의 석비(石碑)도 있는데, 비문은 소철(蘇轍)이 짓고 소식(蘇軾)이 썼다. 원나라 때는 이곳에 '민자서원(閔子書院)'을 세웠는데 규모가 웅위하며 한때는 제남의 지명도 있는 학부(學府)였었다. 명나라 때는 묘지 부근의 지명을 '민효리(閔孝裏)'라고 하였으며 또한 동문리(東門裏)에 '민자사(閔子祠)'를 수축하였다.

명나라 만력(萬曆) 연간에 시인 왕상춘(王象春)이 민자건의 묘를 조문할 때 "옛 무덤 겹겹이 있는데 온통 단 무너졌고, 선현이 남긴 무덤 불가에 있네. 호숫가에서 흰 갈대꽃 한번 바라보는데, 서리 수레에 스미어 효자 추위에 떨었다네(古冢壘壘滿廢壇, 先賢遺墓在斯干. 湖邊一望蘆花白, 霜透車衡孝子寒)."라는 시구를 지어 남겼다.

당시 묘가 이미 허물어졌으며 근처에 갈대꽃이 많았음을 생각해 본 것이다. 명나라 숭정(崇禎) 연간에 민자건의 사당과 무덤을 중수하였으며 사당의 뒤편에 '강효당(講孝堂)'과 '노화관(蘆花館)', '은은재(誾誾齋)'를 수축하고 아울러 담장을 쌓았으며 분묘를 더욱 높이고 제전(祭田)을 두고 전적으로 지키고 보호하는 사람을 두었다. 청나라 때 제남 지부 왕증방(王贈芳) 또한 중수한 적이 있다. 해방 전쟁 시기에는 묘가 파괴되었다.

문화대혁명 때는 묘역이 거듭 파괴되었다. 근년에 민자건의 묘에 대하여 대규모 정비작업이 진행되었고, 아울러 이 기초 위에 '제남시 효문화 박물관'이 건립되었으며 이곳의 도로를 '민자건로'로 명명하여 이 역사상의 큰 효자를 기념하였다.

제남 민자건 묘

어대 민자사(魚台閔子祠)

산동 어대(魚臺) 민자사(閔子祠)

산동성 제령시 어대현 무대향의 대민촌에는 일찍이 민자건의 64대손 민황(閔煌)이 건립한 민자사가 있었으며 사당의 꼭대기는 모두 유리 기와로 전아하고 높이 솟은 궁전식 건축이었으나 문화대혁명 때 허물어졌다. 2006년 11월 민간 문학 《민자건의 전설》이 산동성에 의하여 첫번째 비물질문화유산명록(非物質文化遺産名錄)으로 공포되어 제남시 역성구(歷城區)와 제령시 어대현이 공동으로 옹유(擁有)하게 되었다.

2008년 '효현(孝賢) 문화를 크게 발양하고 화해(和諧)로운 사회를 건설하기' 위하여 민자건의 고향인 산동성 어대현에서는 '효현문화절(孝賢文化節)'을 거행하여 이 공문 제자를 기념하였다.

산동 비현(費縣) 민자사

산동 비현의 민자사는 산동성 비현 동북쪽의 오구촌(五溝村)에 위치하고 있다.

산동 기수(沂水) 이현사(二賢祠)

산동 기수의 이현사는 산동성 기수 서북쪽 45㎞ 지점에 위치하고 있으며 민자건이 계씨를 피한 곳이며, 사당 곁에는 자로(子路)의 독서대가 있어서 함께 제사를 지내고 명칭을 '이현사' 라 하였다고 전하여진다.

하남 범현(范縣) 민자묘

하남 범현의 민자건 묘는 범현 동남쪽 22㎞ 지점에 위치하고 있으며 물가가 황하를 굽어보고 있어 이따금 부딪쳐 허물어져 범현의 역대 관리와 유생들이 여러 차례 물자를 대어 수리하고 정비한 적이 있다.

안휘 소현(蕭縣) 삼현사(三賢祠)

안휘 소현의 삼현사는 안휘성 소현 백모산(白茅山)에 위치하고 있으며 그곳에서는 민자건과 자장(子張), 안신(顔辛)을 함께 제사지내므로 '삼현사'라 명명하였다.

안휘 소현 편타노화(鞭打蘆花) 거우반촌(車牛返村)

'편타노화(鞭打蘆花)' 이야기의 소재지에 있으며 후인들이 민자건의 효행을 기념하기 위하여 '편타노화'가 있었던 곳의 마을을 '편타노화거우반촌(鞭打蘆花車牛返村)'이라 개명하고 지금까지 연용하고 있으며, 현재 전국에서 가장 긴 마을의 이름이 되었다.

지금까지도 당지에는 민요 한 수가 유전되어 오고 있다.

"채찍으로 갈대꽃 치고 우차 돌아왔으며, 인의도덕 가장 먼저라네. 지아비가 후처와 이혼하였는데 아이가 어머니 구하였고, 자건의 아름다운 이름 대대로 전하여지네."

4) 《논어》 가운데 민자건과 관련된 장구(章句)

《논어》에는 민자건에 대하여 기록한 곳이 대략 4군데 있는데, 민자건이 비(費) 읍의 읍재를 사양하고 하지 않은 이야기를 말하여 민자건이 말이 적고 행동이 신중하며 강의하여 아첨하지 않는 성격적 특징 및 공자가 그의 효제(孝悌)와 품격에 대하여 찬양하는 말을 표현하였다.

공자의 많은 학생 가운데 효를 물은 사람은 많으나 효순한 덕을 가진 사람 또한 많지 않았지만, 《논어》에서 공자는 유독 민자건의 효만 칭찬하였다.

❶ 子曰 孝哉! 閔子騫! 人不間於其父母昆弟之言.

공자께서 말씀하셨다. "효성스럽도다, 민자건이여! 사람들이 그 부모·형제의 (칭찬하는) 말에 트집을 잡지 못하는구나!"《논어》선진(先進)

❷ 魯人爲長府. 閔子騫曰 仍舊貫 如之何? 何必改作? 子曰 夫人不言 言必有中.

노나라 사람이 장부라는 창고를 지으려 하였다. 민자건이 말하였다. "옛 일을 그대로 이용하는 것이 어떻겠는가? 하필 고쳐 지어야 하는가?" 공자께서 말씀하셨다. "저 사람은 말을 하지 않지만, 말을 했다 하면 반드시 (도리에) 맞는도다!"《논어》선진(先進)

❸ 閔子侍側, 誾誾如也, 子路, 行行如也, 冉有子貢, 侃侃如也, 子樂. 若由也, 不得其死然.

민자건은 곁에서 모시는 데 온화하였고, 자로는 꿋꿋하였으며, 염유와 자공은 강직하니 공자께서 즐거워하셨다. "유(염유) 같은 사람은 말하면 온당한 죽음을 얻지 못할 듯하구나."《논어》선진(先進)

❹ 季氏使閔子騫爲費宰. 閔子騫曰, 善爲我辭焉! 如有復我者, 則吾必在汶上矣.

계씨가 민자건을 비읍의 읍재로 삼으려 하자, 민자건이 말하였다. "내 말을 잘 말해주시오. 다시 나를 부르는 일이 있다면 내 반드시 문수 가에 있을 것이오."《논어》옹야(雍也)

孔門弟子【畫傳】

莫春者，
春服既成，
冠者五六人，
浴乎沂，
風乎舞，詠而歸。

戊寅陽春寶明繪

中國 寧波

8. 증점(曾點)

1) 일생

증점(생졸년 미상)은 자가 자석(子晳)이며 또한 증석(曾晳)이라고도 한다. 《사기》 중니제자열전에서는 그의 이름을 '점(蒧)'으로 기록하였다. 춘추시대 노나라 남무성(南武城 ; 지금의 산동 嘉祥) 사람으로 증삼(曾參)의 부친이다.

증점에 대해 기록한 사적은 매우 적지만 그의 호방하고 얽매이지 않는 성격 및 거지(擧止)는 현지에서 미담으로 전해지고 있으며 아울러 "노나라의 광사(狂士)"라고도 불리는데, 공자는 그가 진취성이 있는 "광방(狂放)한 선비"라고 생각하였다.

한나라 때부터 명나라 때까지 증점은 여러 차례 통치자들의 봉함을 받았다. 동한(東漢) 명제(明帝) 영평(永平) 15년(72)에 증점은 공자에 배향하여 제사를 지냈다.

당나라 현종 개원(開元) 27년(739)에는 '숙백(宿伯)'에 봉하였다.

북송 진종(眞宗) 대중상부(大中祥符) 2년(1009)에는 그를 '내무후(萊蕪侯)'에 봉하였다.

명나라 세종(世宗) 가정(嘉靖) 9년(1530)에 그는 '선현(先賢)'이라 칭하고 공자에 종사(從祀)하였다.

2) 증점의 일화

증점이 뜻을 말하다(曾點言志)

한번은 공자가 제자인 자로(子路), 증점, 염유(冉有), 공서화(公西華) 네 사람과 함께 한담을 하고 있었다. 공자는 그들에게 각기 자기의 견해를 펴보게 하였고, 각자의 지향(志向)을 말해보게 하였다. 자로가 말하였다.

"천승(千乘)의 병거를 가진 나라가 대국들 사이에 끼여서 밖으로는 군대의 침범을 받고 안으로는 또 기근이 들었을 때 제게 다스리게 한다면 3년 만에 백성들을 용감하게 할 수 있고, 또 인생의 도리를 알게 할 수 있습니다."

자로의 지향은 치국평천하였지만 그가 한 말은 너무 많은 것을 얘기했고 조금도 겸허하지 않았다. 공자는 듣고 한번 빙그레 웃기만 할 뿐 아무 말도 하지 않았다. 염유가 이어서 말하였다.

"60~70평방 리(里)나 50~60평방 리쯤 되는 곳을 제게 다스리게 할 경우 3년이면 백성들을 풍족하게 할 수 있지만, 예악 방면의 교화는 달리 고명한 군자를 청하겠습니다."

염유의 지향은 백성을 풍족하게 해주는 것이었지만, 그는 자기의 능력을 분명히 알아 스스로는 단지 경제 방면을 제고시킬 수 있다는 것을 알았다. 공서화의 지향은 외교관이 되는 것으로 그는 겸허히 말하였다.

"저는 감히 할 수 있다고 말하지 않고, 이런 것을 배우기를 원할 뿐입니다. 종묘의 제사나 제후국들끼리 회맹(會盟)할 때 예복을 입고 예모(禮帽)를 쓰고 작은 집례자(執禮者)를 맡기를 원합니다."

세 사람이 모두 말한 후에 증점 한 사람만 아무 말도 하지 않은 채 남아 있었다. 이때 그는 마침 한쪽에서 가야금(瑟)을 타고 있었다. 공자가 물었다. "점아, 네 지향은 무엇이냐?" 증점의 가야금 소리가 점차 드무러지는가 싶더니 "쨍그렁" 하는 소리와 함께 가야금을 밀치고 몸을 일으켜 세우더니 말하였다. "저는 세 사람과는 지향이 같지 않습니다."

공자가 말하였다. "무슨 상관이냐? 각자 자기의 지향을 말한 것일 따름이다."

증점이 말하였다. "늦봄 3월에 봄옷을 입고 어른 5~6명과 동자 6~7명과 함께 기수(沂水)에서 목욕하고 무우대(舞雩臺)에서 바람을 쐬고 노래하면서 돌아오겠습니다."

공자께서 듣고는 감탄하여 말하였다. "나는 점의 지향이 마음에 든다."

증점은 짧디짧은 한 마디 말로 "천시(天時)와 지리(地利), 인화(人和)"를 두루 고려하였는데, 그의 지향은 사실 일종의 담박한 생활태도로 평범한 생활 속에서 생명의 미감(美感)을 맛보는 것이었다. 이 말은 공자의 '대동(大同)'이라는 성세의 초보적인 이상을 체현해 냈다.

노나라의 미치광이 선비(魯之狂士)

증점은 노나라의 대부 계무자(季武子)와 친한 친구로 늘 함께 천하의 시사(時事)를 토론하고 함께 술을 마시고 노래를 불렀다. 계무자가 죽자 증점은 조상(弔喪)을 하러 갔는데 다른 사람들은 예를 행하고 애도하기에 바쁜 와중에 그는 오히려 홀로 문에 기대어 노래를 하고 노랫소리로 자가의 비통함과 사념을 표현하였다. 그의 독특한 행위가 당시 사람들에게 이해되지 않아 그는 "노나라의 미치광이 선비"로 일컬어졌다.

3) 유적지

산동 가상(嘉祥) 증점묘(廟)

산동 가상의 증점묘는 지금의 산동 가상현 증묘 서로(西路)의 과원(跨院)에 있으며 안에는 명나라 정통(正統) 13년(1448)에 세운 〈창건내무후증점묘기(創建萊蕪侯曾點廟記)〉 비석이 있다.

산동 곡부(曲阜) 공묘(孔廟) 숭성사(崇聖祠)

증점과 안회(顔回)의 부친 안로(顔路) 등은 모두 곡부에 있는 공묘의 숭성사에서 제사를 받고 있다.

산동 평읍(平邑) 증점묘(墓)

산동 평읍의 증점 묘는 산동성 임기시(臨沂市) 평읍현 위장향(魏莊鄉) 주지(駐地) 남쪽 1.5㎞ 지점에 있는 증자산(曾子山) 자연풍경구에 있다.

孔門弟子畫傳【冉雍】

孔門弟子【畫傳】

子謂仲弓，曰：犁牛之子騂且角。
雖欲勿用，山川其舍諸？

中國　杭州　曲苑

9. 염옹(冉雍)

1) 일생

염옹(BC 522~BC 466)은 자를 중궁(仲弓) 또는 자궁(子弓)이라
고 한다. 춘추시대 말기 노나라 다(荼 ; 지금의 산동 菏澤) 사람으
로 공자보다 29살 어리며 계씨의 재(宰)[20]를 지낸 적이 있다.

염옹은 곧 소호(少昊)의 아득한 후손이자 주문왕(周文王)의 후손
인데, 대대로 '하택의 북쪽(菏澤之陽)'에 살았다. 집이 가난하여 목
축을 업으로 삼아 사람들이 "이우씨(犁牛氏)"라 일컬었다.

《염씨족보(冉氏族譜)》에서는 염옹의 부친 염리(冉離)는 안씨
(顔氏)를 아내로 취하여 장자 염경(冉耕)과 차자 옹(雍)을 낳았으
며, 안씨가 죽자 또 공서씨(公西氏)를 취하여 아들 염구(冉求)를 낳
았다고 하였다. 나중에 공서씨는 공자가 궐리(闕里)에 학교를 세웠
다는 말을 듣고 "세 아들에게 가서 따라 배우라"고 명하였다.

염옹은 6살 때 공자를 따라 배웠으며 사람됨이 돈후하고 품행과
학업이 모두 뛰어나 공자로부터 매우 중시를 받았다. 공자를 따라
열국을 주유하다가 노나라로 돌아온 후 염옹은 계씨 가족의 총관
(總管)이 되었는데, 그의 정치는 "공경함에 거하고 간소함을 행하는
것(居敬行簡)"으로 "덕으로 백성을 교화하는 것"을 주장하였지만
계씨가 염옹의 나라를 다스리고 안정시키자는 건의를 받아들이지

---

20) 계씨(季氏) 가족의 일을 총 관리하는 것.

않아 이에 염옹은 관직을 그만두고 다시 공자를 따라 배웠다. 염옹은 증삼의 누이를 취하여 아내로 삼아 염맹(冉孟)과 염계(冉季) 두 아들을 낳았다. 공자가 죽은 후 염옹은 다른 공문의 제자들과 함께 《논어》를 편정하는 일에 참여하였다.

염옹은 공자 문하의 제자 가운데 '덕행'으로 알려졌으며 공자는 그에게 "옹은 남면할 만하다."는 창찬을 하였다.

공자는 죽음을 앞두고 제자들의 면전에서 "……현명하구나, 옹은! 남보다 뛰어남이 멀다(賢哉雍也, 過人遠也)."라 하였는데, 이는 공자가 다른 제자들에게는 해본 적이 없는 최고의 평가이다. 후세의 염옹에 대한 평가 또한 높아서 순자 같은 사람은 〈유효(儒效)〉 편에서 염옹을 공자와 나란히 제기하여 논하기를 "통하면 천하를 통일할 수 있고 궁하면 홀로 귀한 이름을 세우며 하늘이 죽일 수 없고 땅이 묻을 수 없고 걸왕(桀王)과 도척(盜跖)의 세상에서도 더럽힐 수 없고 대유(大儒)가 아니면 세울 수 없는 사람은 바로 중니와 자궁이다."라 하였다.

이는 염옹이 덕행 방면의 수양에서 어느 정도 이미 스승인 공자와 함께 아름답다고 논하여지고 있다는 것을 설명하고 있다.

염옹은 유가사상의 전승에 중요한 공헌을 하였는데 다른 공자 문하의 제자들과 함께 《논어》를 편정하였다.

《문선》 변명론(辨明論)의 주석에서는 《부자(傅子)》를 인용하여 "옛날에 중니가 죽자 중궁의 무리가 부자의 말을 추론(追論)하였는데 이를 《논어》라 한다."라 하였다.

염옹은 스스로 《경간집(敬簡集)》 여섯 편을 지었는데 《논어》에서 "공경함에 거하고 간소함을 행하는" 관점에서 천발(闡發)을 진행하였는데 안타깝게도 진(秦)나라에서 없앤 후 이 책은 전하여지지 않는다.

당나라 때부터 청나라 때까지 역대 통치자들은 염옹을 많이 추봉하였다.

당나라 현종 개원(開元) 8년(720)에는 염옹을 '십철(十哲)'에 편입하고 공자에 배향하였다. 개원 27년(739)에는 '설후(薛侯)'에 봉하여졌다.

북송 진종(眞宗) 대중상부(大中祥符) 2년(1009)에는 '하비공(下邳公)'에 봉하여졌다.

남송 도종(度宗) 함순(鹹淳) 3년(1267)에는 '설공(薛公)'에 봉하여졌다.

명나라 세종(世宗) 가정(嘉靖) 9년(1530)에는 '선현(先賢)'에 봉하여져 공자에 종사(從祀)되었다.

청나라 건륭(乾隆) 21년(1765)년에는 염옹을 '십이철(十二哲)'에 편입하고 공자에 배향하였다.

2) 염옹의 일화

얼룩소의 새끼를 산천이 버려두지 않다(犁牛之子, 山川不舍)

염옹은 품행과 학업이 다 뛰어나고 사람됨이 정의로워 공자는 그를 크게 칭찬하고 아꼈지만, 염옹의 부친이 출신이 비천하고 언행에 악함이 많아 당시에 어떤 사람이 염옹의 부친 일로 염옹을 공격하였다. 부자의 자기에 대한 높은 평가를 들은 후 염옹은 자기는 부자가 기대하고 있는 인재가 될 수 없다고 생각하여 부자에게 말하였다.

"선생님의 소자에 대한 칭찬에 감사드립니다. 저는 출신이 좋지 못하니 어찌 선생님께서 말씀하신 그런 전도(前途)가 있을 수 있겠습니까?"

공자는 이 뛰어난 제자의 어깨를 토닥이며 말하였다. "밭을 가는 소21)가 낳은 송아지가 붉은색의 털이 길고 뿔도 가지런하고 단정하게 자랐다. 그 송아지를 제물로 쓰고자 하지 않은들 산천의 신이 버려둘 수 있겠느냐?"

이 털이 잡종인 소는 오히려 적황색의 빛나는 털을 가진 뿔이 우뚝한 훌륭한 송아지를 낳았으니, 사람들이 털이 잡종인 소가 낳은 송아지라 하여 제사에 쓰지 않고자 한들 제사를 받는 산천의 신 또한 제런 제물을 버려두기를 바라지 않을 것이라는 말이다.

공자는 이 말을 염옹에게 자기비하를 하지 말 것이며 또한 자기의 가정 출신이 좋지 않음을 개의치 않도록 하였고, 자기에게 정말로 학문이 있다면 다른 사람이 너를 생각지 않는다고 하더라도 천지가 반응하지 않을 것이라고 일러주었다.

말솜씨가 서툴고 덕행에 독실하다(拙于口才 篤于德行)

염옹은 부지런히 공부하기를 좋아하여 학식이 깊고 넓었으며 품

---

21) 밭을 가는 데 쓰는 얼룩소이다. 고대에는 얼룩소는 밭을 가는 것 외에는 다른 용도가 없었다. 더욱이 제사 같은 큰 전례에 쓰이는 제수품은 절대로 될 수가 없었다.

덕이 고귀하였지만, 구변이 좋지 않아 담론에 뛰어나지 않아 다른 사람과 영합할 수 없었다.

어떤 제자가 이것을 가지고 염옹을 놀려대자 공자가 말하였다.

"어찌 반드시 언변이 뛰어나야 하겠느냐? 유창한 말솜씨만 믿고 남과 변론을 하면 늘 다른 사람의 밉상을 당하게 되니 이런 사람치고 내 인(仁)을 이루는 사람인지 알지 못하겠으니 다만 어찌 반드시 언변이 뛰어나야 하겠는가?"

공자는 인덕을 갖춘 군자라면 반드시 장중하고 침착하여야 하며 반드시 언변이 뛰어나야 하는 것은 아니며 염옹이 바로 이런 사람이라고 생각하였다.

염옹은 또한 공자의 그에 대한 인정을 저버리지 않고 공자의 가르침에서 예지(叡智)로운 사상은 결코 다만 화려한 말솜씨로 표출되어 나오는 것이 아니며 정확한 관점 또한 반드시 모든 사람의 찬동을 얻어야 할 필요는 없으며 사상과 덕행에서 공부를 충분히 하기만 하면 할 때 마치 좋은 곳에 이르는 것과 같이 표현해내기만 하면 된다는 것을 깨달았다.

한번은 공자와 토론을 하다가 염옹이 정사(政事)를 토론을 통하여 그의 이런 관점을 나타내었다.

염옹이 말하였다. "사상적인 면에서 공경하고 엄숙하며 일을 행함에 간략한 것을 가지고 국가를 다스리는 방식이 제가 찬동하는 것입니다. 당연히 사상적인 면에서 대충대충 하고 또 간략함으로 일을 처리한다면 이는 어찌 지나치게 부연한 것이고 지나치게 간략한 것이 아니겠습니까?"

공자가 말하였다. "옹아, 네 이 말이 옳다. 수양하는 중점을 사상적인 측면에 놓는 것이야말로 군자가 할 일이다."

자신이 하고자 하지 않는 것을 하게 하지 말라
(己所不欲 勿施於人)

염옹이 공자에게 인에 대하여 물었다. 공자께서 일러주었다. "자신이 좋아하지 않는 것을 남에게 강요하지 말아야 한다."

염옹이 잠시 생각하다가 말하였다. "제가 비록 높은 지혜는 없으나 선생님께서 가르쳐주신 방향을 향해 노력하겠습니다. 다만 조금 명확하지 않은 것이 있으니, 안회가 와서 인에 대하여 묻자, 선생님께서는 "자기의 사욕을 이겨 예를 회복하는 것이 인이다."라고 하셨고, 자공이 와서 인에 대하여 묻자, 선생님께서는 "자기가 서고자 하면 남을 서게 하며, 자신이 통달하고자 하면 남을 통달하게 하는 것이다."라고 하였으며, 소자가 인에 대하여 묻자, "자신이 좋아하지 않는 것을 남에게 강요하지 말아야 한다"라고 하셨습니다. 다 같이 '인'에 대하여 물었는데, 선생님께서는 각기 대답을 달리하셨으니 무슨 도리인지 모르겠습니다. 선생님의 가르침을 청합니다."

공자가 말하였다. "너희들의 성격과 학문 및 수양 정도가 같지 않고 사람마다 모두 자기만의 뛰어난 점과 결점도 있으며 인덕의 수양에 있어서 부딪히는 문제 또한 같지 않기 때문이다. 중궁 너는 재능이 출중하고 치세의 재주와 왕자의 풍도를 갖추고 있어서 인덕을 하고자만 한다면 반드시 겸손하고 공손하게 선비에게 낮추고 백성들을 위하여 생각하고, 나라와 백성에게 원망과 후회가 없게끔 할 수 있을 것이다."

3) 유적지

산동 하택(菏澤)의 중궁사(仲弓祠)

선현 염자 중궁의 사위(祠位)는 산동성 하택시 동쪽 7㎞ 지점의 장점촌(張店村)에 있는데 선현 염자 중궁의 고향으로 마을에는 염씨 성을 가진 주민이 많다. 마을 중심의 정자로(丁字路) 입구 동북쪽 모서리에는 염자 중궁사가 있으며 속칭 염가사당이라고도 하며, 하택시의 시급문물보호단위이다.

하택의 중궁사

산동 하택의 삼염합사(三冉合祠)

산동 하택의 삼염합사는 하택 정도현(定陶縣) 현성 동남쪽 16㎞

지점의 염고진(冉堌鎮) 염고집촌(冉堌集村)에 있는데 춘추시대에 처음 형성된 옛 촌락이다. 전하는 바에 따르면 선현 염자(冉子 ; 冉求)의 고향이라 하며, 마을에는 옛날에 염경(冉耕)과 염옹, 염구(冉求)의 삼현(三賢)을 합사한 '삼염사(三冉祠)'가 있었다고 한다.

산동 관현(冠縣)의 염자묘(冉子墓)

산동 관현의 염자묘는 지금의 산동 요현(聊縣) 현성 서북쪽 9㎞ 지점의 고왕단촌(高王丹村) 동쪽 염자중학원(冉子中學院)에 있다. 전하는 바에 의하면 염자는 관현에 와서 강학을 하였는데 불행히도 병으로 고인이 되어 옛사람들의 "장례에 땅을 가리지 않는다"는 관습에 따라 마침내 관현에서 장사지냈다 한다.

산동 관현(冠縣)의 염자묘(冉子墓)

사료의 기록에 의하면 염자 묘(廟)에는 원래 사당이 있었는데 처음 세워진 연대는 고찰할 수 없고 다만 진(晉)나라 때의 유명한 지리서 《수경(水經)》에 이미 명확하게 기재되어 있는데 연대가 오래되었음을 알 수 있다. 청대에 와서 마지막으로 중수를 한 후의 염자 묘는 약 10여 무(畝)의 면적을 차지하고 있으며, 염자 묘(廟) 즉 사당과 염자 묘(墓) 그리고 동과원(東跨院)의 세 파트로 나누어져 있다. 염자 사당과 염자 묘는 성에서 남북의 선을 축으로 배열되어 있는데 남쪽은 사당이고 북쪽은 묘지이며, 동과 서면의 양쪽 길의 붉은 담장은 사당과 묘지 권역을 하나의 완전체로 하였다. 지금은 다만 유지(遺址)만 남아 있다.

4) 《논어》 가운데 염옹과 관련된 장구(章句)

《논어》에는 염옹과 관련된 언론이 모두 네 군데 있는데, 공자가 염옹의 재능과 덕행에 대한 칭찬과 그에 대한 가르침을 펼쳐 보이고 있다.

❶ 子曰 雍也 可使南面.

공자께서 말씀하셨다. "옹은 남면할 만하다." 《논어》 옹야(雍也)

❷ 子謂仲弓曰 犁牛之子騂且角 雖欲勿用 山川其舍諸?

공자께서 중궁을 일러 말씀하셨다. "얼룩소의 송아지가 색깔이 붉고 또 뿔이 제대로 났다면 비록 쓰지 않고자 하나 산천(의 신이) 그것을 버려두겠는가?" 《논어》 옹야(雍也)

❸ 仲弓問子桑伯子 子曰 可也 簡. 仲弓曰 居敬而行簡 以臨其民

不亦可乎? 居簡而行簡 無乃大簡乎? 子曰 雍之言然.

중궁이 자상백자에 대하여 묻자 공자께서 대답하셨다. "그의 간략함도 괜찮다." 중궁이 말하였다. "경에 처해 있으면서 간략함을 행하여 인민을 대한다면 가하지 않겠습니까? 간략함에 처하고 다시 간략함을 행한다면 너무 간략한 것이 아니겠습니까?" 공자께서 말씀하셨다. "옹의 말이 옳다." 《논어》 옹야(雍也)

❹ 仲弓問仁 子曰 出門如見大賓 使民如承大祭. 己所不欲 勿施於人. 在邦無怨 在家無怨. 仲弓曰 雍雖不敏 請事斯語矣.

중궁이 인에 대하여 묻자, 공자께서 말씀하셨다. "문을 나갔을 때에는 큰손님을 뵙는 듯하며, 백성에게 일을 시킬 때에는 큰 제사를 받들 듯이 하고, 자신이 하고자 하지 않는 것을 남에게 하게 하지 말아야 하니, 이렇게 하면 나라에 있어서도 원망함이 없으며, 집안에 있어서도 원망함이 없을 것이다."

중궁이 말하였다. "제가 비록 불민하오나 청컨대 이 말씀을 종사하겠습니다." 《논어》 옹야(雍也)

孔門弟子畫傳【冉求】

孔門弟子【畫傳】

冉求，姓冉，
名求，字子有，
冉耕之三弟，
通稱冉有，
亦稱有子。
子曰：力不足者，
中道而廢。今女畫。
魯國人。

10. 염구(冉求)

1) 일생

염구(BC 522~?)의 자는 자유(子有)이며 염유(冉有)라고도 한다. 춘추시대 말기 노나라 사람으로 공자보다 29세 어리다. 염구는 무용(武勇)이 있고 전쟁에 뛰어났으며 정사에 뛰어난 것으로 더욱 알려져 공자는 염구를 정사 부문의 1명에 넣었다.

염구는 염경(冉耕), 염옹(冉雍)과 동종(同宗)이면서 모두 공자 문하 '십철'의 반열에 들어 세상에서는 '일문삼현(一門三賢)'이라 일컬어졌으며 또한 '삼염(三冉)'으로도 일컬어졌다.

염구는 성격이 활달하고 명랑하였으며 다재다능하여 공자는 '염구의 재주'를 완인[成人]이 되는 필수조건 중의 하나로 꼽았다.

열국을 주유하기 전에 계씨(季氏)는 염구를 임용하여 일을 맡겼다. 공자를 따라 열국을 주유하던 7년째 되던 해에 노나라 계씨는 공자를 귀국시키려 하였는데 노나라의 다른 대부들의 반대에 부딪쳐 계씨는 마침내 염구를 불러들여 정사의 처리를 돕게 한다.

이후 염구는 오랫동안 노나라 계씨의 총관(總管)을 맡아 타국으로 출사하여 외교 업무를 처리하는가 하면 군대를 거느리고 제나라의 침공에 맞서 격퇴하기도 하였으며, 계씨를 도와 전부(田賦)를 개혁하기도 하였고, 아울러 계강자(季康子)가 공자를 맞아 노나라로 귀국하게끔 성공적으로 설복시키기도 하였다. 공자는 만년에 염구의 많은 보살핌을 받을 수 있었다.

서진(西晉)의 사학자 진수(陳壽)는 염구의 정사는 이윤(伊尹), 강상(姜尙, 강태공)의 정적(政績)과 훌륭함을 견줄 만하다고 생각했다. 다만 염구는 인덕의 수양과 예악의 학습에는 뛰어나지 못하여 인(仁)·의(義)·예(禮)·효(孝) 등 유가의 도덕관념에 관한 견해는 표현하지 못했고 또한 공자에게 이 방면에 대한 문제를 제기하지도 못했다.

한나라에서 청나라 때까지 염구는 여러 차례 통치자의 추봉과 제사를 받았다. 동한(東漢) 명제(明帝) 영평(永平) 15년(72)에 공자에 배향되었다.

당나라 현종(玄宗) 개원(開元) 8년(720)에는 염구를 '십철(十哲)'에 편입하고 공자에 배향하였다. 개원 27년(739)에는 '서후(徐侯)'에 봉하여졌다. 북송 진종(眞宗) 대중상부(大中祥符) 2년(1009)에는 '팽성공(彭城公)'에 봉하여졌다.

남송 도종(度宗) 함순(鹹享) 3년(1267)에는 '서공(徐公)'에 봉하여졌다. 명나라 세종(世宗) 가정(嘉靖) 9년(1530)에는 그는 '선현(先賢)'이라 칭하고 공자에 종사(從祀)하였다.

청나라 건륭(乾隆) 21년(1765년)에는 염구를 '십이철(十二哲)'에 편입하고 공자에 배향하였다.

2) 염구의 일화

비단에 수놓는 것이 눈 속에 숯을 보냄만 못하다

(錦上添花不如雪中送炭)

염구의 동문이자 친한 친구 공서적(公西赤)이 조령을 받들어 제나라의 사신으로 나가게 되자 염구는 공자에게 양식을 청하여 공서적의 노모가 먹게끔 했다.

공자는 염구의 요청을 듣고 말하였다. "좁쌀 1부(釜)22)를 꽉 채워 주어라."

염구가 말하였다. "공서적은 오랫동안 떠나야 하니 조금 더 보태 주면 안 되겠습니까?"

공자가 말하였다. "그러면 1유(庾)23)를 더 보태주라."

염구는 무슨 말을 더 하려고 하였지만 공자는 이미 눈을 감고 수양에 들어갔다.

염구는 물러난 후 속으로 생각하였다. '선생님께서 조금 인색한 것이 아닌가? 공서적은 이번에 가면 2~3년은 되어야 돌아오게 될 것인데 이 정도의 좁쌀로는 오랜 시간을 버틸 수 없을 것이다.'

이에 염구는 자의적으로 생각하여 공서적의 모친에게 좁쌀 80석(石)을 주었다. 나중에 공자가 이 일을 알고는 염구가 공사를 명분으로 사복을 채운다고 의심을 품지도 않았고 그가 자의적인 결정이었다고 비판도 하지 않고 의미심장하게 그에게 말하였다.

"공서적은 제나라의 사신으로 나가면서 살진 말이 끄는 좋은 수레를 타고 가볍고 따뜻한 갖옷을 입었으며 의젓하고 귀티가 났다. 그는 임지에 이른 후에 반드시 그의 어머니를 풍족하고도 편안하게 생활하도록 할 능력이 있다. 좋은 철의 용도는 칼날에 있으니, 우리

---

22) 부(釜) ; 고대의 도량형 단위로 대략 지금의 6말 반에 상당한다.
23) 유(庾) ; 고대의 도량형 단위로 대략 지금의 2말 남짓에 상당한다.

집에 남아 있는 양식이 확실히 적지는 않지만, 급히 필요한 사람들을 두루 구제하는 것이지 부자를 더 보태주려는 것은 아니다. 공서적이 봉록을 받아서 집에 가져다주면 그 어머니가 먹다 남은 수십 석의 좁쌀은 그 어머니의 안중에는 한 푼의 가치도 없는 것이 되고 말 것이다. 그런데 우리가 이 좁쌀 수십 석으로 빈민을 구제한다면 얼마나 많은 사람들이 거기서 도움을 받겠느냐?"

염구는 스승의 가르침을 다 듣고 대단히 경복하였다. '나의 마음 속에는 동문의 사제(師弟)뿐이었지만 스승님의 안중에 보이는 것은 천하의 백성이로구나. 모든 일에는 경중과 완급이 있으니 남을 위한답시고 비단에 수를 놓아주는 것보다는 눈 속에 숯을 보내주는 것이 낫구나.'

스승을 맞아 노나라로 돌아오다(迎師歸魯)

계환자(季桓子)가 죽은 후 그의 아들 계강자(季康子)는 부친의 유촉(遺囑)을 받들어 공자를 불러 노나라를 흥기시킬 준비를 하였지만 조정 대신들의 의견이 일치하지 않아 다수가 공자가 노나라로 귀국하는 것을 반대하였다.

계강자는 각 방면의 의견을 절충하여 계획을 바꾸어 사신을 파견하여 공자의 제자인 염구를 불러 나라로 돌아오게 하여 계씨의 가재를 맡게 하였다.

노나라 애공(哀公) 11년(BC 484) 제나라 군사가 쳐들어와 성 아래까지 이르자 염구는 좌사(左師)를 거느리고 침공해 온 제나라 군사에 저항하고 아울러 사졸들의 앞장을 서서 보병이 긴 창을 든 돌격 전술로 승리를 거두었다.

염구가 군사를 거느리고 돌아오자 계강자는 연회를 열어 전체 장사병들을 위로하였다. 연석에서 계강자는 염구에게 물었다. "사람들이 말하기를 공자 문하에는 장수감이 없다고 하는데 그대는 어떻게 이길 수 있었소? 그대의 전술이 스승도 없이 스스로 통달한 것은 아니지 않겠소?"

염구가 말하였다. "저의 전술 또한 부자가 가르쳐준 것입니다. 부자는 통하지 않는 것이 없는 성인으로 문무를 겸비하였습니다. 제가 배운 이 전법과 도략(韜略)은 정심(精深)한 것이라 할 수 없습니다."

염구는 계강자에게 예를 두터이 하여 공자를 불러 가까이 두고 가르침을 청함에 편리하게 하라고 힘껏 권하였다. 계강자는 노나라를 흥기시키려는 마음으로 세 명의 사자를 파견하여 많은 금을 지니고 가서 공자를 영접하게 하였다.

68세가 된 공자는 고국으로 돌아와 노나라 애공에 의하여 국로(國老)에 명하여졌으며 이로써 14년간 이곳저곳을 전전하며 유리하던 생활을 끝냈다.

공자는 염구를 찾아보고 찬양하였다. "너는 무기를 들고 사직을 보위할 수 있었으니 진정한 용사이다."

염구는 겸허하게 말하였다. "저는 다만 선생님께 심혈을 기울여 조금 배운 것일 따름입니다."

북을 울리며 공격하라(鳴鼓而攻)

염구는 성현으로 왕도(王道)를 펴는 스승에게 나아가 배웠지만 오히려 대대로 패도(覇道)를 추구하는 가문—노나라의 통치자 계씨(季氏)에게 봉직하였다. 염구가 봉착한 상황은 공자 문하의 제자들 가운데 비교적 난감하였는데, 한편으로는 패도의 무력으로 천하를 경영하는 계씨편이었고, 한편으로는 문덕으로 천하의 정복을 주장하는 공자의 편이었기 때문이었다.

염구는 공자를 찾아가 볼 때마다 거의 매번 공자의 질책을 받았지만, 염구는 부자에게 깊은 경의를 품고 있는 한편 시간만 있으면 또한 염치 불고하고 공자를 찾아뵙곤 하였다.

하루는 염구가 일찌감치 행단에 와서 기다리고 있는데 공자는 염구를 보고 냉담하게 말하였다. "염구야, 오래도록 행단에 와서 강의를 들은 적이 없구나."

염구가 공경스레 말하였다. "선생님, 소자 정무가 너무 바빠 실로 몸을 뺄 수가 없었습니다."

"너 정말로 바빴겠다." 공자는 얼마간 화가 나서 말하였다. "바쁘지 않았다면 계씨가 어찌 재산을 날로 불리고 창고를 가득 채울 수 있었겠느냐?"

염구는 매우 조심스럽게 말하였다. "소자는 선생님께서 말씀하신 뜻을 잘 모르겠습니다."

공자는 안색이 갑자기 변하여 말하였다. "너는 지금 성 밖에 가서 마을의 일을 책임지고 있는 사람이 고함치고 있는 것을 들어보아라. '마을 사람들은 들으시오. 재부(宰府)의 총관(總管)이신 염장군께서 지금 이후로 구부(丘賦)를 전부(田賦)로 바꾼다는 영을 내렸소. 올해는 집집마다 양식 다섯 말과 3백 전을 더 내고 두 장정마다 하나를 내어 전유(顓臾)를 공격한다. 영을 어기는 자는 엄벌을 면치 못할 것이다.' 거의 모든 마을에 물기도 덜 마른 공고문이 붙어 있고 옷차림이 남루한 노소가 관문을 둘러싸고 탄식하고 있다."

직책의 테두리 안에서 말하자면 염구는 자기가 남의 봉록을 먹고 있으므로 충성을 다하여 직무를 지켜야 한다고 생각하였지만, 여러 해 동안 부자에게 배울 때 부자는 간곡하게 인의와 도덕으로 타일러 이상과 현실이 엉긴 가운데 염구는 내심 고통을 겪을 대로 겪었다. 그는 스스로 변호를 하면서 부자가 이해해 주기를 바랐다.

"선생님, 남의 가신으로 염구에게 무슨 방법이 있겠습니까?"

공자는 참으려야 참을 수가 없었다. "염구야, 지금부터 너는 더 이상 나의 제자가 아니다. 나의 제자라면 훌륭한 사람을 도와 어진 일을 하여 악인을 도와 포악한 짓을 할 리가 없다! 제자들이여 모두 들었으면 지금부터 너희들은 북을 울리며 가서 염구를 토벌하라."

염구는 손을 늘어뜨리고 똑바로 선 채 고개를 숙였는데 그는 부자가 가르침을 행한 40여 년 동안 제자가 3천 명으로 어떤 제자에게도 악담을 한 적이 없다는 것을 알았다. 동료들은 염구를 한번 위로하였지만 염구는 아무 말도 없이 묵묵히 그곳을 떠났다.

3) 유적지

산동의 경내에는 염구와 관련 있는 유적지가 다수 있는데 그 가운데 설성(薛城)과 가상(嘉祥) 두 곳이 비교적 유명하다.

산동 설성 염구 묘(墓)

산동 설성의 염구 묘는 산동성 조장시(棗莊市) 설성구 도장진(陶莊鎭) 북부 암상촌(庵上村) 동쪽 500여 미터의 수구산(繡球山)에 있다. 산꼭대기의 동남쪽으로 15미터 치우친 곳에 석비가 하나 있는데 비석에는 '염구지묘(冉求之墓)'라는 글자가 새겨져 있다. 비석은 이미 깨지고 부서졌으며 비좌(碑座)는 아직 남아 있다. 암상촌 동남쪽에는 염자 묘(廟)가 있는데 염구를 모시고 있다.

산동 가상 염자 묘사(墓祠)

산동 가상의 염자 묘사(墓祠)는 산동성 제령시(濟寧市) 가상(嘉祥) 현성에서 서북쪽으로 28.5㎞ 떨어진 황해촌(黃垓村)의 동북쪽에 있다. 현존하는 세 칸짜리 경산식(硬山式) 건축은 북쪽에 자리잡아 남쪽을 향하고 있으며 동서의 길이가 9m이고 너비가 5m, 높이가 5.5m로 0.5m 높이의 석대에 세워졌으며 겹으로 된 용마루에 회색 기와를 덮었고 용마루는 짐승과 꽃무늬로 장식하였다.

염자사(冉子祠)의 뒤로 염자 묘(墓)가 있는데 원형이며 높이가 1m 둘레가 약 10m이다. 염자비(碑)는 청대에 염자사를 중수하는 과정에서 세워진 것이며, 비석은 높이가 1.3m

산동 가상(嘉祥) 염자 묘사(墓祠)

이고 너비가 0.56m, 두께가 0.15m이고 새겨진 비문의 글씨는 굳세고 힘이 있으며 맑고 분명하여 판독이 가능하다.

사당 앞에는 오래된 측백나무 두 그루가 있는데 두 나무 사이의 거리는 5.2미터이다. 동서로 대치하고 있으며 규룡 같은 줄기와 괴이한 가지가 울창하고 굳세다.

4) 《논어》가운데 염구와 관련된 장구(章句)

❶ 子路問成人 子曰 若臧武仲之知 公綽之不欲 卞莊子之勇 冉求之藝 文之以禮樂 亦可以爲成人矣. 曰 今之成人者 何必然 見利思義 見危授命 久要不忘平生之言 亦可以爲成人矣.

자로가 완성된 사람이 무엇인지 물었다. 공자께서 대답하셨다. "장무중의 지혜며 공작의 탐욕하지 않음, 변장자의 용기, 염구의 재예(才藝)에 예악으로 문채를 낸다면 또한 성인이랄 수 있을 것이다." 다시 말씀하셨다. "지금의 성인은 어찌 반드시 그렇겠는가? 이를 보면 의를 생각하며, 위태로움을 보면 목숨을 바치고, 오래된 언약에 평소의 말을 잊지 않는다면 또한 성인이랄 수 있을 것이다." 《논어》옹야(雍也)

❷ 冉求曰, 非不說子之道, 力不足也. 子曰, 力不足者, 中道而廢, 今女畫.

염구가 말하였다. "선생님의 도를 좋아하지 않는 것은 아니나 힘이 달립니다."공자께서 말씀하셨다. "힘이 달리는 자는 중도에 그만두니 지금 너는 선을 긋고 있다." 《논어》자로(子路)

❸ 子適衛, 冉有僕. 子曰. 庶矣哉! 冉有曰, 旣庶矣, 又何加焉? 曰,

富之. 曰, 旣富矣, 又何加焉? 曰, 敎之.

공자께서 위나라에 가실 때 염유가 수레를 몰았다. 공자께서 "(백성들이) 많기도 하구나." 하셨다. 염유가 "이렇게 많으면 다음에는 무엇을 더해주어야 합니까?"라 하였다. 말씀하시기를 "부유하게 해주어야지."라 하셨다. "부유해진 다음에는 또 무엇을 더해주어야 합니까?"라 하자 "가르쳐야지."라고 하셨다. 《논어》 자로(子路)

❹ 子路問 聞斯行諸? 子曰 有父兄在 如之何其聞斯行之? 冉有問 聞斯行諸? 子曰 聞斯行之. 公西華曰 由也問聞斯行諸 子曰 有父兄在 求也問聞斯行諸 子曰 聞斯行之 赤也惑 敢問 子曰 求也退 故進之 由也兼人 故退之.

자로가 "(옳은 것을) 들으면 행하여야 합니까?"하고 묻자, 공자께서 "부형이 계시는데 어찌 들었다고 행할 수 있겠는가?" 하고 대답하셨다. 염유가 "들으면 행하여야 합니까?" 하고 묻자, 공자께서 "들으면 행하여야 한다."라 대답하셨다.

공서화가 물었다. "유가 '들으면 행하여야 합니까?'하고 묻자, 선생께서 '부형이 계시다.' 하셨고, 구가 '들으면 행하여야 합니까?' 하고 묻자, 선생께서 '들으면 행하여야 한다.'고 대답하시니, 저는 의혹이 일어 감히 여쭙습니다."공자께서 말씀하셨다. "구는 물러나므로 나아가게 한 것이요, 유는 일반인보다 나음으로 물러나게 한 것이다." 《논어》 선진(先進)

119

孔門弟子畫傳【宰予】

孔門弟子
【畫傳】

子曰：始吾于人也，
聽其言而信其行。
今吾于人也，
聽其言而觀其行。
于予與改是。

中國　郭宁　畫集

11. 재여(宰予)

1) 일생

재여(BC 522~BC 458)는 자가 자아(子我)이며 또한 재아(宰我)라고도 한다. 춘추시대 말기 노나라 사람으로 공자보다 29세 어리다. 재여는 공자 문하 제자 가운데 '언어(言語)'로 일컬어졌으며 언변이 매우 뛰어나 공자 제자 가운데서는 유일하게 정면으로 공자의 학설에 이의를 제기한 사람이자 또한 공자의 비평을 가장 많이 받은 학생 가운데 하나이다. 재여는 일찍이 임치(臨淄 ; 지금의 산동 淄博) 대부(大夫)가 된 적이 있다.

재여는 공자 문하의 제자들 가운데 현저히 다른 점을 드러내보였는데, 그의 사상은 활동적이었고 배우기를 좋아하고 생각이 깊었으며 개혁을 제창하였다. 한낮에 잠을 잔 것 때문에 공자는 그를 "썩은 나무는 조각할 수 없다(朽木不可雕)"고 비평하였으며 아울러 그의 상제(喪制)를 개혁하려는 말을 "인하지 못하다(不仁)"고 배척하였다.

공자의 재여에 대한 비교적 준열한 비평에도 불구하고 그들 사생(師生)지간의 관계는 시종 친밀함을 유지하였다. 재여는 결코 질책을 받은 것 때문에 스승에 대한 공경과 칭송을 잃은 적이 없었는데, 그는 이것이 모두 스승의 선의의 비평임을 알았다.

공자가 열국을 주유하는 것을 수행하는 기간에 재여는 공자의 파견을 받아 제나라와 초나라에 사신으로 나간 적이 있었는데, 그의 재능은 공자의 인정을 받았을 뿐만 아니라 사회의 인정을 받기까지 하였다.

초나라 소왕(昭王)은 자기의 신하 가운데는 재여의 재능을 능가하는 사람이 하나도 없다고 생각하였다. 나중에 재여는 임치의 대부가 되었는데 전상(田常)이 일으킨 반란에 참가하였다가 진항(陳恒)에게 죽임을 당하였다.

재여는 공자 문하 제자 가운데서는 성취가 비교적 크고 지위 또한 비교적 높다. 공자는 그를 「언어」방면의 으뜸으로 꼽아 자공의 앞에 두었다. 그 글은 지금《대대례기(大戴禮記)》왕제덕(王帝德) 제계(帝系)에 남아 있다.

당나라 때부터 청나라 때까지 재여는 여러 차례 통치자의 추봉과 제사를 받았다. 당나라 현종(玄宗) 개원(開元) 8년(720)에는 재여를 '십철(十哲)'에 편입하고 공자에 배향하였다.

개원 27년(739)에는 '제후(齊侯)'에 봉하였다.

북송 진종(眞宗) 대중상부(大中祥符) 2년(1009)에는 '임치공(臨淄公)'에 봉하였다.

남송 도종(度宗) 함순(鹹淳) 3년(1267)에는 '제공(齊公)'에 봉하였다.

명나라 세종(世宗) 가정(嘉靖) 9년(1530)에는 '선현(先賢)'으로 칭하고 공자에 종사(從祀)하였다.

청나라 건륭(乾隆) 21년(1765)년에는 재여를 '십이철(十二哲)'에 편입하고 공자에 배향하였다.

2) 재여의 일화

재여가 낮잠을 자다(宰子晝寢)

어느 날 오후 제자들은 모두 학당에서 부자의 강의를 듣고 있는 데 재여의 자리만 비었다. 원래 그는 늦잠을 잤는데 그가 깨었을 때는 비낀 햇살이 이미 집의 돌계단에 가늘고 긴 그림자를 지웠다.

가까이 있는 학당에서는 낭랑한 글 읽는 소리가 전하여 왔고 재여의 출현으로 글 읽는 소리가 뚝 그쳤으며 여러 사람이 보기에 그는 씩씩하게 평정심을 유지하며 공부자의 면전으로 걸어가 부자에게 예를 행하고 난 후에 자기의 자리를 찾아 앉을 준비를 했다.

"재여야!" 공자가 그를 불러 세웠다.

"선생님, 제가 지각을 한 것은······"

그는 무어라고 변명을 하고자 하였으나 자기도 어떻게 입을 열어야 할지 몰랐다.

공자가 말하였다. "썩은 나무는 조각할 방법이 없고 썩은 흙으로 쌓은 담장은 흙손질을 할 방도가 없다. 이렇게 좋은 때 너는 침대에서 잠이나 자고 있다니 내 너를 질책할 생각이 없으니 스스로 잘 반성해 보아라!"

재여는 공자의 말에 유구무언이었으며 부끄러워 고개를 숙였으며 귓전에는 동료들의 낭랑한 글 읽는 소리가 맴돌았다. 이 이후로 재여는 시간을 금처럼 아끼고 학문에 힘써 결국 공자 문하 제자 가운데서 뛰어난 사람이 되었다.

재여가 스승을 알다(宰予知師)

공부자의 간곡한 타이름은 재여가 공자의 자기에 대한 큰 기대를 몸으로 깨닫게 해 주었고 또한 부자의 위대한 사상과 인격을 깊이 알게 해주었다.

재여가 초나라에 사신으로 갔을 때 초나라의 소왕(昭王)은 공자에게 화려한 마차 한 대를 보내려고 하였는데 재여는 바로 공자 대신 거절의 뜻을 나타냈다.

그는 말하였다. "부자는 인의를 중시하고 도덕을 숭상하여 평소생활이 검박하기 때문에 부자는 임금께서 보내는 예물을 좋아하지 않으리라는 것을 압니다."

소왕이 물어보았다. "공자는 도대체 무엇을 좋아하오?"

재여가 말하였다. "부자의 바람은 아름다운 도덕을 제창하고 영명한 임금이 덕정을 해나가기를 바랍니다. 대왕께서 부자의 정치 주장을 실현하실 수만 있다면 부자가 천리 길을 걸어와서 임금님을 뵙는 것도 기꺼워하실 것입니다."

소왕은 자기도 모르게 찬탄하여 말하였다. "공자의 품덕은 정말로 위대하도다!"

상례의 변론(喪禮之辯)

재여가 일찍이 상례의 제도를 가지고 공자와 변론을 진행한 적이 있다. 재여가 말하였다. "삼년상은 기간이 너무 깁니다. 군자가 3년 동안 예의를 강구하지 않으면 예의가 반드시 허물어지고 말 것이며, 3년 동안 음악을 연주하지 않는다면 음악이 황폐해지게 될 것입니다. 묵은 곡식을 새 곡식을 풍성히 거두며 불을 붙이는 나무도 한번 도니 1년의 기간이라면 될 것입니다."

공자가 재여에게 반문하였다. "겨우 1년 만에 네 쌀밥을 먹고 비단옷을 입으면 너의 마음이 편안하겠느냐?"

재여가 말하였다. "제 마음이 편안합니다."

공자가 말하였다. "네 마음이 편안하다면 너는 그렇게 하려무나. 군자가 상중일 때는 맛 좋은 음식을 먹어도 향기롭고 단 줄을 모르고, 음악을 들어도 즐거운 줄을 모르며, 집에 있어도 편안한 줄을 모른다. 지금 네가 이미 마음이 편안하다고 느꼈다면 그대로 하려무나!"

재여가 나간 뒤에 공자가 말하였다. "재여는 실로 효성스럽지 못하구나! 아이가 태어나면 3세가 되어야 부모의 품을 떠날 수 있다. 삼년상은 천하에서 통행하는 상례이다. 재여가 부모에게 삼년간 사랑을 받지 못한 것은 아니겠지?"

공자는 효를 제창하였으므로 '삼년상'은 효의 체현이라고 여겼다.

3) 유적지
산동 곡부 재여 묘(廟)

산동 곡부의 재여 묘는 곡부 성 동쪽 327 공로(公路) 북쪽에 있으며 지금의 고성촌(古城村) 동남쪽 250m 지점이다.

《곡부구지(曲阜舊志)》의 기록에 의하면 재여의 묘는 동쪽 관문 밖에 있었으며 세월이 오래되어 황폐해졌는데, 후인이 제하(齊河)로 옮겼으나 제사와 관리가 뜸해지다가 마침내 묘가 있는 곳을 잃어버렸다.

청나라 강희(康熙) 연간에 부러진 비석이 출토되었는데 '제공재
여묘(齊公宰子墓)'라는 글자가 있었으며, 이에 근처에 있는 토총을
재여의 묘로 단정하였다.

강희 47년(1780) 67대 연성공(衍聖公) 공육기(孔毓圻)가 '선현
재여지묘(先賢宰子之墓)'라는 비석의 글자를 써서 묘 앞에 세우고
아울러 묘호(墓戶)를 세우고 두 사람에게 보호하게 하였으며, 수 묘
의 땅을 매입하여 제사를 바쳤다.

68대 연성공 공전탁(孔傳鐸)이 별도로 비석 하나를 세우고 묘의
면적 및 제사의 규정 등에 대하여 기록하였다. '문화대혁명'중에 분
묘가 평평하게 깎여지고 석비도 유실되었다. 1986년 곡부 시에서
는 그의 묘를 시급문물보호단위로 공포하였다.

4) 《논어》와 《사기》 가운데 재여와 관련된 장구(章句)

재여와 관련하여 《논어》에서 언급한 곳은 모두 네 군데 있는데,
재여의 학문에 대한 질문과 예를 변별한 일, 그리고 공자의 재여에
대한 긍정과 비평을 기록하고 있다.

❶ 宰子晝寢. 子曰 朽木不可雕也 糞土之墻不可杇也. 於子與何
　誅? 子曰 始吾於人也 聽其言而信其行. 今吾於人也 聽其言而
　觀其行. 於子與改是.

재여가 낮잠을 잤다. 공자께서 말씀하셨다. "썩은 나무는 조각할
수 없고, 썩은 흙으로 쌓은 담장은 흙손질을 할 수 없다. 재여에게
무엇을 꾸짖겠는가?"

126

공자께서 말씀하셨다. "내가 처음에는 남에 대하여 그 말을 듣고 그 행실을 믿었다. 지금은 내 남에 대하여 그 말을 듣고 그 행실을 살펴보게 되었다. 내 재여 때문에 이렇게 바뀌었다."《논어》공야장 (公冶長)

❷ 以言取人 失之宰予 以貌取人 失之子羽.

말로 사람을 취하여 재여에게서 그르쳤고, 외모로 사람을 취하여 자우에게서 그르쳤다.《사기》중니제자열전(仲尼弟子列傳)

孔門弟子畫傳【商瞿】

孔門弟子【畫傳】

孔子傳《易》
於瞿，
傳至人師其子弘。
庚寅陽春賈明繪

12. 상구(商瞿)

1) 일생

상구(BC 522~?)의 자는 자목(子木)으로 춘추시대 말기 노나라 사람이다. 상구는 공자보다 29세 어리며, 공자 문하에서 도를 전한 사람 가운데 하나이다.

상구는 공자의 문하로 들어온 후 특히 《역경》을 좋아하였으며, 공자는 줄곧 재능에 따라 가르침을 행할 것을 주장하여 《역경》을 그에게 전수해 주었다. 상구는 열심히 연구하여 자못 심득(心得)한 것이 있어 일대의 《역경》을 전한 자가 되었다.

공자의 제자 가운데 《역경》을 배운 사람은 당연히 한 사람에 그치지 않지만, 사서의 기록에 의하면 《역경》을 배워서 또 《역경》을 전한 사람은 바로 상구이며, 《역경》은 이 때문에 후세에 전하여졌다.

상구는 당나라 때부터 봉함을 받아서 당나라 현종(玄宗) 개원 27년(739)에 '몽백(蒙伯)'에 봉하여졌다.

북송 진종(眞宗) 대중상부(大中祥符) 2년(1009)에는 그를 '수창후(須昌侯)'에 봉하였다.

명나라 세종(世宗) 가정(嘉靖) 9년(1530)에는 '선현(先賢)'으로 일컬어지고 공자에 종사(從祀)하였다.

2) 상구의 일화

상구가 점을 잘 치다(商瞿善卜)

상구는 동료들과 들에 나가 놀기로 약속을 하였으며 그날은 날씨가 청신하고 햇빛이 눈부셨으며 산들바람이 따뜻하게 불었다. 동료들은 흥에 겨워 한데 모여 출발할 준비를 하였는데, 상구가 겨드랑이에 우산을 끼고 있는 것을 보았다.

한 동료가 물었다. "오늘은 날씨도 개어 명랑하고 만 리에 구름 한 점 없어서 비가 내릴 조짐이라고는 전혀 없는데, 너는 우산을 가지고 있으니 어찌 된 거냐?"

상구가 말하였다. "모두들 우산을 지니지. 어제 저녁에 내가 달이 필성(畢星) 가까이에 있는 것을 보니 오늘 반드시 큰비가 내릴 것이야."

동료들은 상구의 《역경》 연구가 매우 깊고 미래를 충분히 점칠 수 있다는 것을 알았지만, 이렇게 맑은 날을 보아하건대, 아무래도 비가 내릴 거라는 것이 믿기 어려워 모두들 긴가민가하면서 우구를 챙겨 들고 길을 나섰다. 오전을 놀았는데도 하늘에는 여전히 더없이 맑고 구름이 없어 모두들 상구를 놀려대며 웃기 시작하였다.

"이렇게 좋은 날 어떻게 비가 내리겠어!"

말이 채 끝나기도 전에 검은 구름이 북쪽에서 남쪽으로 하늘을 덮고 해를 가리는 것이 보이더니 큰비가 동이로 퍼붓듯 내렸다.

이후로 상구가 점을 잘 친다는 명성이 동료들 사이에서 전파되어 나가 많은 사람들이 상구를 신인(神人)으로 보았다.

이 일은 공자의 귀에도 전하여져서 공자가 제자들에게 말하였다.

"상구는 점을 잘 치는 것이 아니라 배운 것을 활용하는데 뛰어난 것이다. 《시경》에서 말하기를 "달이 필성에 걸려 있으니, 비가 주룩주룩 내리리로다(月離于畢 俾滂沱矣)"라고 하였다. 이 시 두 구절은 너희도 모두 외우고 있을 것인데 어째서 상구 한 사람만 비가 내리리라는 것을 알 수 있었느냐? 상구가 비가 내리리라는 것을 예측할 수 있었던 것은 바로 그가 곳곳에 유의하여 배움과 활용이 결합한 까닭일 것이다!"

3) 유적지

사천(四川) 상구리(商瞿里)

사천의 상구리는 지금의 사천성 성도시(成都市) 쌍류현(雙流縣) 동쪽의 구상성(瞿上城)이다. 상구는 사천 쌍류현에서 태어나 구상에서 살았으므로 이름을 상구라 하였으며, 그의 구거는 상구리로 일컬어지고 있다. 상구는 학문을 이루고 고향으로 돌아온 후 계속 고심하며 《역경》을 연마하는 한편 강당을 설치하여 《역(易)》학을 강학하기도 하였다.

4) 《사기》 가운데 상구와 관련된 장구(章句)

孔子傳 《易》 於瞿 瞿傳楚人馯臂子弘.

공자는 《역》을 구(瞿)에게 전하였으며 구는 초나라 사람 한비(馯臂) 자홍(子弘)에게 전하였다. 《사기》 중니제자열전(仲尼弟子列傳)

梁鱣

姓梁名鱣，字子叔，比孔子小二十九歲，齊國人。

孔門弟子【畫傳】

13. 양전(梁鱣)

1) 일생

양전(BC 522~?)은 성은 양이고 이름은 전이며 자는 자숙(子叔)이다. 춘추시대 말기 제나라 사람으로 공자보다 29세 어리다.

양전은 소량(少梁)를 개국한 강백(康伯)의 9세손이자 진(晉)나라 대부 익이(益耳)의 5세손이다. 양전의 선조는 전란을 피하여 제나라로 왔다. 제나라 경공(景公) 때 양전은 공자를 따라 배웠다.

양전은 나이 30이 되도록 아들을 낳지 못하여 그의 모친은 다른 아내를 얻어주고자 하였는데 나중에 상구(商瞿)의 권고를 듣고 그만두었다. 양전은 42세가 되어서야 아들 양총(梁驄 ; 자는 子襄)을 낳았는데 나중에 증자의 문하생이 되었다.

한나라 때 그를 '자경후(子京侯)'에 추봉하였다.

당나라 현종(玄宗) 개원(開元) 27년(739) '양백(梁伯)'에 추봉되었다.

북송 진종 대중상부(大中祥符) 2년(1009)에 '천승후(千乘侯)'로 높여져 봉하여졌다.

명나라 가정(嘉靖) 9년(1530)에는 '선현양자(先賢梁子)'로 칭호가 바뀌었다.

孔門弟子【畫傳】

子曰：
賢哉，回也！一簞食，
一瓢飲，
在陋巷，
人不堪其憂，回也不改其樂。
賢哉，回也！

澳門陽春齊賢明繪

14. 안회(顔回)

1) 일생

안회(BC 521~BC 481)는 자가 자연(子淵)이고 안연(顔淵)이라고도 칭하며, 춘추시대 말기 노나라(지금의 산동 曲阜)사람이다. 안회는 공자의 제자 가운데 가장 유명한 사람이자 공자가 가장 좋아한 제자로 공자보다 30세 어리며 두드러진 덕행 수양으로 일컬어졌으며 후세에 '복성(復聖)'으로 존칭되었다.

안회는 13세 때 공자를 찾아뵙고 스승으로 삼았으며 생활이 빈곤하기는 하였지만 학습에 뜻을 두었고 아울러 그 가운데 있기를 즐겼다. 안회는 총명하고 배우기를 좋아하여 자공이 솔직하게 자신은 감히 안회와 비교할 수 없다고 인정하여 안회는 한 가지 일을 들으면 열 가지 일을 미루어 알 수 있고 자신은 두 가지 일만 미루어 알 수 있다고 말하였다. 공자의 학설에 반대 의견을 내지 않았으며 심지어 한 번도 의문을 제기한 적이 없어서 우둔한 것처럼 보이기도 했지만, 공자는 안회가 그가 강학한 내용을 완전히 이해하였을 뿐만 아니라 또한 발휘할 수 있고 그만의 독창적인 견해도 있음을 발견하였다.

안회는 덕행의 수양을 특히 중시하여 공자는 "그 마음이 석 달 동안 인을 어기지 않았다(其心三月不違仁)"고 평가하였으며 그의 "화를 옮기지 않고 같은 잘못을 두 번 저지르지 않는(不遷怒 不貳過)" 미덕을 찬탄하였다.

노나라 정공 13년(BC 497) 공자가 "세 도읍을 허무는" 계획에 실패하자 안회는 공자를 따라 열국을 주유하였다. 노나라로 돌아온 후 안회는 강학을 하는 외에도 공자가 고대의 전적을 정리하는 것을 도왔다. 그러나 생활이 빈곤하고 장기적인 피로의 누적으로 병을 얻어 겨우 40세에 과로로 죽었다.

안회는 비교적 일찍 공자 학설의 정심(精深)하고 박대(博大)함을 체득하여 천고의 성철(聖哲)을 존숭하는 마음으로 공자를 존숭하였다. 강학과 학도들을 가르치는 일을 통하여 유학의 육경을 전수하였고 공자가 고대 전적을 정리하는 것을 돕는 것을 통하여 점점 자기의 영향을 확대시켜나갔다.

《한비자》 현학(顯學)편에서는 공자가 죽은 후 유가(儒家)는 여덟 갈래로 갈라졌는데 '안씨의 유가'가 그 중의 하나임을 제기하였다. 후세의 유학 전문가들은 대체로 한비자가 말한 안씨의 유가는 안회의 사상을 계승한 기초에서 발전해 온 유학의 지파(支派)로 생각하였다.

한나라부터 청나라 때까지 안회는 수차례에 걸쳐 통치자의 추봉을 받았다. 한나라 때 '칠십이현(七十二賢)'의 으뜸에 편입되었다. 삼국시대 위(魏)나라 정시(正始) 원년(244) 안회만 공자에 배향하고 동시에 공자를 제사지낼 때 제자가 정식으로 배향되는 전통을 확립하였다.

당나라 태종(太宗) 정관(貞觀) 2년(628)에 안회는 '선사(先師)'로 높여져 공자에 배향되었다. 당나라 현종 개원(開元) 8년(720) 안회는 '십철(十哲)'에 으뜸으로 편입되어 공자에 배향되었다.

북송 대중상부(大中祥符) 2년(1009)에는 안회를 '연국공(兗國公)'으로 높여 봉하였다.

남송 도종(度宗) 함순(鹹淳) 3년(1267)에는 안회와 증삼(曾參), 자사(子思), 맹자(孟子) 네 사람을 '사배(四配)'로 하였는데, 그 가운데 안회가 '연국공(兗國公)'에 봉하여졌으며 '사배'의 으뜸이 되었다.

명(明)나라 세종(世宗) 가정(嘉靖) 9년(1530)에는 안회를 '복성(復聖)'으로 높였다. 청나라 건릉(乾陵) 21년(1765년)에는 안회를 '복성'으로 존칭하고 사배(四配)의 으뜸으로 삼아 공자에 배향하였다.

2) 안회의 일화

외부의 재물이 명이 궁한 사람을 부유하게 해주지
못하다(外財不富命窮人)

안회는 집이 가난하여 평상시 과묵하여 말이 적었으며 오직 한 마음으로 열심히 공부만 했다. 하루는 어떤 동료의 재물이 없어져서 모두들 안회가 훔쳤다고 의심을 하여 이에 공자에게 사건을 해결해줄 것을 청하였다.

공자는 안회는 성실하고 선량하며 자기를 단속하는 게 엄격한 학생이므로 이런 일을 하지 않았을 것이라 생각하였지만, 주위의 동료들이 분에 차 불평하는 모습을 보고 공자는 잠깐 생각하더니 모두에게 말하였다. "내일 아침 너희들이 조금 일찍 와서 우리 안회가 물건을 훔치는가를 보도록 하자."

다음날 날이 아직 밝지도 않아 몇몇 제자가 학당으로 왔다. 공자는 황금 한 덩이를 꺼내어 제자들을 데리고 함께 그것을 안회가 매일 물을 긷는 우물가에 숨겨두고 한쪽만 살짝 드러나게 하고 아울러 땅 위에 "하늘이 안회에게 금을 내리다"라고 적어 놓은 후에 숨어서 안회가 물을 길으러 오는 것을 기다렸다.

안회는 지난날과 똑같이 일찍 학당에 와서 청소를 하고 물을 긷고 나무를 하였다. 안회는 우물가에 이르러 금덩어리를 발견하고 이어서 옆의 땅에 "하늘이 안회에게 금을 내리다"라고 적힌 것을 보았는데, 보기만 하고 몸을 일으켜 물을 가득 길은 다음 학당으로 돌아갔다.

이 광경을 본 제자들은 모두 꿀 먹은 벙어리처럼 아무 말이 없었고 자기들이 안회를 오해하였다는 것을 깨달았다.

모두들 학당으로 돌아갈 준비를 하고 있을 때 안회가 다시 돌아오는 것을 보았다. 모두들 잠시 숨을 죽이고 눈을 크게 뜨고 안회가 도대체 무엇을 하려는지 살펴보았다.

안회가 황금을 묻어둔 곳에 쪼그리고 앉아 한번 이리저리 뒤적이며 치운 다음에 몸을 일으켜 떠났다. 이 광경을 보고 제자들은 어안이 벙벙하여졌다. 이때 공자가 말하였다. "가자, 우리 가서 안회가 도대체 무엇을 하는지 살펴보자."

가까이 가보니 황금은 그대로 한쪽만 드러난 채였고 다만 곁에 "외부의 재물이 명이 궁한 사람을 부유하게 해주지 못한다"는 몇 글자가 더 추가되었다.

138

공자는 보고 난 다음 잠자코 아무 소리도 내지 않고 미소를 띤 채 고개만 끄덕였고 안회를 오해한 제자들은 머리조차 들지 못하였다.

3×8=24(三八二十四)

하루는 안회가 장을 보러 갔는데 한 포목점 앞에 사람이 가득 둘러서 있는 것을 보았다. 그는 앞으로 가서 물어본 다음에야 베를 사는 사람과 베를 파는 사람 사이에 분규가 발생했음을 알게 되었다.

베를 사는 사람이 큰 소리로 고함치는 소리만이 들렸다. "삼팔은 이십삼인데 너는 어째서 내게 이십사 전을 달라고 하는 거냐?"

안회는 베를 사는 사람 앞으로 가서 예를 한번 행한 후에 말하였다. "대형, 삼팔은 이십사인데 어째서 이십삼이 될 수 있습니까? 당신의 계산이 틀렸으니 소란을 피우지 마십시오."

베를 사는 사람은 승복하지 않고 안회의 코를 가리키며 말하였다. "누가 당신더러 시비를 가려 달랬소? 삼팔은 이십삼이니 못 믿겠으면 공자에게 시비를 가려달라고 합시다!"

안회가 웃으면서 말하였다. "좋소, 선생님께 시비를 가려달라고 하는데 내가 틀렸다 한다면 내 모자를 주겠소."

베를 사는 사람은 목을 뻣뻣하게 하고서 말하였다. "내가 틀렸다 한다면 내 목을 당신에게 주겠소!"

두 사람은 내기를 하고 공자를 찾아갔다. 공자는 상황을 분명하게 묻고 웃으면서 말하였다. "삼팔은 이십삼이니라! 회야 네가 졌으니 모자를 그 사람에게 주어라!"

안회는 줄곧 공자를 존경해 왔는데 공자가 틀리게 판결하는 것을 듣고 억울하기는 하였지만, 그래도 순순히 모자를 벗어 베를 사는 사람에게 건네주었다. 그 사람은 모자를 받아들고는 득의만만하게 떠났다.

안회는 마음속으로 석연치 않아 했는데 공자가 안회의 이런 마음을 분명히 알고 그에게 말하였다. "내 너의 마음이 석연치 않다는 것을 안다. 그러나 생각해 봐라. 너는 져도 모자를 주는 것에 지나지 않지만, 그가 진다면 그의 목숨이 날아간다. 너는 모자가 중요한지 사람의 목숨이 중요한지 말해 보거라."

안회는 멍하니 크게 깨달아 공자에게 깊은 예를 행하고 말하였다. "선생님께서는 대의를 중히 여기고 작은 시비는 가벼이 여기는데 소자는 부끄럽기 짝이 없습니다."

안회가 음식을 훔치다(顔回偸食)

열국을 주유하던 도중에 공자는 제자들과 함께 진(陳)나라와 채(蔡)나라 사이에서 이레 동안 양식이 떨어져 쌀과 물이 하나도 없어 목도 마르고 배도 고팠다.

안회는 많은 우여곡절을 겪은 끝에 조와 쌀을 빌어와 모두에게 밥을 지어주었다. 공자가 주방을 지나다가 향기를 맡고 바라보았더니 안회가 막 솥의 밥을 움켜서 먹고 있는 것이 보였다. 공자는 아무 소리도 내지 않고 가만히 그곳을 떠났다.

안회가 밥을 차려 와서 먹기를 청할 때 공자는 그를 보고 말하였다. "내가 밤에 선조의 꿈을 꾸었으니, 이 밥으로 선조의 제사를 지내야겠다."

안회는 황급히 말하였다. "스승님 이 밥으로는 조상을 공경할 수 없습니다."

공자는 이상하게 여겨 물어보았다. "왜 그러느냐?"

안회는 고개를 숙이고 말하였다. "스승님께서 지나가셨을 때 손으로 움켰던 밥이라 깨끗하지 못하여 조상의 제사를 지낼 수 없습니다."

공자는 이해하지 못하겠다는 듯이 물었다. "너는 어째서 밥을 움켰느냐?"

안회가 말하였다. "방금 숯의 재가 솥으로 들어가 밥을 더럽혔는데 저는 스승님이 정결하지 못한 것을 드시면 좋지 않을까 염려되었고 버리기도 아깝다는 생각이 들어 움켜서 먹었습니다."

공자는 깊은 감명을 받아 말하였다. "사람들은 눈으로 본 것은 진실되이 여기고 귀로 들은 것은 헛되다고 하는데, 오늘 이 눈으로 보고도 진실하게 여기지 않았구나. 그래서 말하건대, 진정코 한 사람을 이해하고자 한다면 어떤 표상들에 미혹되어서는 안 된다고 하는 것이다!"

안회가 말에 대하여 말하다(顔回說馬)

한번은 노나라 정공(定公)이 안회에게 우리에게 동야필(東野畢)이라고 하는 마차를 잘 모는 사람이 있는데 알고 있느냐고 물었다. 안회가 대답하였다. "그는 수레를 모는 재주는 조금 가지고 있지만 그의 말은 곧 쓰러지고 말 것입니다."

노나라 정공은 듣고서 매우 언짢아하며 곁에 있는 사람에게 말하였다. "이 사람 안회가 일부러 남을 모욕하고 있다."

며칠이 지나 어떤 사람이 와서 보고하면서 동야필의 마차가 엎어져서 매우 끔찍하게 넘어졌다고 하였다. 노나라 정공은 대경실색하여 급히 안회를 불러보고 어떻게 이 일을 미리 알았느냐고 물었다.

안회가 대답하였다. "경험과 관찰을 통해서 알았습니다. 전에 순임금은 백성을 관리하는데 뛰어났고 조보(造父)는 말을 부리는데 뛰어났습니다. 순임금은 백성들이 과도하게 지치지 않도록 했으며, 조보는 말이 역량을 다 발휘하지 않도록 하였습니다. 이 때문에 순임금에게는 도망치는 백성이 없었고 조보에게는 달아나는 말이 없었습니다. 지금 동야필은 비록 매우 마차를 잘 몰기는 하지만 그는 말을 아침저녁으로 달리게 하여 쉬지 못하게 하니 말의 힘이 다하도록 또한 멈추지 못하게 하였습니다. 이에 따라 그의 말은 쉽게 다치게 될 것이라는 것을 알게 되었습니다."

정공은 듣고 매우 기뻐하며 말하였다. "옳다. 정확히 그대가 말한 대로이다. 그대의 말은 도리에 아주 잘 들어맞으니 좀 더 말해주기를 바라오."

안회가 말하였다. "제가 듣건대 새는 급박해지면 어지러이 지저귀고, 짐승은 급박해지면 어지러이 할퀴어댄다고 하였으며, 사람은 급박해지면 반란을 일으키고, 말은 급박해지면 날뛴다고 하였습니다. 예로부터 지금까지 신하와 백성들이 곤궁한데도 국가가 평안하다는 말을 들어보지 못하였습니다."

노나라 정공은 매우 기뻐하며 안회가 마음의 인의(仁義)가 있고 덕이 아름다운 사람이라고 칭찬하였다.

3) 유적지

지금 곡부에는 안묘와 안림, 누항가의 안회의 유적지 세 군데가 있는데 안씨의 후손들이 세운 안묘와 복성묘, 안림은 흑룡강성(黑龍江省)과 강소(江蘇), 안휘(安徽), 절강(浙江), 호남(湖南), 복건성(福建省) 등지에 널리 퍼져 있다.

산동 곡부 안묘(顔廟)

산동 곡부의 안묘는 원래 이름이 복성묘(復聖廟)로 곡부성 북문 안 누항가(陋巷街) 북쪽 첫머리에 위치해 있다. 《누항지(陋巷志)》의 기록에 의하면 안묘는 한나라 고조(高祖) 유방(劉邦)이 동쪽을 순방하면서 공자를 제사지낼 때 처음으로 지어졌다.

곡부 안묘(顔廟)

1977년 12월 안묘는 산동성 중점문물보호단위로 공포되었다. 2001년 국무원에 의해 5급 전국중점문물보호단위로 공포되었다. 2006년 12월에는 국가문물국에 의해 세계문화유산 "삼공(三孔)"의 확장 목록에 편입되고 《중국세계문화유신예비명단》에 등재되었다.

산동 곡부 안림(顏林)

곡부 안림(顏林) 안자묘

안회는 세상을 떠난 후 곡부 동남쪽 11㎞지점에 있는 방산의 남쪽 기슭에 묻혔으며 그가 매장된 묘를 시작으로 그 자손과 후대들이 계속하여 매장되는 동시에 나무를 심어 기념을 하였으므로 방대한 묘역을 형성하였는데 세칭 복성림이라 하고 속칭 안림 또는 동안림이라 한다.

안림은 남북의 길이가 470m이고 동서의 너비가 207m이며 면적은 9.7만㎡인데 지금까지 이미 2500여 년의 역사를 가지고 있다. 1986년 제령(濟寧) 시급중점문물보호 단위로 지정되었다.

산동 곡부 누항가(陋巷街)

산동곡부의 누항가는 곡부시 구성(舊城)의 북쪽에 위치해 있는데 안회가 거주하던 「누항」으로 전하여지고 있으며 현재는 국가의 저명한 문화가 구역이다.

곡부 누항가의 패방(牌坊)

4) 《논어》가운데 나오는 안회와 관련된 장구(章句)

《논어》에는 안회의 이름이 32차례 등장하며, 안회를 언급한 장구는 모두 21곳이다. 이 장구들은 생동감 있게 안회의 학문과 안회의 덕을 펼쳐 보이며 아울러 안회와 공자의 부자 같은 사생(師生)의

참모습을 언급하고 있다. 여기서는 몇 개의 예만 들어 보인다.

❶ 子曰 賢哉 回也! 一簞食 一瓢飲 在陋巷 人不堪其憂 回也不改
其樂 賢哉 回也!

공자께서 말씀하셨다. "어질도다, 안회여! 한 대밥그릇의 밥
과 한 표주박의 마실 것으로 누추한 골목에 있는 것을 다른 사
람들은 그 근심을 견뎌내지 못하는데, 안회는 그 즐거움을 고치
지 않으니, 어질도다, 안회여!"《논어》옹야(雍也)

❷ 哀公問 弟子孰爲好學? 孔子對曰 有顔回者好學 不遷怒 不貳
過不幸短命死矣. 今也則亡 未聞好學者也.

애공이 묻기를, "제자 가운데 누가 학문을 좋아합니까?"라고
하자, 공자께서 대답하셨다. "안회라는 자가 학문을 좋아하여 화
를 옮기지 않고 같은 잘못을 두 번 저지르지 않았는데, 불행히도
명이 짧아 죽었습니다. 지금은 없으니, 아직 학문을 좋아한다는
자(가 있다는 것)를 듣지 못하였습니다."《논어》옹야(雍也)

❸ 顔淵喟然歎曰 仰之彌高 鑽之彌堅 瞻之在前 忽焉在後. 夫子
循循然善誘人 博我以文 約我以禮. 欲罷不能 旣竭吾才 如有
所立卓爾. 雖欲從之 末由也已.

안연이 휴! 하고 탄식하며 말하였다. "(선생님의 도는) 우러를
수록 높아지고, 뚫으려 할수록 단단해 하며, 바라보면, 앞에 있
다가 홀연히 뒤에 있도다. 부자께서는 차근차근히 사람을 잘 이
끄시어 문(文)으로써 나의 지식을 넓혀주시고 예(禮)로써 나의
행동을 요약해 주셨다. 그만두고자 해도 그만둘 수 없어 이미 나
의 재주를 다하니, 내 앞에 우뚝 서 있는 듯하다. 그리하여 그를

따르고자 하나, 어디에서부터 시작해야 할지 모르겠다.”《논어》 자한(子罕)

孔門弟子【畫傳】

子謂子賤：君子哉
若人！魯無君子者，
斯焉取斯？

庚寅陽春賈明繪

中國 賈明 畫本

15. 복부제(宓不齊)

1) 일생

복부제(BC 521~?)는 성이 복이고 이름은 부제이며 자는 자천(子賤)이다. 춘추시대 말기 노나라(지금의 산동 魚臺) 사람으로 공자보다 30세 어리며 선보(單父 ; 지금의 산동 單縣) 읍재를 지낸 적이 있다.

자천은 수양에 치중하여 군자의 덕이 있었으며 선정(善政)과 사람을 잘 쓴 것으로 널리 알려졌다. 공자는 종래에 가볍게 '인(仁)', '군자'로 사람을 칭찬한 적이 없지만 자천은 임금을 높이며 예를 지키고 효제의 덕이 있으며, 천명(天命)을 준수하고 인덕으로 사람을 따르게 할 수 있으며, 이 사람이야말로 군자다운 사람으로 일컬을 만하다고 생각하였다.

노나라 애공(哀公) 때 자천은 선보 읍재를 맡았는데 다스림에 지도력을 발휘하여 선보가 아주 잘 다스려져 후인들의 칭송을 받았다.

공자의 제자 가운데는 읍재나 가재(家宰)를 맡은 사람이 매우 많았는데, 이를테면 자하(子夏)는 거보재(莒父宰), 자고(子羔)는 비재(費宰), 자유(子游)는 무성재(武城宰), 자로(子路)는 포읍재(蒲邑宰), 염구(冉求)는 계씨재(季氏宰)가 되었지만 공자의 칭찬을 받았다는 기록이 있는 사람은 자천과 자로뿐이다.

공자가 세상을 떠난 후 자천은 3년간 묘를 지켰으며, 당시 전란을 피하고자 자천은 민자건(閔子騫), 번지(樊遲)와 함께 어대(魚臺)로 가서 가르쳤는데, 따라 배운 자가 수백 명이었다. 만년에 자천은 뜻을 세워 장강(長江)을 순시하였는데 노나라 도공(悼公) 17년(BC 451) 노상에서 병사하였다.

자천이 후세에 비교적 큰 영향을 끼친 것은 그가 선보를 다스린 사적이다. 그는 선보에 있던 3년 동안 현자를 임용하고 능력 있는 자를 등용하여, 늘 자신은 대청을 내려가지 않고 거문고(琴)를 타고 창화(唱和)하며 선보를 사물이 풍부하고 풍속이 순미하며 밤에도 문을 닫지 않고 길에서 흘린 것을 줍지 않아, 사서에서는 "금을 울리며 다스렸다(鳴琴而治)"고 일컬었다. 그는 후세의 사람들에게 교화로 나라를 다스린 역사의 명인으로 인식되고 있다.

당나라 때부터 명나라 때까지 자천은 여러 차례에 걸쳐 통치자의 봉함을 받았다. 당나라 현종(玄宗) 개원(開元) 27년(739)에는 그를 '선백(單伯)'에 봉하였다. 북송 대중상부(大中祥符) 2년(1009)에는 그를 '선보후(單父侯)'로 봉하였다. 명나라 세종(世宗) 가정(嘉靖) 9년(1530)에는 '선현(先賢)'으로 칭하여 공자에 종사(從祀)하였다.

2) 복부제의 일화

자천이 '물고기를 낚다'(子賤釣魚)

자천은 선보에 부임하기 전에 부친의 늙은 벗인 양보(陽父)에게 나라를 다스리고 백성을 다스리는 도리에 대해 가르침을 청하였다. 양보가 말하였다. "나는 물고기 잡는 사람이니 무슨 나라를 다스리고 백성을 다스리는 도리를 알겠는가? 그대가 실로 내게 말을 하게 한다면 나는 물고기를 낚는 일을 이야기해 주겠네!"

자천은 공경하게 정중히 들었다. 양보가 말하였다. "방어(魴魚)라는 고기가 있는데 그대가 미끼를 던지기만 하면 그놈들은 무리를 지어 와서 먹으니 오랜 시간이 걸리지 않아도 많이 낚을 수가 있지만 이런 불고기는 살이 거칠고 맛이 없어 별로 좋은 가격에 팔 수가 없지. 또한 붕어[鮒魚]라는 고기가 있는데 살이 연하고 맛이 좋아 모두들 즐겨 먹지만 낚기가 어려워 그대가 미끼를 던졌을 때 그놈들은 에워싸서 오지만 미끼 주변만 이리저리 돌아다니면서 냄새를 맡기도 하고 보기도 하다가 또 떠나버리지. 얼마가 지나 또 놀러오는데 먹이를 삼키지는 않아."

자천은 듣고 한참 동안 생각했다.

오래지 않아 자천이 부임하여 수레가 선보에 도달할 무렵 성문 바깥에 많은 무리가 그를 영접하기 위해 서 있는 것이 멀리 보였다. 자천은 즉시 마부에게 명하였다. "빨리 길을 돌아 다른 성문으로 들어가자."

마부는 이해를 하지 못하고 말하였다. "그들은 대인을 환영하기 위해 기다리는 것이 아닙니까?"

자천은 달가워하지 않으면서 말하였다. "그들은 바로 양보 어르신이 말한 방어로 나는 그들과 교왕하는 것을 원치 않는다."

자천은 성으로 들어간 후 진정으로 학문이 있고 재능이 있는 사람들만 전문적으로 찾아다녔는데 그가 말한 대로 바로 살이 연하고 맛이 좋은 붕어를 낚으러 간 것이었다.

이런 사람들의 도움을 받으면서 자천은 오랜 시간이 걸리지 않고서도 선보를 잘 다스릴 수 있었다.

팔꿈치를 당겨 믿음을 사다(掣肘受信)

　자천이 선보로 파견되어 가 관직생활을 하게 되었는데, 그는 명을 받았을 때는 마음이 평정치 못하였다. 지방에 가서 벼슬을 하면 소인배들의 비방을 잘 당하여 만약 노나라 임금이 참소하는 말을 듣고 믿게 되기라도 하면 자기의 정치적 포부가 어찌 공중으로 날아가지 않겠는가 하는 부담을 가졌다. 이 때문에 그는 떠날 무렵 노나라 임금에게 두 명의 조수가 수행하도록 청하였다.

　자천이 선보에 막 이르러 오래지 않아 이곳의 대소 관리가 모두 그를 찾아보았으며 그는 두 조수에게 기록부를 가지고 참배하러 오는 관리의 이름을 적도록 하였다.

　두 조수가 붓을 들고 오는 사람의 이름을 쓸 때 자천은 곁에서 쉬지 않고 그들의 팔꿈치를 끌어당겨 두 사람이 쓰는 글자가 엉망이 되게 하였다. 하배를 하러 온 사람이 전당(殿堂)에 운집하자 자천은 갑자기 부관이 어지럽게 쓴 명부를 들고 모두들 앞에서 그들을 사납게 질책하였다.

　자천은 일부러 일을 만드는 방법으로 전당 가득한 관원들이 영문을 모르게 하였다. 두 조수는 억울하게 굴욕을 당하여 마음속으로 매우 분노하여 자천에게 사임장을 건넸다.

　돌아간 이후 그들은 원한이 가득 차 노나라 임금에게 복자천이 선보에서 한 일을 있는 대로 보고하였다. 그들은 노나라 임금이 이 말을 듣고 복자천에게 힐난할 것이고 따라서 자기네 마음속에 쌓인

원한이 하나하나 풀릴 것으로 생각하였다.

그러나 두 사람은 전혀 생각지도 못하게 노나라 임금은 끝내 자책을 하며 탄식하여 말하였다. "이 일은 너희들의 잘못도 아닐뿐더러 복자천을 나무랄 수도 없으니 그가 일부러 너희들에게 보여준 것이다. 지난날 그가 조정에서 관원으로 있을 때 늘 국가에 도움이 되는 정견을 발표하였지만 내 좌우의 신하들이 왕왕 인위적인 장애물을 설치하여 그의 주장이 실현되지 못하게 하였다. 복자천이 일부러 팔꿈치를 잡아당긴 방법은 실제로는 일종의 은유로 그는 나를 일깨우고 있는 것으로 지금부터는 집정할 때 전권을 휘두르며 어지러이 간하는 신하들을 경계하여 그들을 가벼이 믿어 국가의 대사를 그르치지 말게끔 하려는 거야."

노나라 임금은 말을 마치고 즉시 가까이 두고 믿는 사람을 보내어 이후로 선보의 전권을 복자천에게 주고 매 5년마다 노나라 임금에게 한 번씩만 통보하면 된다고 통지하였다.

복자천은 노나라 임금이 깨어 있음에 매우 찬탄하며 권력으로 방해하지 않는다는 조건 하에 그는 선보에서 자기의 현자를 선임하고 능력 있는 자를 등용하며 예악으로 교화하는 정치 포부를 실현하였다.

복자천은 한 번만 보면 알 수 있는 1편의 자작 희극으로 노나라 임금으로 하여금 간사하게 은폐하는 언행이 지사와 인인(仁人)이 나라에 보답하려는 뜻에 대한 위해를 의식하게끔 하였으며, 따라서 사람들에게 올바른 것은 잡아주고 간사한 것은 바로잡아 복자천 같은 충심을 다하는 대신이 있어야 할 뿐만 아니라 머리가 맑고 품덕이 단정한 임금이 있어야 함을 알려주었다.

물고기를 사서 방생하다(買魚放生)

복자천이 막 선보재에 임명되었을 때 관아로 와서 소송을 거는 사람이 왔다갔다 끊이지 않았는데, 1년간 다스림을 거쳐 선보 읍의 면모는 일신하여 사회의 기풍이 크게 변하여 각 방면의 사무에 조리가 정연하였다.

하루는 복자천이 시장에 가서 한가로이 거닐다가 어시장에서 큰 물고기가 입을 벌렸다 오므렸다 하고 꼬리를 조금도 가만있지 않고 지면을 두드리는 것을 보았다.

그는 곧 쭈그리고 앉아 물고기를 파는 사람과 이야기를 하기 시작하였다. 물고기를 파는 사람은 이 물고기는 살도 부드럽고 맛이 있으며 물고기 뱃속의 고기알을 튀기면 신선하고 영양도 있다고 자랑하였다.

복자천은 고개를 끄덕끄덕하며 큰 물고기를 샀다. 이어서 또 옆의 작은 물고기를 파는 사람에게 물어보았다. "이것은 치어(穉魚)죠?"

물고기를 파는 사람이 말하였다. "그렇습니다. 이것은 막 강의 그물에서 가져온 것으로 신선하고 팔팔합니다."

복자천은 한 채롱의 치어를 샀다. 이어서 물고기 채롱을 들고 시장을 걸어 나갔다. 복부제는 성 남쪽의 강변으로 가서 한 채롱의 물고기를 강에 풀어놓고 매우 기쁘게 큰 물고기와 작은 물고기가 자유롭게 헤엄쳐 떠나는 것을 바라보았다.

　　강변의 마을 사람들은 그에게 왜 물고기를 사서 먹지 않고 강으로 풀어주느냐고 물었다.

　　복자천이 말하였다. "큰 물고기는 알이 차서 산란할 때이고, 작은 물고기는 아직 덜 자랐습니다. 이 두 종류의 물고기를 모두 먹으면 지금 이후로 강의 물고기가 어찌 갈수록 적어지지 않겠습니까?"

　　복자천은 행동으로 말을 대신하여 백성을 감동시켜, 선보의 상인들은 지성으로 손님을 대하였고 농민은 열심히 농사를 지어 선보는 노나라에서 가장 좋은 성읍이 되었으며 복자천 또한 아름다운 명성을 멀리까지 떨쳤다.

관리가 되어 세 가지를 얻다(爲官三得)

　　공자의 손자 공멸(孔蔑)은 복자천과 함께 노나라에서 관리가 되었지만 두 사람은 정치적 견해는 다른 관점이 있었다.

　　공자가 공멸에게 물었다. "너는 관리가 된 이래 무엇을 마음으로 체득하였는지 허심탄회하게 들려다오"

　　공멸이 대답하였다. "무엇을 심득하였다고는 말할 수 없고 잃어버린 것은 오히려 세 가지가 있습니다. 임금을 보좌하느라 곁을 떠날 수가 없어서 공부할 시간을 내지 못하여 공부할 때를 잃어버렸고, 봉록이 너무 적어 얻은 얼마간의 밥과 죽으로 부모를 잘 공양하고 친척을 구제할 수가 없어서 골육간의 정이 소원하게 되었으며, 관직 생활을 하게 되자 공사가 너무 많아 죽은 사람을 조상하러 가고 병자를 문안할 시간이 없어 붕우관계가 서먹해졌습니다."

　　공자는 들은 후에 잠자코 아무 말이 없었다.

같은 날 공자가 복자천에게 물었다. "너는 관리가 된 이래 무엇을 마음으로 체득하였는지 허심탄회하게 들려다오"

복자천이 대답하였다. "소자는 관직생활을 한 이래 얻은 이익이 적지 않아 얻은 것이 세 가지 있사옵니다. 첫째는 어려서부터 선생님의 가르침을 받아 배운 도리를 오늘 모두 적용할 수 있었고 아울러 이해가 더욱 깊어졌사오며, 둘째는 얻은 봉록을 가지고 절약하고 검소하게 사용하여 충분히 부모를 봉양하고 친척을 구제하여 골육의 정이 더욱 깊어졌고, 세 번째는 공무를 보는 여가에 시간을 내어 죽은 자를 조문하고 병자를 문안하여 붕우 사이의 감정이 더욱 깊어졌습니다."

공자는 듣고 난 뒤에 기뻐하며 말하였다. "훌륭하다! 정말로 군자의 덕이요 어진 사람의 행실이로다!"

공멸은 관리가 되어 세 가지를 잃었고 복자천은 관리가 되어 세 가지를 얻었다. 똑같이 관리가 되었는데도 얻고 잃는 것이 있는 것은 관리가 되는 것과 사람이 되는 태도에 있다.

3) 유적지

산동 어대(魚臺) 복자사(宓子祠)

산동 어대의 복자사는 복부제의 출생지에 있는데 지금의 어대현 장황진(張黃鎭) 대민촌(大閔村) 서쪽 복가(宓家) 고퇴(堌堆)이다. 한나라 때부터 사(祠)와 부(府)를 세웠는데 몇 번의 전란을 겪고 대대로 모두 중수를 하였으며 특히 당과 송, 명나라 삼대의 중건 규모가 상당히 볼만하여 점유 면적이 10여 무(畝)에 달하며 동쪽 이웃

의 민자묘(閔子廟)와 부, 북쪽의 번자묘(樊子廟)와 부, 묘(墓), 림
(林)이 좌우로 두드러지고 전후로 호응하여 세 사람의 성현이 서로
떨어진 거리가 5리도 되지 않아 '오리삼현(五裏三賢)'이라고 한다.

안휘(安徽) 봉양(鳳陽) 복부제 묘(墓)

민국(民國)판본 《선현지(單縣志)》의 기록에 의하면 복부제의 분
묘는 안휘성(安徽省) 봉양현(鳳陽縣) 수주(壽州) 이남 30㎞ 지점의
철불강(鐵佛崗)에 있으며, 이전에는 석비가 있었는데, 석비에는 "복
부제는 노나라를 위하여 오나라에 사신으로 갔다가 길에서 죽어 이
에 여기에 장사를 지낸다(宓不齊爲魯使吳 死于道 因葬焉)."라는 글
자가 새겨져 있다.

산동 선현(單縣) 복부제 금대(琴臺)

산동 선현의 복부제 금대는 지금의 하택(菏澤) 선현(單縣) 성 남
쪽 제방 안의 「금대」에 있는데 곧 당시 복부제가 정무를 보던 틈틈
이 금을 타던 곳이다. 금대는 당나라 때 현위 도면(陶沔)이 세웠으
며 앞쪽은 방형이고 위쪽은 원형이며 반월형을 띠어 또한 '반월대
(半月臺)'라고도 하고 '선보대' 또는 '복부제대'라고도 한다.

당나라 시인 이백(李白)은 〈선보와 도소부의 반월대에 오르다
(登單父陶少府半月臺)〉를 지어서 "도공 빼어난 흥취 가져, 보통 사
람과 함께하지 않았다네. 반월 같은 대 쌓아, 높은 성 모퉁이로 돌
아간다네(陶公有逸興 不與常人俱. 築臺像半月 回向高城隅)."라 하
였다. 고적(高適)은 〈갑신년에 복부제대에 오르다(甲申歲宓不齊

臺)〉세 수를 지었는데 첫째 시에서는 말하였다.

"복자 옛날에 정사 베풀 때, 거문고 울리며 이 대에 올랐다네. 거문고 어울리고 사람 또한 한가로워 천 년토록 그 재주 일컫는다네. 내려다보니 갑자기 쓸쓸하고 슬퍼지니, 사람과 거문고 어디에 있는가? 이 하늘과 땅 유유하기만 하여 칭송하는 소리만 들려온다네(宓子昔爲政 鳴琴登此臺. 琴和人亦閒 千載稱其才. 臨眺忽淒愴 人琴安在哉. 悠悠此天壤 唯有頌聲來)."

청나라 사람 유조(劉藻)는 〈금대부(琴臺賦)〉를 지었는데 그 가운데서는 말하였다.

"복자 이름 어지니, 선보의 읍재 되었다네. 군자라 일컬음 헛되지 않으니, 부형의 일 있구나(宓子名賢 單父作宰. 君子之稱不虛 父兄之事有哉)."

산동 선현의 복부제 금대(琴臺)

4) 《논어》와 《여씨춘추(呂氏春秋)》의 복부제와 관련된 장
   구(章句)

❶ 子謂子賤 君子哉 若人! 魯無君子者 斯焉取斯?

  공자께서 자천을 두고 평하셨다. "군자답도다, 이 사람이여!
노나라에 군자가 없었다면 이 사람이 어디에서 이러한 것[德]을
취했겠는가?" 《논어》 공야장(公冶長)

❷ 宓子賤治單父 彈鳴琴 身不下堂而單父治.

  복자천이 선보를 다스리는데 거문고를 타서 울리며 몸이 대
청을 내려가지 않아도 선보는 잘 다스려졌다. 《여씨춘추》 찰현
(察賢)

孔門弟子【畫傳】

柴也愚，
參也魯，師也辟，由也喭。

庚寅陽春賈明繪

16. 고시(高柴)

1) 일생

고시(BC 521~BC 478)는 자가 자고(子羔)이며 또한 자고(子高)라고도 일컫는데, 춘추시대 말기 위(衛)나라 사람(일설에는 齊나라 사람)이다. 고시는 공자보다 30세 적으며, 신장은 5척도 되지 않았고 외모가 추하게 생겼지만, 성격이 곧고 시원하였으며 예를 높이고 어버이에게 효도하였으며, 법의 집행이 공평한 것으로 유명하다.

고시는 《자고(子羔)》와 《공자시론(孔子詩論)》 등의 저작이 있는데 유가사상의 발전에 중요한 영향을 끼쳤다.

《논어》에서 공자는 그를 증삼(曾參), 자장(子張), 자로(子路)와 아울러 일컬었다. 동시에 고시는 또한 공자문하 제자 가운데 관직을 맡은 것이 가장 많은 사람으로 비재(費宰)와 노나라 맹손씨(孟孫氏)의 성읍재(郕邑宰), 위나라의 사사(士師), 무성재(武城宰)를 역임하였다.

한나라에서 명나라 때까지 고시는 여러 차례 통치자에 의하여 봉함을 받았다. 동한 명제(明帝) 영평(永帝) 15년(72)에 제사를 받았다. 당나라 현종 개원(開元) 27년(739)에 그를 '공백(共伯)'에 봉하였다.

북송 진종(眞宗) 대중상부(大中祥符) 2년(1009)에는 그를 '공성후(共城侯)'에 봉하였다.

명나라 세종(世宗) 가정(嘉靖) 9년(1530)에는 그를 '선현(先賢)'으로 칭하고 공자에 종사(從祀)하였다.

2) 고시의 일화

비읍의 관리가 되다(爲官費邑)

자로는 고시가 비읍으로 가서 장관이 되도록 추천하였는데 가장 근심되는 사람으로는 공자만한 사람이 없었다. 계씨의 영지 중에 비읍은 가장 다스리기 어려운 읍으로 공인되었다.

고시는 인품과 수양이 모두 나무랄 데 없었지만 필경 아직은 세상을 제대로 겪어보지 못한 풋내기로 재능과 학식, 경험 방면에서 모두 흠결이 있고 사물을 인식하는 방면에서도 비교적 둔한 편이어서 공자는 고시는 비읍의 읍재라는 직책을 이겨내기 어려울 것으로 보았다.

공자는 제자들에게 말하였다. "자로는 일을 함에 고려를 하지 않았고 심지어는 무모한 지경에까지 이르렀다. 사람을 쓰는 데 신중하지 못하다면 정치상 행하여지지 못할 것이다. 자고는 아마 벼슬을 하게 되어 기쁠 것이겠지만 그의 전도는 이로 말미암아 하루아침에 허물어지고 말 것이다. 자기의 분수를 지키는 것이야말로 현명한 선택일 것이다!"

고시는 부자가 자기를 근심하는 말을 듣고 자신이 부족하다는 것을 분명히 깨달았고 자기에 대한 요구가 더욱 엄격해져서 전전긍긍하며 부지런히 정무를 보았다.

위나라에서 위험에서 벗어나다(衛國脫險)

노나라 애공(哀公) 15년에 위(衛)나라에서 내란이 발생하였다. 위나라 태자 괴외(蒯聵)[24]가 귀국하여 아들과 왕위를 다투었는데, 자로는 공자 공회(孔悝)를 구원하려 한 것 때문에 괴외에 의해 육젓으로 담가졌으며, 이어서 그들은 군사를 보내어 고시를 추격하였다.

고시는 소식을 듣고 성 밖으로 달아났으며 성 입구에 다다랐을 때 한 다리가 잘려나간 사람이 성문을 지키고 있었다. 그는 고시에게 말하였다. "북쪽에 담 구멍이 있는데 몸을 둘 만할 것입니다."

고시가 말하였다. "나는 당당한 군자로 위급함을 만나더라도 구멍을 뚫는 것은 바라지 않습니다."

문지기가 말하였다. "그러면 나의 누추한 집으로 가서 잠시 몸을 숨기는 도리밖에 없겠군요."

고시는 초가집에 쪼그리고 앉아 바깥의 추경병과 문지기가 하는 대화를 듣고 있었는데 마음속으로 갑자기 놀라 이번에는 반드시 죽고 말 것이라는 생각이 들었다.

원래 고시는 이 문지기가 바로 자기가 직접 심리한 사건의 주범으로 형법에 따라 그의 한쪽 다리를 자르고 아울러 문지기로 복역

24) 춘추시대 위나라의 국군(國君). 위령공(衛靈公)의 아들이다. 태자로 있을 때 영공의 부인 남자(南子)를 죽이려다 실패하고 진(晉)나라로 달아났다. 영공이 죽자 그의 아들 첩(輒)을 세우니 그가 출공(出公)이다. 진나라에서 괴외를 보냈지만 위나라에서 받아들이지 않았다. 출공 13년 괴외가 누이 공백희(孔伯姬)의 도움을 얻어 위나라에 들어와 출공을 핍박해 노(魯)나라로 내쫓고는 국군이 되었다.

하라는 벌을 내렸었다.

이때 문지기가 문을 열고 들어와서 말하였다. "추격병은 이미 내 말에 속아 넘어갔으니 빨리 도망가십시오."

고시가 그에게 물었다. "전에는 내가 감히 나라를 형법을 어길 수가 없어서 직접 그대의 다리를 잘라 그대가 장애인이 되게 하였소. 오늘 내가 어려움을 피하여 이곳에 이르렀으니 바로 원한을 갚을 절호의 기회인데 그대는 어찌하여 추격병을 속여 따돌리고 나를 구해주었소?"

문지기는 고개를 숙이고 말하였다. "지난날 내가 잘못 사람의 목숨을 상하게 하여 그대가 나의 다리를 잘라야 할 때 내 그대의 양미간이 찌푸려지고 마음속으로 측은하게 여겼으니 이는 그대가 태어나면서부터 인애의 마음을 가지고 있는 것이오."

말을 마치고 성문을 열어 고시를 위나라의 성에서 내보냈다.

3) 유적지

하남(河南) 태강(太康) 고시집(集)

하남 태강의 고시집은 하남성 태강현 성 서쪽 23㎞ 지점에 있는데 민간에서는 고현집(高賢集) 혹은 고시집(高柴集)이라고도 한다. 전하는 바에 따르면 고시는 위(衛)나라에서 이곳으로 도망 와서 책을 가르쳤으며 죽어서 이곳에 묻혔는데 그를 기념하기 위하여 이곳을 고시집이라고 고쳤다고 한다.

고시는 성현의 신분에 부합하므로 또한 고현집으로 바꾸었다. 매년 춘추로 큰 제사를 거행하는데 주위의 많은 씨족 사람들과 문인

아사(雅士)가 모두 나아가 제사를 올리면 천천히 집단을 이룬다. 시성(柴姓)은 고시에게서 나왔는데, 뿌리는 태강에 있다.

고시가 당시 취대의 강촌 남대에서 연 고시서원 유지

4) 《논어》 가운데 고시와 관련된 장구(章句)

《논어》에는 고시에 대하여 언급한 곳이 모두 2곳인데 주로 공자의 고시에 대한 평가를 체현하였다.

❶ 柴也愚. 參也魯. 師也辟. 由也喭.

"시는 어리석고, 삼은 노둔하고, 사는 한쪽만 잘하고, 유는 거칠다." 《논어》 선진(先進)

❷ 子路使子羔爲費宰. 子曰 賊夫人之子.

자로가 자고로 하여금 비읍의 읍재를 삼자, 공자께서 말씀하셨다. "남의 아들을 해치는구나!" 《논어》 선진(先進)

孔門弟子畫傳【巫馬施】

孔門弟子【畫傳】

巫馬施　姓巫名馬施

字子勤，也稱巫馬期，比孔子小三十三歲，魯國人

17. 무마시(巫馬施)

1) 일생

무마시(BC 521~?)는 성이 무마이고 이름은 시이며 자는 자기(子旗)로, 또한 무마기(巫馬旗), 무마기(巫馬期)라고도 한다. 춘추시대 말기 노나라 사람이며 공자보다 30세 어리다.

무마시는 부지런하고 꾸준함으로 널리 알려졌으며 유가의 학설에 충실하였고 나라의 일에 심혈을 기울였다. 복자천이 선보에서 이임한 후 무마시가 이어받았다. 그의 정사를 베푸는 풍격은 복자천과는 판연히 달라 직책을 지키는데 부지런했으며 밤낮으로 수고하였고 일은 반드시 직접 처리하였으며 또한 선보를 질서정연하게 잘 다스렸다.

당나라 때부터 명나라 때까지 무마시는 여러 차례에 걸쳐 통치자의 봉함을 받았다. 당나라 현종(玄宗) 개원(開元) 27년(739)에는 그를 '증백(鄫伯)'에 봉하였다. 북송 대중상부(大中祥符) 2년(1009)에는 그를 '동아후(東阿侯)'에 봉하였다. 명나라 세종(世宗) 가정(嘉靖) 9년(1530)에는 '선현(先賢)'으로 칭하여 공자에 종사(從祀)하였다.

2) 무마시의 일화

정사에 부지런하여 모범이 되다(勤政楷模)

무마시는 복자천에 이어서 선보재에 임명되었는데, 날마다 날이 밝지도 않아 문을 나서 한밤중에 별이 총총할 때까지 바쁘게 일을 하고서야 휴식을 취하였다. 일을 위해 그는 맛있는 것도 먹지 않았고 잠도 제대로 자지 않았으며 크고 작은 일을 직접 처리하지 않은 것이 없었으며 선보를 질서정연하게 다스렸다.

무마시와 복자천은 선보를 다스린 경험을 교류하였는데 복자천은 말하였다. "내가 선보를 다스릴 때는 대가의 힘을 빌리고 뭇사람들에게 의지하여 당연히 나는 매우 안일해졌다. 그대가 선보를 다스릴 때는 주로 그대 자신의 역량으로 단지 자기의 역량에 의지하여 다스렸으니 당연히 어려움을 견디지 못하였을 것이다."

무마시는 들은 후에 여러 사람의 계책과 여러 사람의 힘의 중요성을 확실히 알게 되었고 이후로는 일을 할 때 대가를 데리고 함께 일을 하였으며 선보를 다스리는 것도 처음보다 더 좋아졌다.

부귀를 부러워하지 않다(不慕富貴)

무마시가 자로와 함께 진(陳)나라에 있을 때 두 사람이 함께 분지로 나무를 하러 가서 진나라의 한 부자가 노는 것을 보았는데 수레가 백 량이었으며 연석을 크게 진열해 놓았다.

자로가 무마시에게 물었다. "그대가 만약 스승님에게서 품덕의 기량을 배우는 것을 포기하고 이런 부귀를 얻을 수 있다면 그대는 하겠는가?"

무마시는 "쨍그렁"소리와 함께 나무하는 칼을 땅에 집어던지며 말하였다. "내가 일찍이 선생님께서 말씀하신 것을 들은 적이 있는데 지사와 인인(仁人)은 절대로 이익을 보고 의를 잊는 일을 하지

168

않는다 하였는데 그대가 아직도 나를 이해하지 못하는 것은 아니겠
지요? 그대가 이런 말을 하는 것은 나를 시험해 보려는 것이겠지
요?"

무마시는 부귀를 탐하지 않는 정신으로 지금까지 칭송되고 있고
세상 사람의 칭찬을 받고 있다.

유묵의 변론(儒墨之辯)

무마시가 묵자에게 말하였다. "선생께서는 늘 좋은 일을 하시지
만 선생이 하시는 이런 좋은 일은 사람이 보고 난 후에도 그대를
돕지 않을 것이고 귀신이 보고 난 다음에도 돕지 않을 것이니 그대
는 정신이 나갔소?"

묵자가 말하였다. "예를 들어 그대에게 두 조수가 있다고 합시다.
한 조수는 그대가 앞에 있는 것을 보고도 일을 하고 그대가 앞에
있지 않아도 일을 합니다. 또한 조수는 그대가 있을 때는 기를 쓰고
일을 하는데 그대가 없으면 게을러진다면 그대는 어떤 조수가 마음
에 들겠소?"

무마시가 말하였다. "그거야 당연히 내가 있거나 없거나 상관하
지 않고 열심히 일하는 조수를 마음에 들어 하겠지요."

묵자가 말하였다. "그렇다면 옳소. 그대도 정신 나간 것을 좋아
하고 그대도 병이 있소."

묵자의 생각은 한 사람이 좋은 일을 하는데 그가 다른 사람이 보
건 안 보건 개의치 않고 또한 알리건 않건 개의치 않는다는 것이다.
이것이 묵자와 유가의 무리의 한 차례 변론이다.

3) 《논어》와 《한시외전(韓詩外傳)》 가운데 고시와 관련된
   장구(章句)

❶ 陳司敗問 昭公知禮乎? 孔子曰 知禮. 孔子退 揖巫馬期而進之
   曰 吾聞君子不黨 君子亦黨乎? 君取於吳 爲同姓 謂之吳孟子.
   君而知禮. 孰不知禮? 巫馬期以告. 子曰 丘也幸 苟有過 人必知
   之.

진나라 사패가 "소공은 예를 알았습니까?" 하고 묻자, 공자
께서 "예를 아셨다."라고 하였다. 공자께서 물러나시자 사패가
무마기에게 읍하고 나오게 하여 말하였다. "내가 듣건대, 군자
는 편당을 짓지 않는다 하였는데, 군자도 편당을 하는가? 임금
께서는 오나라에서 장가 드셨으니 동성이 된다. 오맹자(吳孟
子)라고 불렀으니, 임금께서 예를 아셨다면 누가 예를 알지 못
하겠는가?" 무마기가 이것을 아뢰자, 공자께서 말씀하셨다. "나
는 다행이다. 잘못이 있으면 남들이 반드시 아는구나." 《논어》
술이(述而)

❷ 巫馬期以星出 以星入 日夜不處 以身親之.

무마기는 별이 있을 때 나가서 별이 있을 때 들어와 밤낮으로
쉬지 않고 자신이 직접 일을 처리하였다. 《한시외전》 권1

子曰：賜也，始可與言詩已矣，告諸往而知來者。

庚寅陽春賈明繪

孔門弟子【畫傳】

18. 단목사(端木賜)

1) 일생

단목사(BC 520~BC 456)는 성이 단목(端木)이고 이름은 사(賜)이며 자는 자공(子貢)이다. 춘추시대 말기 위(衛)나라(지금의 河南 濮陽) 사람이며 공자보다 31세 적다. 자공은 탁월한 정치가이자 군사 전략가이며 외교가이자 상인(商人)이다. 공자의 득의한 문생이며 공문 제자 가운데 '언어(言語)'로 유명하며 일찍이 노와 위(衛) 두 나라에서 재상을 지낸 적이 있고 공자 제자 가운데 가장 부유하여 '유상(儒商)의 비조'로 일컬어진다.

자공은 상인의 가정 신분이어서 성격이 활발하고 반응이 민첩하였으며 일처리에 통달하였지만 이따금씩 다른 사람들의 시비와 선악에 대하여 평론하기를 좋아하였다.

공자의 제자가 되기 이전에 그는 조(曹)나라와 위(衛)나라 등의 제후국 사이에서 상업에 종사하여 천금을 치부하였다. 공자가 열국을 주유하다가 위나라에 이르렀을 때 자공은 공자를 뵙고 스승으로 삼았다.

학문이 넓고 기억력이 강하였으며 사고의 방향이 민첩하고 언변에 뛰어나 자공은 공자로부터 '언어' 방면의 고재생이라는 평가를 받았다. 자공은 공자를 따라다니며 배우고 또한 때때로 공자의 곁을 떠나 각국에 이르러 사회사업과 상업 활동에 종사하기도 하였다.

노나라 애공(哀公) 6년(BC 489) 공자 및 그의 제자들이 진(陳)나라와 채(蔡)나라 사이에서 양식이 떨어지자, 자공은 명을 받들어 초나라 소왕(昭王)을 설득시켜 초나라에서 공자 일행을 맞이하게끔 하여 스승과 제자들이 위험한 경지에서 벗어나게끔 하였는데 이는 자공의 외교 방면의 첫 번째 성취였다.

노나라 애공 7년(BC 488) 공자는 위나라로 돌아갔으며 자공은 공자의 곁을 떠나 노나라로 갔다. 당시 오(吳)나라가 노나라에게 소와 양, 돼지 각각 100마리를 징발하였고 아울러 노나라 계강자(季康子)에게 회맹에 참가하라고 요구하였다.

자공은 계강자의 파견을 받아들여 오나라 태재(太宰)를 만나보고 노나라를 위하여 한 차례 외교 사명을 완성하였다.

노나라 애공 11년(BC 484) 공자가 노나라로 돌아오기 전에 자공은 노나라에서 숙손씨(叔孫氏)의 외교 업무를 도와주었다.

노 애공 15년(BC 480) 자공은 노나라의 파견으로 제나라에 사신으로 갔다. 자공의 외교적 성취는 초나라 소왕과 계강자 등 여러 사람의 칭찬을 받았다.

노나라 애공 16년(BC 479) 공자가 세상을 떠나 노 애공이 공자를 애도할 때 자공은 애공의 말을 비평하였는데, 부자께서 살아계실 때는 중용을 하지 않다가 죽고 난 다음에 애도하고 공덕을 칭송하는 것은 실로 정리에 맞지 않는다고 하였다.

공자의 장례가 끝난 후 문하의 제자들은 3년 상을 지냈으며 상기가 끝난 후에는 제자들이 제전(祭奠) 의식을 거행하고 눈물을 흘리며 울어 슬픔을 다한 다음에 서로 헤어졌다.

자공은 남기로 결심하였는데 이는 공자가 세상을 떠났을 때 자공이 때맞춰 공자의 곁으로 돌아오지 못하여 공자의 임종을 지키지 못한 유감을 보충하고자 해서이며, 자공은 공자의 무덤 곁에 초려를 짓고 상을 지켰으며 3년 뒤에야 마지못해 절을 하고 떠났다.

BC 456년 자공은 제(齊)나라에서 세상을 떠났는데 향년 65세였다. 자공은 공자의 가장 가까운 학생 가운데 하나로 학업성적도 우수하였고 문화적인 수양도 깊고 두터웠으며, 정치 외교의 재능이 탁월하였고 이재(理財)와 상업 능력이 출중하여 후세에 매우 큰 영향을 끼쳤다.

당시 노나라의 대부인 숙손무(叔孫武)는 조정에서 공개적으로 "자공이 중니보다 뛰어나다"고 말한 적이 있다.

사마천(司馬遷)은 공자의 명성이 만천하에 펼쳐질 수 있었고 유학(儒學)이 당시의 드러난 학문이 될 수 있었던 것은 상당 정도 자공의 추동력 때문이었다고 생각하였다.

당나라 때부터 청나라 때까지 자공은 여러 차례에 걸쳐 통치자의 추봉(追封)과 제사를 받았다.

당나라 현종 개원(開元) 8년(720) 자공은 '십철(十哲)'에 편입되어 공자에 배향되었다.

개원 27년(739)에는 그를 '여후(黎侯)'로 봉하였다.

북송 대중상부(大中祥符) 2년(1009)에는 그를 '여양공(黎陽公)'으로 봉하였다.

남송 도종(度宗) 함순(鹹淳) 3년(1267)에는 '여공(黎公)'에 봉하였다.

명나라 세종(世宗) 가정(嘉靖) 9년(1530)에는 '선현(先賢)'으로 칭하여 공자에 종사(從祀)하였다.

청나라 건륭(乾隆) 21년(1765)년에는 '십이철(十二哲)'에 편입시 키고 공자에 배향하였다.

2) 자공의 일화
호와 연 같은 기물(瑚璉之器)

때는 바야흐로 가을에 접어들어 하늘은 높고 기운은 상쾌하였으며 바람은 맑고 구름은 담담하였다. 하루는 수업을 마친 후 자공이 흥취가 발하여 공자의 자신에 대한 평가를 알고 싶어졌다.

"선생님, 선생님이 보시기에 이 제자는 어떤 사람인지요?"

공자는 잠시 생각을 해보더니 말하였다. "너는 기물에 견줄 수 있다."

자공은 성격이 활발하고 일처리에 통달하였으며 배우는 일에 삼가고 묻기를 좋아하였으며 교제에 뛰어났고 정치와 경제 외교 방면에서 모두 매우 큰 성취를 취득하여 그 자신도 자신이 스승의 심중에서는 어떤 모습으로 비칠지 매우 알고 싶어서 이에 이 질문을 한 것이다.

원래는 부자가 자기를 긍정적으로 보아주기를 온 마음 가득 기대를 하였지만, 뜻밖에도 부자가 자기에게 내린 평가라는 것이 고작 '기(器)'였으며, 공자의 평가를 듣고 자공은 심리적 허탈감이 매우 컸다.

공자는 일찍이 "군자는 기물이 아니다(君子不器)"라는 말을 한 적이 있다. 군자는 하나의 기명(器皿)으로 다만 한 가지 용도만 있는 것이 아니라 전능하여 하나의 재능에만 국한되어서는 안 된다는 것이다. 지금 스승이 '기(器)'라는 말로 자신에 대한 평가를 내렸으니 이는 자신에 대한 일종의 부정적인 평가인 셈이었다. 생각이 여기에 미치자 자공은 매우 낙담하여 부지불식중에 지난날에 대한 기억으로 들어갔다.

청년 시절부터 지금까지 공자의 그에 대한 가르침이 조수와 같이 밀려왔다. 한번은 그가 공자에게 "저는 남이 나에게 강요하기를 원하지 않는 일을 저도 남에게 강요하지 않으려고 합니다."라고 하였더니 공자가 듣고 적절하고 타당하게 대답하기를 "사야, 이것은 완전히 '인(仁)'에 관한 공부로 아직까지 네가 해낼 수 있는 것이 아니다."라 하였다.

자공의 기억 속에 그를 가장 난처하게 하였던 일은 다음의 일만한 것이 없다.

하루는 몇몇 동료들과 함께 막 신바람이 나서 다른 사람들의 과실을 비평하고 있는데 우연히 그 말이 공자의 귀에 들어가 공자는 매우 무뚝뚝하게 그를 훈자하였다. "사야, 너는 매우 총명하다. 나라면 그렇게 무료한 시간을 남을 비평하는 과오는 저지르지 않을 것이다."

지난 일이 하나하나 되살아나서 분노와 난처함이 마음속에서 마구 교차하였으며 마침내 깊은 생각에 빠진 자공은 환하게 깨달은 바가 있어서 설사 자기가 얼마간의 성취가 있기는 하였지만 자신은 여전히 결점이 너무 많았으며 지금 이후로 부자의 가르침을 삼가

준수하여 자기의 덕성 수양을 부단히 완전해지도록 하였다.

자공은 평정을 지키며 겸손하게 공자에게 가르침을 청하였다.

"선생님께 여쭙겠습니다만, 저는 어떤 기물인지요?"

공자는 자공을 보면서 그의 어깨를 토닥거리며 말하였다.

"호(瑚)와 연(璉)이니라."

공자는 자공을 호와 연에 비교하여 자공의 재능을 인정하였으니, 호와 연은 모두 종묘의 예기(禮器)이므로 자공이 나라를 다스리어 안정시킬 수 있는 재주를 갖추고 있음을 표명한 것이다. 이 일이 있은 후 자공은 더욱 겸손하게 되었다.

자른 듯하며, 간 듯하며, 쫀 듯하며, 문지른 듯
(如切如磋 如琢如磨)

자공은 젊을 때는 결코 부유하지 않았지만 나중에 스스로의 노력을 통하여 일대의 부호가 되었다. 자신의 찬란한 역정을 돌아보며 그는 사람들이 일상적으로 범하는 "가난하면 아첨하고 부유하면 교만해지는" 폐단을 벗어나 "가난하면서도 아첨하지 않고, 부유하면서도 교만하지 않게" 되어 나름대로 뜻을 이루었으며 이에 그는 자기가 마음으로 얻은 체험을 공자에게 들려주어 공자의 표양(表揚)을 얻기를 바랐다.

자공이 흥미진진하게 이야기를 끝내는 것을 듣고 공자는 다만 담담하게 웃으면서 말하였다. "그 정도는 그저 그런 수준이라고 할 만하며 가까스로 합격점을 얻을 만할 따름이며 가장 높은 경지는 가난하면서도 (도를) 즐기며, 부유하면서도 예를 좋아하는 것인데 소극적으로 나쁜 일을 하지 않는 것이 아니다. 빈궁하거나 부귀하거나를 막론하고 모두 적극적으로 훌륭한 일을 하여야 최고의 경지라 할 수 있다.”

스승의 말을 듣더니 자공이 말하기를 “선생님, 선생님, 《시경》위풍(衛風)의 ‘자른 듯하며, 간 듯하며, 쫀 듯하며, 문지른 듯하다(如切如磋 如琢如磨).’라는 구절은 사람이 품격을 도야하는 것이 마치 장인이 상아나 옥을 조각하는 것과 마찬가지라는 것을 말한 것인데, 선생님께서 방금 말씀하신 것이 바로 이 시의 정신일 것입니다.”라고 하였다.

공자는 만면에 만족스런 미소를 띠며 말하였다. “사야, 아주 잘 말하였다. 우리는 이제 《시》를 담론할 수 있게 되었구나.”

자공은 자기의 인덕의 수양이 공자가 바라는 것과 아직 멀다는 것을 알았지만 스승의 평가 때문에 이 방면의 사고를 버려두지 않고 시종 적극적으로 탐구하고 아울러 선생과 교류하고 절차탁마하여 스승의 가르침 아래 하루하루, 조금씩 진보해 나갔다.

독을 안고 채마밭에 물을 주다(抱甕灌圃)

자공은 한수(漢水) 남안의 한 지방을 지나가면서 한 노인이 마침 밭에 물을 대는 것을 보게 되었다. 그의 관개 방법은 매우 낙후되었다. 먼저 우물 바닥까지 통하는 길을 하나 파고 그런 다음에 물독을 안고 한 걸음씩 우물로 들어가 물을 기른 다음에 안고 다니면서 밭에 물을 주고 있었다.

이렇게 한 번씩 왔다 갔다 하였는데 힘은 많이 드는 반면 그 효과는 아주 적었다.

자공이 그에게 말하였다. "노인장, 당신은 어째서 물 긷는 기계를 써서 물을 대지 않습니까? 이를테면 '두레박' 같은 것이 있는데 그것을 이용하여 물을 대면 하루에 백 이랑도 물을 줄 수 있으며, 빠르기도 하고 힘도 아낄 수 있는데 설마 모르는 것은 아니겠지요?"

노인은 듣고 매우 언짢아하면서 억지웃음을 지으며 말하였다. "누가 내가 모른다던가요? 다만 나는 쓰기를 바라지 않을 뿐입니다. 나는 이렇게 평생을 해 가는데 아직도 충분하지 않은가요? 다시 말하자면 나는 습관이 되었소."

이 이야기 때문에 나중의 사람들은 서툴고 어리석은 것을 편안히 여기며 개선을 추구하지 않고 낙후되고 보수적인 사상을 풍자할 때 "독을 안고 채마밭에 물을 준다[抱甕灌畦]"는 것을 늘 인용한다.

자로는 받고서 덕을 권하고 자공은 양보하여 선을 그치다(子路受而勸德, 子貢讓而止善)

어느 날 오후, 자로가 소 한 마리를 끌고 학당에 나타났다. 원래 자로는 냇물에 물을 끼얹으러 갔을 때 물에 빠진 사람을 구해주었는데 그 사람이 감사의 표시로 소를 한 마리 주었으며 자로는 기쁘게 받았던 것이다. 그러나 그의 심중에는 얼마간 의혹이 있었으니 이렇게 하는 것이 옳은지 옳지 않은지 몰랐던 것이다.

일찍이 한번 그가 공자에게 어떻게 해야 완전한 사람이냐고 물었을 때 공자는 "얻는 것을 보면 의를 생각한다(見得思義)"라고 말한 적이 있는데 이는 곧 이익을 보면 얻어야 할지 얻지 말아야 할지

생각해보아야 한다는 것으로 이에 자로는 아예 소를 학당으로 끌고
와 부자가 어떻게 말하는지 보려고 하였다.

　공자는 자로가 사정의 전말을 말하는 것을 듣고 매우 기뻐하며
바로 이렇게 말하였다. "차제에 노나라 사람들은 반드시 물에 빠진
사람을 용감하게 구해줄 것이다."

　며칠 되지 않아 자공이 밖에서 장사를 하다가 돌아왔는데 사람을
구해주었는데도 속죄금을 받으러 가지 않아 공자의 비평을 받게 되
었다.

　당시 노나라에는 매우 많은 사람들이 밖에서 노예로 전락하였는
데 노예로 전락한 노나라 사람을 구속(救贖)해 주는 것을 격려하기
위하여 노나라에서는 법률을 선포하였다.

　노나라 사람이 국외에서 노예로 전락하였는데 어떤 사람이 그들
을 속량해 줄 수 있다면 국고로 가서 속죄금을 받을 수 있었다.

　자공은 국외에서 한 노나라 사람을 속량해 주었는데 귀국해서는
오히려 국가에서 보상하는 속죄금을 받기를 거절하였다. 그는 다만
이 행동으로 자기는 비록 상인이기는 하지만 절대로 단지 이익을
도모한 것이 아니라는 것을 표명하고 싶었다.

　공자는 이 사정을 알고 난 다음 탄식하며 말하였다. "사야, 너의
생각이 틀리지는 않았지만 사실에 입각하여 논하자면 너의 행위는
틀렸다. 지금 이후 노나라 사람들은 노예로 전락한 본국의 동포를
위하여 기꺼이 속량을 해주려 하지 않을 것이다."

　자공은 이해하지 못하였다. "스승님, 제가 국가의 속죄금을 수령
하지 않은 것은 제게 이런 재력이 있어서이지 결코 남들이 사람을

구하는 것을 방해하려는 것이 아닙니다."

공자가 말하였다. "바로 너의 재력이 풍부하기 때문에 재능이 이에 의지하여 원래 사람마다 모두 갖출 수 있는 도덕을 대다수의 사람이 도달할 수 없는 높이까지 끌어올렸다. 전대에서 속죄금을 갚은 다음에 국고로 가서 속죄금을 보상받는 것이 원래 도덕에 부합한 것인데 너는 지금 오히려 그것을 바꾸었으니 이는 '비도덕'적이다. '도덕 여론'은 속죄금을 보상받으러 온 사람들에게 너는 아무것도 지불하지 않았는데 무슨 좋은 일을 하였다 할 수 있겠느냐? 하고 말할 것이다. 남들과 너를 비교해 보면 너는 바로 이기적이고 사욕만 채우는 사람이다! 네가 노예를 속량시켜 준 좋은 일을 하고서도 오히려 이기적이고 사욕만 채우는 사람이라는 평가를 받고, 도덕에 부합하는 훌륭한 일을 하고서도 부도덕적이라는 오명만 얻게 된다면 그래도 할 수 있겠느냐? 명심해야 할 것은 대다수 사람들은 결코 너처럼 이렇게 많은 돈이 없을뿐더러 이 속죄금을 대수롭지 않게 여길 수가 없는데 그들이 만약 괜히 이 속죄금을 대신 지불해 준다면 그들 자신의 생활이 중대한 영향을 받을 수 있기 때문에 동포가 속량할 기회가 있다 하더라도 대다수는 또한 내버려둘 것이다. 노나라의 속죄금을 대신 갚아주는 법률 규정의 목적은 모든 사람에게 기회만 주어지면 은혜를 베풀면서도 비용은 하나도 들지 않고 공덕은 끝이 없는 아주 좋은 일을 하게끔 하는 것인데 너의 재력으로 속죄금을 미리 지불하는 것도 하지 않고 속죄금을 빌려서 동포를 속량시켜줄 생각도 하지 않는 것은 네가 어떤 것도 손실되지 않고 다만 동정심만 내보이려는 것이다. 도덕의 목적은 결코 어떤 사람이 자기의 손해를 감수하면서 남을 이롭게 하고자 중대한 희생을 치르는 것이 아니라 자기는 손해를 입지 않고도 다른 사람을 유리하게 해주는 좋은 일을 하는 것이다."

연속으로 계책을 쓰다(連環施計)

춘추시대는 난세여서 전쟁이 빈번했다. 당시 제나라는 권신(權臣) 전상(田常)이 난을 일으켰지만, 다른 대신들을 두려워하여 이에 제나라 임금에게 군사를 일으켜 노나라를 칠 것을 권하여 신하들의 힘을 약화시키기를 기도하였다. 공자는 이 소식을 알게 된 뒤에 자기 나라의 전도가 걱정되어 제자들에게 말하였다. "노나라는 곧 부모의 나라로 나라의 위태로움이 이와 같은데도 너희들은 어찌하여 나서지 않느냐?"

자로와 자장이 갈 것을 청하였으나 공자는 모두 허락지 않았으며 만면에 근심만 가득할 뿐이었다. 자공이 갈 것을 청하자 공자는 아주 시원하게 응답을 하고 자공을 전송해 주었으며 반드시 사명을 완수할 것을 부탁하였다.

자공은 먼저 제나라에 가서 전상에게 (노나라 침공을) 그만두도록 말렸다. 자공은 전상이 군사를 거느리고 노나라를 공격하는 것은 잘못이며 위험한 행위라고 생각하였다.

자공은 전상에게 말하였다. "약소한 노나라는 제나라의 적수가 아니며 한번만 치면 깨뜨릴 것입니다. 그러나 전상 당신에 대하여 말한다면 노나라를 점령하는 것은 언급할 만한 공도 없을 뿐만 아니라 더욱 일찍 죄를 얻게 될 것입니다. 이는 당신은 지위가 높고 권세는 중하며 공이 높아 임금을 떨게 하여 조정의 대신들이 원래 그대를 시기하고 있는 데다 제나라 왕도 당신을 안심하지 못하고 있으니 승리한 다음에 그들은 기회를 틈타 그대 수중의 군권을 약하게 할 것입니다. 이는 꼼짝 못하고 죽음을 기다리는 것과 같습니다. 강대한 오나라를 공격한다면 전쟁은 지구전이 될 것이고 그렇게 되면 당신 수중의 병권 또한 확실하게 장악할 수 있을 것입니다."

전상은 일리가 있다고 생각하였지만, 군사를 옮겨 오나라를 공격한다면 조정의 의심을 일으키게 될까 봐 부담을 가졌다. 자공은 전상이 군사행동을 그치고 잠시 중단한다면 오나라를 설득하여 제나라 군사를 치게끔 할 수 있다고 장담하였다. 전상은 매우 기뻐하며 자공을 오나라에 사신으로 보냈다.

자공은 오나라에 이르러 오나라 왕 부차(夫差)를 뵙고 부차에게 군사를 내어 제나라 군사를 칠 것을 극력 권하였다.

자공은 말하였다. "오나라는 천하의 강국으로 제후를 칭패할 능력이 있습니다. 그리고 오나라가 칭패라는 꿈을 실현하려면 반드시 북쪽과 쟁탈을 하여야 합니다. 지금 제나라가 노나라를 공격하여 계획대로 된다면 제나라는 더욱 강대해져서 오나라가 칭패하는 데 큰 장애물이 될 것입니다. 따라서 오나라는 제나라가 크게 되는 것을 좌시할 수 없으며 만약 오나라가 시기를 잡아 이미 제나라와 노나라와의 전쟁 중에 약해진 제나라 군사를 쳐서 깨뜨리고 승세를 틈타 북상하여 한꺼번에 진(晉)나라를 친다면 패업은 단번에 성취할 수 있을 것입니다."

　자공의 말은 부차의 심중을 꿰뚫었지만, 부차는 여전히 미적거렸다.

　부차는 자공에게 밀러 말하였다. "나도 일찍부터 북상하여 칭패하고자 하였으나 다만 이웃이 염려되니 월나라 왕 구천이 기회를 틈타 오나라를 공격할까 걱정되오."

　자공은 다 들은 후에 가슴을 치며 장담하였다. "제가 월나라 왕 구천이 오나라를 기습하는 것을 막도록 권할 수 있으며 동시에 월나라 왕과 신하가 군대를 파견하여 오나라 왕을 따라 북상하여 오나라가 패업을 이루게끔 돕게 할 수 있습니다."

　오나라 왕 부차는 자공에게 이런 자신감이 있는 것을 보고 마음속으로 매우 기뻐하며 곧 자공을 월나라에 사신으로 보냈다.

　월나라에 이르자 월나라 왕 구천은 성 밖까지 나와 맞아하였다. 자공은 이번 사행의 목적을 구천에게 알리고 또한 부차의 상황을 구천에게 모두 알려주었으며 아울러 구천에게 군사를 파견하여 부차를 따라 북상하는 데 응답할 것을 청하였다.

　자공은 말하였다. "오나라 왕 부차는 그대의 복수의 염원을 분명히 알고 있기 때문에 군사를 파견하지 않으면 부차의 경계심을 끌 것이며 심하면 공격을 할 것이니 월나라는 매우 위험해질 것입니다. 군사를 보내 부차를 따라 북상하여 쟁패한다면 부차의 경계심을 누그러뜨릴 수 있을 것이며 아울러 부차가 북진하기만 한다면 반드시 북쪽의 대국들과 한데 뒤엉켜 벗어나기가 어려워 뒷마당을 돌아볼 겨를도 없을 것이며 이때는 빈 오나라는 월나라와 대등하게 겨룰 힘이 없을 것입니다. 월나라는 기회를 기다렸다가 군사를 보

184

내어 오나라를 쳐 나라를 잃은 수치를 설욕할 수 있을 것입니다."

구천은 자공의 건의를 받아들였고 아울러 예를 두터이 하여 감사의 뜻을 표하였다.

자공은 월나라 왕과 작별하고 오나라로 돌아가 복명하였다. 오나라 왕 부차는 월나라가 기꺼이 군사를 내어 도우려 하는 것을 보고 마음속으로 크게 기뻐하며 월나라에서 보내온 군사장비와 부대를 거두어들이고 아울러 자공의 건의를 받아들여 월나라의 군신(君臣)을 뒤에 남겨 후방을 지키게 한 후 오나라의 주력부대와 월나라의 지원군을 집결시켜 북으로 황지(黃池)로 올라가 쟁패하였다.

자공은 오나라와 작별을 한 후에 신속하게 진(晉)나라로 가서 진나라 왕에게 북상하는 오나라와의 결전을 준비하라고 알렸다.

오래지 않아 오나라 왕 부차는 대군을 통솔하고 애릉(艾陵)에서 제나라 군사를 크게 깨뜨린 후에 진나라를 향해 공격을 개시했다. 일찌감치 황지에서 편안하게 피로한 오나라 군사를 기다린 진나라 군사는 오나라 군사를 습격하여 오나라는 참패하여 궤멸되어 달아났다.

월나라 왕은 소식을 들은 후 기회를 틈타 오나라를 습격하였다. 월나라 군사는 오호(五湖) 일대에서 오나라 군사를 세 차례 무찌르고 오나라 도읍으로 물러나 수세에 몰린 부차는 성안에서 곤경에 처하였다. 오래지 않아 오나라는 멸망했다.

이 일전으로 오나라는 망하였고 제나라는 패하였으며 노나라를 존속시키고 진나라는 강대해졌으며 월나라의 칭패 사업을 이루었다. 자공은 제나라와 오나라, 월나라, 진나라의 네 나라를 북처럼 왔다갔다 하며 외교활동을 하여 외교 방면의 재능을 유감없이 다 드러내 펼쳐 보였다.

자공은 이로 인해 명성을 일거에 떨쳤으며 저명한 외교가가 되었다.

3) 유적지

산동 곡부 공림의 자공 여묘처(廬墓處)

자공의 여묘(廬墓)는 곡부 공림의 공자묘 서쪽 곁에 위치해 있으며 명나라 가정(嘉靖) 2년(1523)에 수건(修建)되었고 청나라 강희(康熙) 연간에 중수되었다.

공자가 죽은 후 뭇사람들은 3년간 묘를 지키다가 떠났는데 자공만은 애도하는 마음이 미진하다 하여 이곳에서 또 3년을 지켰다. 후인이 이 일을 기념하기 위하여 3칸짜리 집을 짓고 비석을 세웠는데 '자공여묘처'라 하였다.

곡부 공림의 자공여묘처

하남(河南) 학벽(鶴壁)의 여공(黎公) 묘(墓)

학벽의 여공 묘는 지금의 하남 학벽시(市) 준현(浚縣)의 현성 동남쪽 4㎞ 지점 동장장촌 서북쪽 200m 지점에 있다.

자공이 죽은 후 그의 아들 단목경(端木炅)이 그의 영구를 위나라로 운구하여 이곳에서 장사지냈다.

북송 정화(政和) 5년(1115) 도수사(都水使) 맹창령(孟昌齡)이 준주(浚州)에 이르러 여공묘와 사당을 세울 것을 주청하였다. 명나라 홍치(弘治) 12년(1499) 준현의 지현 유태(劉台)가 현성 동남쪽 모퉁이에 여공사(黎公祠)를 세웠다.

1958년 대공하(大公河)를 파다가 묘지를 뚫고 측백나무를 베어내고 무덤을 발굴하다가 석각을 훼손하였는데, 다만 〈개정선려공묘사기(改正先黎公墓祠記)〉의 비석만 여전히 우뚝 서 있었다. 1973년 이곳은 준현의 인민정부에 의하여 중점문물보호단위로 공포되었다.

4)《논어》가운데 단목사와 관련된 장구(章句)

《논어》에는 자공의 이름이 57번 등장하는데, 자공을 언급한 장구는 35곳에 달하며, 언행 방면에서 생동감 있게 자공을 묘사하여 공자와 자공 사이의 관계를 반영하고 있다. 여기서는 몇몇 예만 다음과 같이 열거한다.

❶ 子貢曰 貧而無諂 富而無驕 何如? 子曰 可也. 未若貧而樂 富而好禮者也. 子貢曰 詩雲 如切如磋 如琢如磨 其斯之謂與? 子曰賜也 始可與言詩已矣 告諸往而知來者.

　　자공이 말하였다. "가난하면서도 아첨하지 않고, 부유하면서
도 교만하지 않으면 어떻습니까?"공자께서 말씀하셨다. "괜찮기
는 하나 가난하면서도 (도를) 즐기며, 부유하면서도 예를 좋아
하는 것만은 못하다." 자공이 말하였다. "《시경(詩經)》에서 말
하기를 '자른 듯하며, 간 듯하며, 쫀 듯하며, 문지른 듯하다.' 하
니 이것을 말한 것일 것입니다." 공자께서 말씀하셨다. "사는 비
로소 더불어《시(詩)》를 말할 만하구나! 지나간 것을 말해주니
올 것을 아는구나."《논어》학이(學而)

❷ 子貢問曰 賜也 何如? 子曰 女 器也. 曰 何器也? 曰 瑚璉也

　　자공이 물었다. "저는 어떻습니까?"공자가 말씀하셨다. "너는
그릇이니라." (자공이) 말하였다. "어떤 그릇인지요?"(공자가)
말씀하셨다. "(夏나라와 商나라의 종묘 제기인) 호와 연이다."
《논어》공야장(公冶長)

❸ 子貢曰 君子之過也 如日月之食焉. 過也. 人皆見之. 更也. 人
　皆仰之.

　　자공이 말하였다. "군자의 허물은 일식이나 월식과 같다. 잘
못이 있으면 사람들이 모두 보고, (허물을) 고쳤을 때에는 사람
들이 우러러본다."《논어》자장(子張)

❹ 叔孫武叔語大夫於朝曰 子貢賢於仲尼. 子服景伯以告子貢. 子
　貢曰 譬之宮牆 賜之牆也及肩 窺見室家之好. 夫子之牆數仞
　不得其門而入 不見宗廟之美 百官之富. 得其門者或寡矣. 夫
　子之雲 不亦宜乎?

　　숙손무숙이 조정에서 대부들에게 말하기를, "자공이 중니보다 낫다." 라 하였다. 자복경백(子服景伯)이 그대로 자공에게 일러주자, 자공이 말하였다. "대궐의 담장을 가지고 비유하자면 나의 담장은 어깨에 미친다. 그래서 집안의 좋은 것들을 들여다볼 수 있는데, 부자의 담장은 여러 길이나 되어 그 문을 얻어 들어가지 못하게 되면 종묘의 아름다움이라든가 백관의 많음을 보지 못한다. 그 문을 얻는 자는 혹여라도 드물다. 부자의 말씀이 또한 당연하지 않겠는가!"《논어》 자장(子張)

❺ 叔孫武叔毁仲尼. 子貢曰 無以爲也! 仲尼不可毁也. 他人之賢者. 丘陵也. 猶可踰也. 仲尼 日月也 無得而踰焉. 人雖欲自絶 其何傷於日月乎? 多見其不知量也.

　　숙손무숙(叔孫武叔)이 중니를 헐뜯자, 자공이 말하였다. "그러지 말라, 중니는 헐뜯을 수 없다. 타인 가운데 현명한 자는 구릉 정도여서 넘을 수 있지만, 중니는 해와 달이어서 넘을 수 없다. 사람들이 비록 스스로 관계를 끊고자 하여도 어찌 해와 달에 상하게 하겠는가? 다만 자기의 분수를 알지 못함을 보일 뿐이다."《논어》 자장(子張)

子謂公冶長：可妻也。
雖在縲絏之中，非其
罪也。以其子妻之。
庚寅陽春賈明繪

19. 공야장(公冶長)

1) 일생

공야장(BC 519~BC 470)은 성이 공야, 이름은 장이며, 자는 자장(子長), 자지(子芝)이다. 춘추시대 말기 제나라(지금의 山東 諸城) 사람으로 공자보다 32세 어리다. 그는 공자의 학생이자 사위로 제나라에서 가르친 적이 있다.

공야장은 유년시절 집이 가난하였는데 성격이 겸손하고 부드럽고 잘 참고 양보를 잘하였으며 검박하고 학문을 좋아하였다. 전하기로 공야장은 새소리에 능통하였으며 이 때문에 무고로 죄를 지어 하옥되었다고 한다. 나중에는 공자의 명성을 흠모하여 공자에게 스승의 예를 올렸으며 경서를 공부하고 육예(六藝)에 널리 달통하였다.

노나라 임금이 여러 차례 그를 대부(大夫)로 청하였으나 그는 한결같이 응하지 않았으며 공자의 유지를 계승하여 고향으로 돌아가 사람들을 가르치고 육성하여 일대의 저명인사가 되었다.

당나라에서 명나라 때까지 공야장은 여러 차례 통치자에 의하여 봉하여졌다. 당나라 현종(玄宗) 개원(開元) 27년(739)에 그를 '거백(莒伯)'에 추봉하였다. 북송 진종(眞宗) 대중상부(大中祥符) 2년(1009)에는 그를 '고밀후(高密侯)'에 봉하였다. 명나라 세종(世宗) 가정(嘉靖) 9년(1530)에는 그를 '선현(先賢)'으로 칭하고 공자에 종사(從祀)하였다.

2) 공야장의 고사

공야장이 새의 말을 알다(公冶長識鳥語)

공야장은 집이 빈한하여 모자 두 사람이 서로 의존하며 연명하였고 늘 어머니와 함께 산에 가서 나무를 하였다. 하루는 어머니가 병이 나서 나무를 할 수가 없어 나이 어린 공야장은 속으로 괴로워하며 도끼와 끈을 들고 몰래 산으로 올라가 나무를 하였다.

산에 이른 공야장은 외로움을 느끼고 마음속으로 두려움을 느껴 자기도 모르게 울기 시작하였다. 울음소리는 갈수록 커져서 산의 작은 새들을 놀라게 하였고 이 새들이 무리를 지어 먼 곳에서 날아와 공야장의 주위에 내려앉았다.

공야장은 이렇게 많은 알록달록한 새들을 보고 매우 이상하게 생각하였다. 이때 깃털이 까만 새가 그에게 말하였다. "너 우니? 너 우니?" 공야장은 더욱 갑갑해져 속으로 생각하였다. '새가 어떻게 사람의 말을 할 수 있지?' 그리고 참지 못하고 말하였다.

"너는 무슨 새니? 어떻게 사람의 말을 해?"

"나는 구관조라고 해. 나면서부터 말을 할 줄 알아."

공야장은 속으로 생각하였다. '새가 사람의 말을 배울 수 있다면 사람도 새의 말을 배울 수 있겠다.'

구관조가 물었다. "네 이름은 뭐니? 왜 여기서 울고 있어?"

공야장은 자기의 이름과 어머니가 병이 나서 산에 와서 나무를 하다가 겁이 난 일을 구관조에게 말해주었다.

구관조와 다른 새들은 듣고 난 후 모두 공야장이 매우 가엽다는 생각이 들어 일제히 말하였다. "우리가 모두 네 동무가 되어 나무하는 것을 도와줄게.”

얼마 되지 않아 나무는 작은 산을 이루었다. 공야장은 끈으로 나무를 묶어 집으로 돌아왔는데 아쉬워 어쩔 줄을 모르며 이 새떼들과 헤어졌다.

집으로 돌아온 후 희비가 교차한 어머니는 그를 품에 꼭 껴안고 철이 들었다고 칭찬해 주었다. 이때부터 공야장은 매일 산에 가서 나무를 하며 늘 새들과 놀고 또한 늘 새가 지저귀는 소리를 배웠으며 이렇게 하여 시간이 오래 흘러 공야장은 마침내 부지불식간에 새 소리를 알게 되었다.

공야장이 약속을 어기다(公冶長背諾)

하루는 어떤 새가 공야장이 사는 곳으로 날아와 말하였다. “공야장, 공야장, 남산 꼭대기서 호랑이가 양을 끌고 있어. 너는 고기를 먹고 나는 내장을 먹으면 되니 머뭇거리지 말고 빨리 가서 가져오자.”

공야장은 들은 후 정말로 남산으로 갔다. 보니 정말 호랑이에게 물려 죽은 양이 있었다. 그는 양을 끌고 집으로 돌아와 삶아 먹었는데 깜빡하고 그만 창자를 땅에 묻어 새에게 주어야 하는 것을 잊고 말았다.

이 새는 공야장에게 보복하기로 마음을 먹었다. 하루는 시장에서 어떤 사람이 맞아 죽었는데 살해범은 달아났으며 사람들이 에워싸고 구경하였다.

새가 공야장이 사는 곳으로 날아와 말하였다. “공야장, 공야장,

큰 시장에서 호랑이가 양을 끌고 있어. 너는 고기를 먹고 나는 내장을 먹으면 되니 머뭇거리지 말고 빨리 가서 가져오자."

공야장은 시장으로 뛰어가 많은 사람들이 에워싸고 구경하고 있는 것을 보고 구경하고 있는 것이 죽은 양일 것이라 생각하고 크게 고함쳤다.

"내가 때려죽인 것이야, 내가 때려죽인 것."

공야장은 이것 때문에 하옥되었고 그가 어떻게 변명을 해도 관부에서는 그가 새가 하는 말을 알아듣는다는 것을 믿지 않았다.

또 하루는 새 한 마리가 감옥 근처로 날아와 말하였다. "공야장, 공야장, 제나라 사람이 군사를 거느리고 우리 국경을 침범하였어. 기수(沂水) 가와 기산(沂山) 곁으로 가서 우물쭈물하지 말고 가서 막아야 해."

그는 듣고 난 다음 노나라 왕을 뵙기를 청하였고 아울러 새가 알려준 것이라고 했다. 노나라 왕은 반신반의했지만, 만일의 사태를 예방하기 위하여 그래도 황급히 군대를 보내 나아가게 하였는데 과연 제나라 군사가 기수의 가에서 노나라를 침공하여 왔다.

노나라 왕이 기병(奇兵)을 보내 갑자기 습격하니 제나라 군사는 추풍낙엽처럼 쓰러졌다. 노나라 왕은 그제야 공야장이 새소리에 통한다는 것을 믿고 옥에서 그를 석방시켜 주고 아울러 크게 칭찬한 다음 그를 대부로 삼으려고 했다.

공야장은 새 소리를 알아듣는 것으로 이록(利祿)을 취한다는 것이 부끄러운 생각이 들어 받기를 거절하였다. 공자는 공야장이 고상한 덕행을 갖추었다는 것을 듣고 이에 자기의 딸을 그에게 시집보냈다.

3) 유적지

산동 제성(諸城) 공야장묘(墓)

공야장의 묘는 산동성 제성시(諸城市) 마장향(馬莊鄕) 석산(錫山)의 동남쪽 기슭에 자리잡고 있으며, 석산은 또한 공야산(公冶山)이라고도 한다. 공야장 묘의 봉토는 원추형으로 높이가 3m, 아래쪽의 직경이 10m이다.

묘가 있는 곳의 언덕에는 원래 공야장사(祠)가 있었는데 명나라 홍치(弘治) 6년(1493)에 비로소 묘 앞으로 옮겼다. 청나라 《제성현지(諸城縣志)》에는 공야장묘(墓)와 사(祠)의 평면도가 실려 있고 아울러 명나라 정덕(正德) 10년(1515) 이래 3차례에 걸쳐 단장을 했다는 기록이 있다. 지금 공야장사는 이미 허물어졌지만 무덤은 그대로 있다.

제성의 공야장 묘

산동 안구(安丘) 공야장서원(公冶長書院)

공야장서원은 산동성 안구시 성정산(城頂山)에 있으며 공야장이 은거하며 독서하고 문도들을 가르친 곳이라 전하여진다. 기록에 의하면 공야장서원은 명청 양대에 세 차례 중건과 보수를 거쳤으나 결국 1943년에 허물어졌다. 지금의 당우(堂宇)는 1989년 중건한 것이다.

안구의 공야장서원

안구의 공야장사(祠)

4) 《논어》 가운데 공야장과 관련된 장구(章句)

子謂公冶長 可妻也. 雖在縲絏之中 非其罪也. 以其子妻之.

공자께서 공야장을 두고 평하시기를 "사위 삼을 만하다. 비록 포승으로 묶여 옥중에 있었으나 그의 죄가 아니었다." 하시고, 자기의 딸을 그에게 시집보내셨다. 《논어》 공야장(公冶長)

197

孔門弟子畫傳【原憲】

孔門弟子【畫傳】

原思為之宰，與之粟九百，辭。

子曰：毋！

以與爾鄰里鄉黨乎？

20. 원헌(原憲)

1) 일생

원헌(BC 515~?)의 자는 자사(子思)이며 원사(原思)라고도 불린다. 춘추시대 말기 노나라(지금의 山東 鄒城) 사람으로 공자보다 36세 어리다. 공자의 가재(家財)가 된 적이 있으며 공자의 제자 가운데서 안빈낙도로 일컬어졌다.

원헌은 출신이 빈한하였지만 성격이 강직했고 사람됨이 맑고 곧았다. 공자가 노나라 사구(司寇 ; 형조판서)가 되었을 때 원헌은 공자의 가재를 맡았는데 공자가 9백 곡(斛)의 봉록을 주자 그는 물리치고 받지 않았다.

공자가 죽은 후에 원헌은 위(衛)나라에서 은거하며 초가집에 옹기 창을 내고 거친 식사를 하는 등 생활이 매우 곤궁했다.

원헌은 이기기를 좋아하지 않았고 자기의 공로를 자랑하지 않았으며, 원망하지 않고 탐욕을 부리지 않으며 자기의 품덕을 배양하여 공자의 "천하에 도가 있으면 벼슬하고 도가 없으면 은거하는" 가르침을 준수하여 초야에 은거하며 가난하면서도 원망하지 않고 궁핍하면서도 뜻을 잃지 않았다.

그는 세상과 동떨어져 살면서 벼슬길을 추구하지 않았고 교육에 힘쓰지도 않았으며 현실을 도피하는 처세관을 가진 경향이 있었다.

한나라에서 명나라 때까지 원헌은 여러 차례 통치자의 봉함을 받았다. 동한 명제(明帝) 영평(永平) 15년(72)에 원헌은 공자에 종사

(從祀)하였다.

당나라 현종 개원(開元) 27년(739)에 그를 '원백(原伯)'에 봉하였다.

북송 진종(眞宗) 대중상부(大中祥符) 2년(1009)에는 그를 '임성후(任城侯)'에 봉하였다.

명나라 세종(世宗) 가정(嘉靖) 9년(1530)에는 그를 '선현(先賢)'으로 칭하고 공자에 종사하였다.

2) 원헌의 고사

가난과 병의 차이(貧病之別)

공자가 죽은 후 원헌은 위나라에서 은거하였는데 가정형편이 매우 빈한하였다. 그는 띠풀로 이은 허술하고 누추한 집에 살았는데 문은 쑥대를 엮어서 만들었고 문의 지도리는 질이 떨어지는 뽕나무로 만들었으며 창문은 깨진 옹기로 대신하였다.

바깥바람이 심하게 불 때면 원헌은 찢어지고 헤진 옷으로 깨진 옹기를 채워 바람을 막았으며 비가 오는 날, 더욱이 바깥에 큰비가 내리는 날이면 방안에는 작은 비가 내렸다. 그래도 원헌은 전혀 개의치 않고 옷깃을 바로 하고 꼿꼿하게 앉아 금을 타는가 하면 노래를 하기도 하면서 근심스런 모습이라고는 조금도 없었다.

자공이 위나라의 집정대부가 되어 원헌이 사는 곳을 수소문하여 어엿한 관복을 차려입은 후 높고 큰 마차를 타고 원헌의 띳집에 이르렀다.

원헌은 거친 옷을 입고 머리에는 찢어져서 벌어진 모자를 썼으며 다리에는 뒤축도 없는 신발을 신고 명아주 지팡이를 짚은 채 문을 열고 그를 맞았다.

자공은 원헌이 이렇게 궁상맞은 것을 보고 직설을 하는 것을 미안하게 여겨 원헌에게 물었다. "친구여, 그대의 얼굴이 썩 좋지 못한 것을 보니 무슨 병이라도 났는가?"

원헌은 자공을 보는 듯하더니 말하였다. "내 듣자 하니 재산이 없는 것을 빈곤하다 하고, 인의와 도덕을 배웠는데도 신의를 시행하지 않는 사람을 병이 들었다고 하오. 나 원헌은 원래부터 빈궁하였지만 공자의 도를 즐기니 내가 병든 것이 아니라 그대가 병든 것이겠지요!"

원헌은 자긍심을 가지고 자공에게 도가 있는 선비에 대하여 말하자면 빈곤은 결코 치욕이 아니며, 도를 배우고서도 오히려 지킬 수 없는 사람이야말로 공부를 한 사람의 큰 치욕이라고 따끔하게 일러 주었다.

자공은 듣고 부자가 "군자는 도를 근심하지 가난을 근심하지 않는다." 라고 한 가르침을 떠올렸다. 진정코 학문이 있고 도덕이 있으며 천하 국가를 자기의 임무로 생각하는 군자는 그가 행하는 「도」가 세상 사람들에게 받아들여질지 근심하지 자기 일신의 빈천의 여부에 대해서는 지나치게 따져서는 안 된다는 것이다.

자공은 자기의 덕행이 원헌만 못하다는 것을 알고 곤혹스럽고 부끄러워 원헌에게 작별을 고했다.

3) 유적지

산동 추성(鄒城) 원헌 고리(故里)

원헌의 추성 고리는 산동성 추성시 중심의 점진(店鎭) 정부 소재지 북쪽 8㎞ 지점 백마하(白馬河) 북쪽 기슭 104번 국도 동쪽에 있다. 2006년 2월 석패방(石坊, 돌패방)과 비정(碑亭)을 세웠다. 석패방은 석제 시렁을 얹은 문방식(門坊式) 건축물로 경간(徑間)은 약 15m이며 세 개의 문에 기둥이 네 개이며, 네 기둥은 위는 원형이고 아래는 방형이며, 물결무늬와 상서로운 구름, 비룡의 도안이 새겨져 있다.

기단의 서쪽 면에는 돌사자 네 마리가 있고 동쪽에는 돌 북이 있다. 패방 한 가운데는 '원헌고리'라는 네 글자가 있다. 비정은 석패방 북쪽에 있으며 육각정인데 여섯 개의 기둥에는 여섯 용이 조각되어 있으며 석비는 정자 한가운데 놓여 있다.

추성의 원헌 고리방

산동 평읍(平邑) 원헌 고리(故里)

원헌의 평읍 고리는 산동성 임기시(臨沂市) 평읍현 중촌진(仲村鎭) 남둔촌(南屯村) 북쪽 15㎞ 지점의 남양성(南陽城)에 있으며 또한 원헌성이라고도 한다. 성 북쪽의 무산(武山) 뇌고대(擂鼓臺)는 원헌의 묘라고 전하여진다.

4)《논어》가운데 원헌과 관련된 장구(章句)

❶ 原思爲之宰 與之粟九百 辭. 子曰 毋! 以與爾隣裏鄕黨乎?

원사가 (공자의) 가신(家臣)이 되었는데, 곡식 9백을 주자, 사양하였다. 공자께서 말씀하였다. "사양하지 말고 너의 이웃집과 마을 및 향당에 주려무나!"《논어》옹야(雍也)

❷ 憲問恥 子曰 邦有道 穀 邦無道 穀 恥也. 克伐怨欲 不行焉 可以爲仁矣? 子曰 可以爲難矣 仁則吾不知也.

원헌이 부끄러운 일이 무엇인지 물으니, 공자께서 대답하셨다. "나라에 도가 있을 때에 녹만 먹으며, 나라에 도가 없을 때에 녹만 먹는 것이 수치스러운 일이다." "이기기를 좋아하고 자기의 공로를 자랑하며, 원망하고 탐욕함을 행하지 않는다면 인이라고 말할 수 있습니까?" 공자께서 말씀하셨다. "어렵다고 할 수는 있으나, 인인지는 내 알지 못하겠다."《논어》헌문(憲問)

孔門弟子畫傳【澹臺滅明】

子曰：吾以言取人，失之宰予；以貌取人，失之子羽。

孔門弟子【畫傳】

21. 담대멸명(澹臺滅明)

1) 일생

담대[25]멸명(BC 512~?)은 성이 담대이고 이름은 멸명이며 자는 자우(子羽)이다. 춘추시대 말기 노나라 무성(武城 ; 지금의 山東 費縣) 사람이며 공자보다 39세 어리다. 그는 일찍이 남쪽으로 내려가 강학한 적이 있으며 초나라 지역의 문화에 매우 중요한 영향을 끼쳤다.

담대멸명은 용모가 추하여 이마가 낮고 입이 좁았으며 콧대가 낮고 작았다. 공자를 스승으로 모신 후 담대멸명은 발분하여 학문을 추구하고 수행에 엄격하고 삼가 마침내 학문을 성취하여 공자의 찬양을 받았다.

담대멸명은 공자의 곁을 떠난 후 남쪽으로 내려가 강학하여 오나라와 초나라 등지에 이르렀는데 문도가 3백여 명에 달하였다. 나중에 이 제자들이 남쪽 초나라 구석구석 깊숙이 들어가 그곳에서 문화를 대대로 전수하여 초나라에 매우 광범한 영향을 끼쳤다.

또한 바로 이렇게 함으로써 당시 초나라가 비록 중원에서 멀리

---

25) 담대(澹臺) : 성씨로 춘추시대 때 노나라 공자의 제자 담대멸명에게서 나왔다. 담대멸명은 장강 유역을 유람하다가 담대호(澹臺湖 : 지금의 江蘇省 吳縣)에서 거처하였으며, 또 다른 설로는 담대산(澹臺山 : 지금의 山東 嘉祥縣 남쪽)에 거처하여 마침내 호수(또는 산)의 이름을 가지고 그의 성명을 명명하고 이어서 담대멸명이란 이름을 취하였다고 한다. 그 후 자손을 대신하여 마침내 담대로 성을 삼아 담대씨라고 하였다.

떨어지기는 하였지만 예로부터 '만이(蠻夷)'라 일컬어지지 않게 되었다.

한나라에서 명나라 때까지 담대멸명은 여러 차례 통치자의 봉함을 받았다. 동한(東漢) 명제(明帝) 영평(永平) 15년(72)에 공자 및 72현을 제사 지냈는데, 담대멸명의 이름이 그 가운데 들었다.

당나라 현종 개원(開元) 27년(739)에는 그를 '강백(江伯)'에 봉하였다.

북송 진종(眞宗) 대중상부(大中祥符) 2년(1009)에는 그를 '금향후(金鄕侯)'에 높여 봉하였다.

명나라 세종(世宗) 가정(嘉靖) 9년(1530)에는 그를 '선현(先賢)'으로 칭하고 공자에 종사(從祀)하였다.

2) 담대멸명의 고사

자우가 이무기를 베다(子羽斬蛟)

《괄지지(括地志)》의 기록에 의하면 한번은 담대멸명이 몸에 몇 개의 성과 맞먹는 가치가 있는 보옥을 지니고 강을 건너고 있는데 배가 강 복판에 이르자 하신(河神)이 하늘까지 덮는 흰 물결을 일으키고 이무기 두 마리를 보내어 파도에서 솟구치게 하여 강을 건너는 배에 양쪽에서 낀 형세를 만들어 보옥을 빼앗으려 했다.

담대멸명은 분기탱천하여 말하였다. "너희들이 도의를 가지고 나를 움직이면 보옥을 너에게 주겠지만, 빼앗아가려는 방식으로는 절대 얻지 못할 것이다."

마침내 검을 휘둘러 강에서 이무기 두 마리를 베었다. 배가 강을 건년 후 자우는 강에 보옥을 떨어뜨렸으나 모두 자우에게 튕겨져 되돌아왔다. 자우는 하신이 뻔뻔스럽게 요구하지 않는 것을 보고 보옥을 돌 위에 놓고 잘게 부순 다음에 그곳을 훌쩍 떠났다.

그의 이런 품덕은 노나라 사람들에게 대대로 영향을 끼쳐 수천 년에 걸쳐 제나라와 노나라에서 크게 "돈은 넘겨줄지언정 말은 넘겨주지 말라"라는 노나라의 유풍이 성행하도록 하였다.

남쪽으로 내려가 강학하다(南下講學)

담대멸명은 남쪽으로 장강 유역을 유람하다가 단을 설치하고 강학을 하였는데, 따르는 학생이 3백여 명이었다.

그는 또한 완전한 교학의 관리제도를 세워서 학생들이 《삼분(三墳)》(伏羲·神農·黃帝의 책)과 《오전(五典)》, 《팔삭(八索 ; 八卦의 설)》(少昊와 顓頊·高辛·堯·舜의 책), 《구구(九丘)》(九州의 志) 등 고서를 읽도록 가르치고 아울러 '육예(六藝)'를 익히게 하였다.

교학(敎學) 방면에서는 "배우는 데 싫증을 내지 않고", "분을 발하여 식사를 잊는" 학풍을 제창하였으며, 배움에 조예가 있고 인품이 단정한 학생들을 양성하여 어진 명성이 멀리까지 떨쳤으며, 이름이 장강의 남북에 다 떨친 교육자가 되었다.

3) 유적지

담대별명이 세상을 떠나자, 후인들이 다투어 묘(墓)를 세워 제사를 지냈다. 담대멸명의 유적지는 현재 여러 곳이 있으나 고증할 수 있는 곳은 모두 세 곳이며 지금의 산동 비현(費縣)과 하남(河南) 개

봉(開封), 그리고 강서(江西) 남창(南昌)에 나누어져 있다. 그러나 사학가의 고증에 따르면 담대멸명은 죽은 후 오나라 땅(옛 초나라로 지금의 進賢과 南昌 일대)에 장사 지내졌으니 진짜 묘는 남창에 조성되었을 것이다.

강서 남창 담대멸명 묘

담대명명의 묘지는 강서성 남창 시내 동호(東湖)가에 있는데, 묘비는 이미 훼멸되었다.

산동 가상(嘉祥) 담대산(澹大山)

기록에 의하면 담대멸명은 일찍이 지금의 산동 가상 담대산에서 거처하였는데 지명을 따서 성으로 삼았다.

산동 가상의 담대멸명 잔비(殘碑)

강소(江蘇) 소주(蘇州) 담대호(澹大湖)

담대멸명은 남쪽을 유람하다가 강소성 오현(吳縣) 동남쪽에 이르러 거주하였으며, 그가 살던 곳 인근 지역이 나중에 침하하여 호수가 되었는데 사람들은 담대호라고 하며, 이곳이 바로 지금 소주의 저명한 담대호이며, 호수 곁에는 여전히 무덤이 보인다.

4) 《논어》와 《사기》 가운데 자우(子羽)와 관련된 장구(章句)

❶ 子遊爲武城宰. 子曰 女得人焉爾乎? 曰 有澹臺滅明者 行不由徑 非公事 未嘗至於偃之室也.

자유가 무성의 읍재가 되었다. 공자께서 "너는 사람을 얻었느냐?"라고 묻자, 자유가 대답하였다. "담대멸명이라는 자가 있는데, 길을 다닐 적에 지름길로 가지 않으며, 공적인 일이 아니면 저의 집에 이른 적이 없습니다." 《논어》 옹야(雍也)

❷ 孔子聞之 曰 吾以言取人 失之宰子 以貌取人. 失之子羽.

공자가 듣고 말하였다. "내 말로 사람을 취하여 재여에게서 그르쳤고, 외모로 사람을 취하여 자우에게서 그르쳤다." 《사기》 중니제자열전(仲尼弟子列傳)

先賢 陈子

庚寅陽春賈明繪

孔門弟子【畫傳】

中國 济宁 曲阜

22. 진항(陳亢)

1) 일생

진항(BC 510~BC 433)은 자가 자항(子亢), 자금(子禽)이며, 또한 원항(原亢)이라고도 한다. 춘추시대 말기 진(陳)나라(지금의 河南 淮陽) 사람이다. 공자보다 41세 적으며 학문을 좋아하고 잘 묻는 것으로 알려졌다.

진항은 진나라의 개국 군주이자 진씨 성의 시조인 진호공(陳胡公)의 20세손인데 서손(庶孫)의 갈래이다.

진항이 소년 시절에 진(陳)나라는 누차 외침을 당하여 공족(公族)이 수시로 해를 당하였다. 진항이 18세 되던 해에 초나라가 진나라를 침입하여 그는 핍박을 받고 고향을 등지고 떠나 노나라로 도망을 쳐서 공자의 문하에 예를 올리고 들어가 공자의 수업을 받았다.

진항은 나이가 어려서 성취가 있었으며 한 가지 일로 세 번을 반복할 수 있었다. 공자가 세상을 떠난 후에 진항은 고향으로 돌아가 학생들에게 학업을 가르쳤으며 자못 명성이 있었다.

BC 433년 진항은 위(衛)나라에서 죽었다. 그의 두 아들 진덕(陳德)과 진요(陳鯀)[26]는 진항의 제자 20여 명을 거느리고 진항의 영구를 보호하여 고향으로 돌아가 원래의 진나라 도읍인 진성(陳

---

26) 진요(陳鯀) : 진요(陳堯)라고도 한다.

城)²⁷⁾에서 상을 지냈으며 지금의 하남 태강현(太康縣) 북쪽 10여 km 지점에 있는 내봉강(來鳳崗)에다 장사지냈다.

진항은 공자의 현도(賢徒)로 한대 이후 공자에 종사되었다.

당나라 현종(玄宗) 개원 27년(739)에는 그를 '영백(潁伯)'에 추봉하였다.

북송 진종(眞宗) 대중상부(大中祥符) 2년(1009)에는 그를 '남돈후(南頓侯)'로 높여서 봉하였다.

명나라 때는 '선현진자(先賢陳子)'로 칭호가 바뀌었다.

2) 진항의 고사

공자가 마음이 치우치지 않다(孔子不偏心)

공자의 많은 학생 가운데 많은 사람이 천리 아득한 곳에서 자기의 나라를 떠나 노나라로 와서 공자를 스승으로 모셨는데, 진항도 바로 그 사람들 가운데 하나이다.

진항은 진(陳)나라에서 왔는데, 나이도 젊은 데다 온 지 얼마 되지 않아 단독으로 공자의 가르침을 받을 기회를 좀처럼 얻을 방법이 없었다. 공자는 평일에 수업을 하면서 학생들에게 한결같이 인으로 대하였지만, 진항은 시종 공자가 자기에게는 충분히 관심을 가져주지 않는다고 생각하였다.

한번은 진항이 (공자의 아들인) 공리(孔鯉)에게 물었다. "그대는 선생님의 아들이니 선생님께서는 더 많은 지식을 가르쳐 줄 것이므

---

27) 진성(陳城) : 이때 진나라는 이미 초나라에 의해 멸망하여 초나라 장수가 지키고 있었다.

로 내게 좀 들려주게나!"

공리가 말하였다. "아닐세! 나는 그대가 배우는 것과 같아."

진항이 말하였다. "생각해 보게. 우리가 배우지 못한 것이 있을 거야."

공리는 생각해 보더니 말하였다.

"한번은 부친께서 대청 앞에 서 계시는데 내가 뜰을 지나갔네. 부친께서 물으시길 '이(鯉)야, 《시(詩)》를 배웠느냐?'라 하시어, 나는 '아직 《시》를 배우지 않았습니다.' 라고 하였네. 부친께서는 '《시》를 배우지 않으면 말할 때 의거할 것이 없으니 《시》를 잘 배우도록 하여라!'라고 하셨다네. 그래서 나는 돌아가서 《시》를 배우기 시작하였다네. 또 한 번은 부친께서 대청 앞에 서 계시는데 내가 뜰을 지나갔네. 부친께서 물으시길 '이(鯉)야, 《예(禮)》를 배웠느냐?' 라 하시어, 나는 '아직 《예》를 배우지 않았습니다.' 라 하였네. 부친께서는 '《예》를 배우지 않으면 어떻게 입신하여 처세를 할 수 있겠느냐! 《예》를 잘 배우도록 하여라!' 라고 하셨다네. 그래서 나는 돌아가서 《예》를 배웠다네. 이 두 가지 일뿐이며 다른 것은 더 이상 없네."

진항은 듣고난 후에 기뻐하며 말하였다. "한 가지 일을 물어서 세 가지 일을 알게 되었다. 《시》를 배워야 함을 알았고, 《예》를 배워야 함을 알았으며, 또한 군자는 결코 자기의 아들 편만 들지 않는다는 것을 알았다."

213

3) 유적지

하남(河南) 회양(淮陽) 진항 고리

진항의 고리는 하남성 회양 성 북쪽의 진루촌(陳樓村)에 있는데, 그가 당시에 거주하고 생활하였으며 강학하던 곳이다. 진루촌의 촌민은 대부분 성이 진이며 그들은 모두 같은 선조—진항에게서 나왔다.

4) 《논어》 가운데 진항과 관련된 장구(章句)

❶ 子禽問於子貢曰 夫子至於是邦也 必聞其政 求之與? 抑與之與? 子貢曰 夫子溫良恭儉讓以得之 夫子之求之也 其諸異乎人之求之與?

자금이 자공에게 물었다. "부자께서 이 나라에 이르셔서는 반드시 그 정사를 들으실 것이니, 구해서 되는 것입니까? 아니면 주어서 되는 것입니까?"자공이 말하였다. "부자는 온순하고 어질고 공손하고 검소하고 겸양하여 이것을 얻으시는 것이니, 부자의 구하심은 일반인이 구하는 것과는 다를 것이다." 《논어》 학이(學而)

❷ 陳亢問於伯魚曰 子亦有異聞乎? 對曰 未也. 嘗獨立 鯉趨而過庭 曰 學詩乎? 對曰 未也 不學詩 無以言. 鯉退而學詩. 他日 又獨立鯉趨而過庭 曰 學禮乎? 對曰 未也. 不學禮 無以立. 鯉退而學禮. 聞斯二者. 陳亢 退而喜曰 問一得三 聞詩聞禮 又聞君子之遠其子也.

진항이 백어에게 물었다. "그대는 역시 특이한 들음이 있는가?" 대답하였다. "없었다. 일찍이 홀로 서 계실 때에 내가 빨리 걸어 뜰을 지나는데, '《시》를 배웠느냐?' 하고 물으시기에 '아직 못 배웠습니다.' 하고 대답하였더니, '《시》를 배우지 않으면 말을 할 수 없다.' 하시므로 내가 물러가 《시》를 배웠다네. 다른 날에 또 홀로 서 계실 때에 내가 빨리 걸어 뜰을 지나는데, '《예》를 배웠느냐?' 하고 물으시기에 '아직 못 배웠습니다.'라고 대답하였더니, '《예》를 배우지 않으면 설 수 없다.' 하시므로 내가 물러나와 《예》를 배웠다네. 이 두 가지를 들었다네." 진항이 물러나와 기뻐하며 말하였다. "하나를 물어서 셋을 들었으니, 《시》를 듣고 《예》를 들었으며, 또 군자가 그 아들을 멀리하는 것을 들었노라."《논어》계씨(季氏)

❸ 陳子禽謂子貢曰 子爲恭也 仲尼豈賢於子乎? 子貢曰 君子一言以爲知 一言以爲不知 言不可不愼也. 夫子之不可及也 猶天之不可階而升也. 夫子之得邦家者 所謂立之斯立 道之斯行 綏之斯來 動之斯和 其生也榮 其死也哀 如之何其可及也?

진자금이 자공에게 말하였다. "그대가 공손해서 그렇지, 중니가 어찌 그대보다 낫겠는가?"

자공이 말하였다. "군자는 한 마디 말에 지혜롭다 하며 한 마디 말에 지혜롭지 못하다 하는 것이니, 말을 조심하지 않을 수 없다. 부자를 따르지 못함은 마치 하늘을 사다리로 오르지 못하는 것과 같다. 만일 부자께서 나라를 얻으신다면 이른바 세우면 이에 서고, 인도하면 이에 따르고, 편안하게 해주면 이에 따라오

215

고, 고무시키면 이에 화하여, 그가 살아계시면 영광스럽게 여기
고, 돌아가시면 슬퍼한다는 것이니, 어떻게 따를 수 있겠는가.”
《논어》 자장(子張)

216

孔門弟子畫傳【公西赤】

七十二賢人之公西赤

慶寅陽春賈明繪

孔門弟子【畫傳】

23. 공서적(公西赤)

1) 일생

공서적(BC 509~?)은 성이 공서이고 이름은 적이며 자는 자화(子華)로 또한 공서화(公西華)라고도 일컫는다. 춘추시대 말기 노나라 사람으로 공자보다 42세 어리며 공자 만년의 제자이다.

공서적은 비교적 부유한 가정 출신으로 제사를 받들고 빈객을 접대하는 예절에 뛰어났고, 매우 뛰어난 외교적 재능을 가지고 있어서 일찍이 사지가 되어 제나라로 출사(出使)한 적이 있다.

당나라 때부터 명나라 때까지 공서적은 줄곧 통치자의 봉함을 받았다. 동한(東漢) 명제(明帝) 영평(永平) 15년(72)년에 공자 및 72제자를 제사 지냈는데 그 가운데 하나였다.

당나라 현종(玄宗) 개원 27년(739)에는 '소백(邵伯)'에 봉해졌다.

북송 진종(眞宗) 대중상부(大中祥符) 2년(1009)에는 그를 '거야후(鉅野侯)'에 봉하였다.

명나라 세종(世宗) 가정(嘉靖) 9년(1530)에는 '선현(先賢)'에 편입하고 공자에 종사(從祀)하였다.

2) 공서적의 일화

배움을 좋아하고 묻기를 잘하다(好學善問)

자로가 공자에게 물었다. "(옳은 것을) 들으면 즉시 행하여야 합니까?"

공자가 그에게 말하였다. "부친과 가형이 있는데 어찌 들었다고 바로 행할 수 있겠는가?"

염구가 공자에게 같은 문제를 질문하자 공자는 이렇게 대답하였다. "들으면 바로 행하여야지."

공서적이 부자께서 자로와 염구 두 사람의 같은 질문에 대하여 내놓은 대답이 완전히 상반되는 것을 알아채고 아무리 생각해도 의혹이 풀리지 않아 스승을 찾아가 어떻게 된 것이냐고 물어 보았다.

공자가 그에게 알려주었다. "염구는 평상시 일을 하는 것이 우유부단하다. 그래서 내가 그에게 용기를 북돋아 준 것이다. 반면에 자로의 용기는 두 사람 몫에 견줄 만하므로 내가 그를 억눌러 모든 일에 삼가고 일을 행함에 조심하게 한 것이다."

공자의 이런 재능에 따라 교육을 베푸는 교육 방식은 공서적으로 하여금 판단력이 흐리게 하였지만, 스승의 설명을 듣자 공서적은 막힌 곳이 확 뚫렸다.

이후로 공서적은 곳곳에 주의를 기울였고, 곳곳에서 배우고 물어 부자의 '사람에 따라 이끌어 주는' 교육 방법을 가지고 그의 외교적 상황에서도 '일에 따라 이끄는' 외교 풍격을 발휘하였으며 상황에 따라 유연한 임기응변으로 많은 외교 업무를 성공적으로 처리하였다.

3) 《논어》 가운데 공서적과 관련된 장구(章句)

❶ 子曰 赤也 束帶立於朝 可使與賓客言也 不知其仁也.

공자께서 말씀하셨다. "적은 띠를 매서 조정에 서서 빈객들과 대화를 나누게 할 수는 있겠지만, 그가 인한지는 알지 못하겠다." 《논어》 공야장(公冶長)

❷ 子華使於齊 冉子爲其母請粟. 子曰, 與之釜. 請益 曰與之庾 冉子與之粟五秉. 子曰 赤之適齊也 乘肥馬 衣輕裘 吾聞之也 君子周急不繼富.

자화가 (공자를 위하여) 제나라에 심부름을 가게 되어 염자가 그의 어머니를 위해 곡식을 줄 것을 청하였다. 공자께서 "부(釜)를 주어라." 하셨다. 더 줄 것을 청하자, 공자께서 "유(庾)를 주어라." 하셨는데, 5병(秉)을 주었다.

공자께서 말씀하였다. "적이 제나라에 갈 때에 살찐 말을 타고 가벼운 갖옷을 입었다. 내가 들으니, '군자는 궁박한 자를 돌봐주어야 하며 부유한 자를 계속 대주지 않는다.' 하였다." 《논어》 옹야(雍也)

❸ 子路問 聞斯行諸? 子曰 有父兄在 如之何其聞斯行之? 冉有問 聞斯行諸? 子曰 聞斯行之. 公西華曰 由也問聞斯行諸 子曰 有父兄在 求也問聞斯行諸 子曰 聞斯行之 赤也惑 敢問. 子曰 求也退. 故進之 由也兼人 故退之.

자로가 "(옳은 것을) 들으면 행하여야 합니까?" 하고 묻자, 공자께서 "부형이 계시는데 어찌 들었다고 행할 수 있겠는가?" 하고 대답하셨다.

염유가 "들으면 행하여야 합니까?" 하고 묻자, 공자께서 "들으면 행하여야 한다." 라고 대답하셨다.

공서화가 물었다. "유가 '들으면 행하여야 합니까?' 하고 묻자, 선생께서 '부형이 계시다.' 하셨고, 구가 '들으면 행하여야 합니까?' 하고 묻자, 선생께서 '들으면 행하여야 한다.'고 대답하시니, 저는 의혹이 일어 감히 여쭙습니다."

공자께서 말씀하셨다. "구는 물러나므로 나아가게 한 것이요, 유는 일반인보다 나음으로 물러나게 한 것이다." 《논어》 선진 (先進)

孔門弟子畫傳【有若】

孔門弟子【畫傳】

先賢有若；字子有。

庚寅陽春賈明繪

中國　衍聖　曲阜

24. 유약(有若)

1) 일생

유약(BC 508~?)은 자가 자유(子有)이며 또한 유자(有子)라고도 일컬어진다. 춘추시대 말기 노나라(지금의 山東 泗水, 일설에 의하면 山東 肥城) 사람이다. 공자보다 43살 어리며 공자 만년의 저명한 제자 가운데 하나이다.

유약은 공자를 존경하여 받들어 공자가 천하에서 첫째가는 발군의 성인이라고 생각하였다. 그는 각고하여 공자의 사상을 배웠으며 공자의 "배우기를 싫어하지 않는 정신을 발양하여 밤낮으로 공부하였다.

《사기》 중니제자열전의 기록에 의하면 공자가 세상을 떠난 후에 많은 제자들이 스승을 잃고 어찌할 바를 모르는 감정이 있었다. 그런데 당시 유약이 외모적인 측면이나 언행의 측면을 막론하고 공자가 살아생전의 모습과 매우 비슷하여 이에 자하(子夏)와 자장(子張), 자유(子游) 등이 그에게 공자의 의복을 입게 하여 제자들은 공자를 보고 있는 것이라고 위로로 삼았지만 증삼(曾參)만은 그가 스승과 비슷할 수 없다 하여 적극 반대하였고, 이에 이렇게 하는 것을 계속 이어나가지 못하였다.

유약은 공자의 문하에서 지위가 매우 높아 《논어》 첫 편(학이)의 두 번째 조목은 바로 유약의 언론이다. 이와 같을 뿐만 아니라 당시 노나라에서 유자는 또한 상당한 지위와 영향력을 가지고 있어서 노나라의 임금인 애공(哀公)이 그에게 예를 물은 적이 있으며, 유자가 세상을 떠났을 때 애공의 아들 도공(悼公)이 와서 조상(弔喪)을 하였고 자유가 친히 상례를 주관하였다.

유자의 사상은 유가사상에서 중요한 부분을 조성하였다. 유자는 효제(孝悌)는 '인(仁)'의 근본이라고 생각하였으며, 그의 효제사상은 후세에 심원한 영향을 끼쳐 한나라에서 '효제역전(孝悌力田)'과 '거효렴(擧孝廉)'을 설치할 때에는 그의 말에 근거하였다.

유자는 "예의 작용은 조화를 귀하게 여긴다", "약속이 의리에 가까우면 그 말을 실천할 수 있다"는 등의 관점을 제기하였으며 '예'를 기준으로 삼고 '화(和)'를 원칙으로 삼아 일을 처리해 나갈 것을 주장하였다.

정치에 종사하고 나라를 다스리는 방면에 있어서 유자는 "인위적으로 다스리지 않는 것"을 주장하였는데, 복자천(宓子賤)은 선보(單父)의 읍재가 되어 밤낮으로 열심히 일하였고 일은 친히 하였다. 그는 복자천에게 말하기를, "순임금은 현악기를 타고 〈남풍(南風)〉의 시를 노래하였는데도 천하가 다스려졌다"는 사상을 배우라고 했다.

노나라 애공과 정치를 논할 때 유자는 "백성이 풍족해지면 임금이 어찌 부족해질 수 있으며, 백성이 빈궁하여 쓰임이 부족하게 되면 임금이 어찌 풍족하게 되겠는가?" 하는 "백성을 귀하게 여기는(貴民)" 관점을 제기하였다.

유자는 세금을 경감하여 깎고 백성을 부유하게 하는 사상을 주장하였는데, 이는 또한 후세의 현신이 제왕에게 권간하는 명언이 되었다.

역사상 유약은 여러 차례 통치자의 봉함을 받았다.

당나라 현종(玄宗) 개원 27년(739)에는 '변후(汴侯)'에 봉하여졌다.

북송 진종(眞宗) 대중상부(大中祥符) 2년(1009)에는 '평양후(平陽侯)'에 봉하여졌다.

명나라 세종(世宗) 가정(嘉靖) 9년(1530)에는 '선현(先賢)'으로 일컬어져 공자에 종사(從祀)되었다.

청나라 건륭(乾隆) 21년(1765)에는 '십이철(十二哲)'의 하나로 삼아 공자에 배향하였다.

2) 유약의 일화

유약이 손바닥을 지지다(有若烙掌)

유약은 출신이 빈한하였지만 열심히 공부하기를 좋아하였다. 공자에게 인사를 올린 후 유약은 날마다 동료들과 함께 부자의 수업을 듣고 저녁에는 성실하게 복습하여 밤으로 낮을 이었다.

잠이 오는 것을 방지하기 위하여 유약은 특별히 숯불을 한 동이 준비하여 놓았다가 피곤하여 졸릴 때면 불 속에서 벌겋게 단 낙인을 꺼내어 자기의 손바닥에 찍어 불에 타는 살냄새가 뼈에 사무치도록 아프게 느껴지면 즉시 졸림을 쫓아내고 다시 정신을 차려 계속 공부를 하였다.

유약은 시간을 아끼고 각고의 노력을 하여 몇 년 되지 않아 그 학문이 공자의 초기 제자들과 나란히 달리게 되었다.

유약의 말이 부자와 비슷하다(有若之言似夫子)

한번은 유약이 증자와 학문을 갈고닦았다. 증자가 말하였다. "부자께서 일찍이 말씀하시기를 '(벼슬을) 잃으면 속히 가난해지고자 하고, 죽으면 속히 썩고자 한다.' 라 하셨네."

유약이 듣고는 말하였다. "이런 말은 군자께서 하실 말씀이 아니네." 증자가 강조하여 말하였다. "내가 직접 부자께서 말하는 것을 들었네."

유약은 곧게 말하였다. "이런 말은 군자께서 하실 말씀이 아니네."

증자가 재차 강조하여 말하였다. "나와 자유(子游) 두 사람이 함께 부자께서 말씀하시는 것을 들었네."

유약이 말하였다. "좋네. 그렇다 치세. 다만 부자께서는 반드시 다른 까닭이 있어서 이렇게 말씀하셨을 걸세."

증자는 유약의 이 말을 자유에게 알려주었다. 자유는 듣고 큰 소리로 말하였다. "정말로 대단하네. 유약의 말이 어찌 부자의 말씀과 똑같은가!"

자유는 증자에게 일러주었다. "지난날 부자께서 송나라에 머무르실 때 사마환퇴(司馬桓魋)가 자기가 쓸 석곽(石槨)을 만드는 데 삼년이 되도록 다 만들지 못하자 부자께서 '이렇게 사치롭다면 죽은 후에 빨리 썩음만 못하다.' 라 하셨네. 남궁경숙이 관위(官位)를 잃고 출국하였다가 돌아왔을 때 반드시 많은 진귀한 보물을 가지고 조정에 이르러 뇌물을 뿌리며 관위를 회복하기를 구하자 부자께서는 '이렇게 뇌물을 뿌리느니 관직을 잃은 후에 일찌감치 가난해지는 것이 차라리 낫다.'라 하셨네."

원래 "죽으면 빨리 썩고자 하고, 잃으면 빨리 가난해지고자 한다"는 이 말은 공자가 사마환퇴가 자기가 쓸 석곽을 만들고 남궁경숙이 재화를 모아 뇌물을 행하는 것을 겨누어 한 말인데, 결코 부자의 본의의 주장은 아니었다.

증자는 자유의 설명을 듣고 돌아와 자유의 이 말을 유약에게 한 번 말해 주고는 아울러 유약에게 물어보았다. "그대는 이 말이 부자의 본의가 아니라는 것을 어떻게 알았는가?"

유약이 대답하였다. "부자께서 노나라에서 중도재(中都宰)를 맡아보실 때 제정한 장의 제도에서는 규정하기를, 관목은 두께가 네 치여야 하고, 덧널의 나무 두께는 다섯 치여야 한다고 하였는데, 이 말을 근거로 그분이 죽은 사람이 속히 썩기를 바라지 않는다는 것을 알았네. 부자께서는 노나라 사구(司寇)의 직무를 잃으신 후 형(荊) 땅으로 가서 관직을 꾀하고자 하셨는데 이런 행동을 보고 부자 그 어르신이 빨리 가난해지는 것을 바라지 않는다는 것을 알았네. 그래서 내 '죽으면 빨리 썩고자 하고, 잃으면 빨리 가난해지고자 한다'는 말은 군자의 생각이 아닐 것이며, 또한 절대로 부자 그 어르신이 바라셨을 리가 없었을 것이네."

유자는 소문에 대해 남들이 말한다고 해서 자기도 그렇게 말하지 않았으니, 자기의 견문에 근거해서 분석하고 판단하였다. 유약의 지혜와 학문 수양은 확실히 공자와 닮았으며 결코 근근이 외모만 닮은 것이 아닐 따름이다.

"예를 안다"는 변설(知禮之辯)

증자가 말하였다. "안자(晏子)는 예를 매우 잘 안 사람이라고 할 수 있으니, 그는 일의 처리를 공경하고 엄숙하게 했다."

유약이 말하였다. "안자는 여우 갖옷 하나로 30년을 입었고, 상사(喪事)를 처리할 때 상여 한 대만 썼으며, 장례가 끝이 나면 집으로 돌아갔다. 예에 따르면 임금에게 바치는 희생은 7개이고 상여도 7대이며, 대부에게 바치는 희생은 5개이고 상여도 5대이다. 안자는 어째서 예를 잘 안다고 생각할 수 있는가?"

증자가 말하였다. "임금이 교만하고 황음(荒淫)하다면 군자가 예의의 실행을 그처럼 상세히 충분하게 함을 바라지 않을 것이며, 백성들이 사치를 다툴 때 절검의 작용을 표현하지 않을 것이며, 백성이 절검을 숭상할 때는 예에 근거한 규정을 절실히 표현하는 태도를 가질 것이다."

공자 제자들의 예의와 예제(禮制)에 대한 관점은 서로 달랐으니 유약과 증자의 안자가 예를 안다는 변론에서 그 일단을 엿볼 수 있다.

백성이 풍족하면 임금께서 누구와 함께 부족할까?
(百姓足 君孰與不足)

노나라 애공이 유약에게 물었다. "흉년을 만나 나라의 재용이 곤란하게 되면 어떻게 합니까?"

유약이 대답하였다. "어째서 철법(徹法)[28]을 시행하여 10분의 1

---

28) 서주(西周) 노예제 국가의 일종의 전세(田稅) 제도.

의 세금만 거두지 않습니까?"

애공이 말하였다. "지금 10분의 2를 거두는데도 내 부족하거늘
어찌 철법을 시행하겠습니까?"

유약이 말하였다. "백성이 쓰임이 풍족하다면 임금께서 어찌 부
족하게 되겠습니까? 백성이 쓰임이 풍족하지 못하다면 임금께서 누
구와 함께 풍족하게 되겠습니까?"

유약의 대답은 유가학파의 경세사상의 핵심은 '백성을 부유하게
하는 것'이라는 것을 반영한다.

유약은 백성이 풍족해지기만 한다면 나라는 빈궁해질 수 없고,
반대로 백성에게 징세를 과도하게 한다면 이런 단기적인 행위는 반
드시 백성들이 생을 도모하지 못할 지경으로 이끌 것이며 국가의
경제 또한 그에 따라 쇠퇴할 것이라고 생각하였다.

유약은 국가 재정의 국민 경제에 대한 의존관계를 지적하였는데,
이는 중국 경제 사상에서 이런 관계에 대한 최초의 언급이다.

3) 유적지
산동 곡부 유약 묘(墓)

유약의 묘는 곡부성 동남쪽 4㎞, 남천촌(南泉村) 동남쪽 500m
지점에 있다. 임지(林地)는 동서가 46m, 남북이 47m이다. 유자의
묘는 중앙에서 북쪽으로 치우친 곳에 있으며, 원래의 봉분은 직경
이 5m, 높이가 4m로 주위에는 벽돌로 8각형을 이루었으며, 묘 앞
에는 「현유자지묘(先賢有子之墓)」 비석이 세워져 있다. 묘와 비석
은 「문화대혁명」 중에 훼손되었다. 1986년 곡부 시 문물보호단위

로 공포되었다.

산동 곡부 유약 묘(墓)

4) 《논어》 가운데 유약과 관련된 장구(章句)

❶ 有子曰 其爲人也孝弟 而好犯上者 鮮矣 不好犯上 而好作亂者
未之有也. 君子務本 本立而道生. 孝弟也者 其爲仁之本與!

　　유자가 말하였다. "그 사람됨이 효성스럽고 우애가 있으면서
윗사람을 범하기를 좋아하는 자는 드물며, 윗사람을 범하기를
좋아하지 않는데도 난을 일으키기를 좋아하는 자는 지금까지 없
었다. 군자는 근본을 힘쓰니, 근본이 확립되면 도가 발생하는 것
이다. 효성과 우애라는 것은 인을 행하는 근본일 것이다." 《논
어》 학이(學而)

❷ 有子曰 禮之用 和爲貴 先王之道 斯爲美 小大由之. 有所不行
知和而和 不以禮節之 亦不可行也.

유자가 말하였다. "예의 작용은 조화가 귀한 것이니, 선왕의 도는 이것을 아름답게 여겼다. 그리하여 작고 큰 것이 여기에서 말미암는다. 행하지 못할 것이 있으니, 조화를 알아서 조화만 하고, 예로 절제하지 않는다면 이 또한 행할 수 없는 것이다."《논어》학이(學而)

❸ 有子曰 信近於義 言可復也 恭近於禮 遠恥辱也 因不失其親 亦可宗也.

유자가 말하였다. "약속(하는 말)이 의리에 가까우면 그 말을 실천할 수 있으며, 공손함이 예에 가까우면 치욕을 멀리할 수 있으며, 의지함에 그 친한 사람을 잃지 않으면 또한 그 사람을 종주로 삼을 수 있다."《논어》학이(學而)

❹ 哀公問於有若曰 年饑用不足 如之何? 有若對曰 盍徹乎? 曰 二吾猶不足 如之何其徹也. 對曰 百姓足 君孰與不足 百姓不足君孰與足?

애공이 유약에게 물었다. "해가 흉년이 들어 재용이 부족하니 이를 어찌하겠는가?"

유약이 대답하였다. "어찌하여 철법을 쓰지 않습니까?"

애공이 말하였다. "10분의 2도 내 오히려 부족하니, 그 어찌 철법을 쓰겠는가?"

유약이 대답하였다. "백성이 풍족하면 임금께서 누구와 함께 부족하게 되실 것이며, 백성이 풍족하지 못하다면 임금께서 누구와 함께 풍족하게 되시겠습니까?"《논어》안연(顏淵)

231

25. 복상(卜商)

1) 일생

복상(BC 507~BC 400)은 자가 자하(子夏)이며 또한 복자하(卜
子夏)라고도 한다. 춘추시대 말기 진(晉)나라 온(溫 ; 지금의 하남
溫縣) 사람이다. 자하는 공자보다 44세가 어리며 공자 만년의 제자
가운데 뛰어난 사람이다.

자하는 빈한한 가정에서 출생하였으며, 사람됨이 용맹하고 학문
을 좋아했으며 강직하고 말을 잘했다. 자하는 14세 때 공자가 위
(衛)나라 도성 제구(帝丘)[29]에서 학교를 열고 강학한다는 말을 듣
고 이에 나아가 배움을 구하였다.

공문(孔門)에 들어간 것은 자하 인생의 중대한 전환점으로 공문
의 부귀로 성패를 논하지 않고 다만 재덕(才德)으로 고저를 비교하
는 대가정에서 타고난 자질이 총명했던 자하는 교룡이 바다에 들어
간 것 같았으며 게다가 노력하여 배우고 묻기를 좋아하며 사고(思
考)에 부지런하여 학업 방면에서 상당히 빼어난 성적을 거두었으며
점점 공문제자 가운데서 두각을 드러내어 공자의 칭찬을 받아 공자
문하에서 전적(典籍)에 익숙한 것으로 밝히 드러난 제자가 되었다.

BC 488년 자하는 위나라에서 행인(行人)[30]이란 직위를 맡았다.

---

29) 지금의 하남성 복양(濮陽).

30) 행인(行人) : 관직 이름. 《주례·추관(秋官)·사구(司寇)》의 소속으로 대행
  인(大行人)이 있는데 빈객을 접대하는 의례를 관장하며, 또한 소행인(小行

노나라 애공(哀公) 11년(BC 484) 겨울 공자는 주유를 끝내고 노나라로 돌아갔는데, 자하는 공자가 《시》와 《서》, 《예》, 《역》, 《악》, 《춘추》 등의 전적을 편정하는 것을 도와 공자에게 힘을 보탠 조수가 되었다. 나중에 자하는 성적이 특히 빼어나고 재화(才華)가 출중하여 거보(莒父)31)의 읍재로 천거되었다.

공자가 세상을 떠난 후에 자하는 은사를 위해 3년간 묘를 지켰으며, 다른 공문 제자들과 함께 공동으로 위대한 유가의 핵심 전적인 《논어》를 편집하였다. 오경을 널리 발양하여 빛나고 성대하게 하고 사람들이 쉽게 읽고 이해하게 하기 위하여 그는 공자를 위하여 육경에 주소(注疏)를 달았다.

자하는 노나라에서 수학하는 기간 중에 증자의 아들 증신(曾申)에게 《시》를 전수하였으며, 제(齊)나라 사람 공양고(公羊高)와 곡량적(穀梁赤)에게 《춘추》를 전수하였다.

나중에 자하는 위(魏)나라 서하(西河)32)에 이르러 공자의 학설과 사상을 전수하였다. 더욱 많은 사람들이 배우게 하기 위하여 그는 장구(章句) 교학(敎學) 방법을 발명하여 때와 장소에 구애받지 않고 장절(章節)에 따라 학업을 교수할 수 있게 하였다.

人)이 있는데 직위가 조금 낮다. 대행인은 제후 및 제후의 상경을 접대하는 예를 관장하며, 소행인은 제후의 사자를 접대하는 예를 관장하고 아울러 사방의 제후국으로 가는 사신을 받들었다. 춘추전국시대의 각국에 모두 설치되었다.

31) 거보(莒父) : 지금의 산도 거현(莒縣).

32) 서하(西河) : 지금의 하남 안양(安陽).

자하의 교수법이 효험을 발휘하여 제자들이 문하를 꽉 채웠으며 수업을 듣는 사람이 당시 2, 3백 명에 달하였고, 사람들은 그를 "복부자(卜夫子)"라 일컬었다.

위나라 임금 위문후(魏文侯)는 예지력이 있고 학문을 좋아하여 널리 현재(賢才)를 받아들였으며 자하를 스승으로 초빙하였다.

자하는 위나라의 도읍에 이른 후에 계속 학문을 전수하는 한편 국정의 자문을 맡아 위나라를 위하여 이회(李悝)와 오기(吳起), 전자방(田子方), 단간목(段干木) 등 무수한 발군의 인재를 양성하였다.

이회는 재상이 되어 과감하게 혁신정치를 펴서 농업을 중시하고 풍년에 쌀을 매입하여 흉년에 방출하였으며 《법경(法經)》을 제정(制訂)하여 위나라로 하여금 국민은 부유하고 나라는 강하게 하여 질서를 안정시켜 법가의 비조가 되었다.

오기는 사태를 잘 살피고 판단력이 뛰어나 성을 공격하고 땅을 빼앗아 대군사가 되었다.

전자방과 단간목은 정치사상가가 되어 문후로부터 조정의 당상에서 가르침을 청해 받았다.

자하와 여러 제자들의 노력으로 위나라는 중원에서 강대국들 사이에 끼어 있으면서도 진(秦)나라와 제나라 등 대국들이 감히 침범하지 못하였으며 전국시대의 성세(盛世)를 여는 전주곡이 되었다. 자하의 강학활동의 영향은 매우 커서 서하의 사람들은 그를 공자로 여길 정도였다.

자하는 만년에 아들을 잃고 슬픔이 과도하여 두 눈을 실명하기에 이르러 오랜 벗인 증자가 특별히 서하에 이르러 자하를 위로하였다.

대략 BC 400년(일설에는 BC 420년)에 자하는 세상을 떴다.

자하가 전파한 유교 경전은 유학을 공고히 하고 중국 문명의 전승에 심원한 영향을 끼쳤다.

자하는 공자를 계승한 후 체계적으로 유가의 경전을 전수한 첫 번째 인물이며, 유가의 경전을 전수하는 방면에 있어서도 다른 공문 제자들이 비길 수 없는 것이 있었다.

그는 《춘추》와 《시경》 등의 전적에 자못 조예가 깊었다. 자하는 《춘추》 역사학에 더욱 정통하였다. 한대(漢代)에 《춘추》의 경의 뜻을 교수한 주요 주석본(傳本)으로는 3종이 있는데, 곧 《공양춘추》와 《곡량춘추》 그리고 《좌씨춘추》이다.

《춘추공양전》의 작자 공양고와 《춘추곡량전》의 작자 곡량적은 모두 자하의 제자이며 몇몇 전문가들은 고증을 거쳐 《춘추》의 가장 유명한 《좌씨춘추》 또한 자하의 손에서 나왔다고 생각하고 있다.

자하는 《시경》을 증삼의 아들 증신에게 전수해 주었고, 증신은 또 이극(李克, 李悝)에게 전해주었으며, 다시 두 번을 거쳐 순자에게 전하여졌으니, 오늘날 우리가 보는 《시경》은 바로 자하의 전승에서 기원한다.

자하는 유가 경전을 강학하였을 뿐만 아니라 또한 각 경에 《전(傳)》을 지어주고 《서(序)》를 지어주어 한 걸음 나아가 경문의 의의를 강학하여 유가의 의리와 관념을 천석(闡釋)하여 유가 문헌의 유전과 학술 사상의 발전에 중대한 공헌을 하였고 후세에 '경에 전을 단(傳經) 비조'로 칭송받고 있다.

동한의 서방(徐防)은 "시서예악은 공자에게서 정하여졌으며, 장구의 발명은 자하에게서 비롯되었다"는 말로 자하는 이 방면의 성취를 개괄하였다.

자하의 경세치용(經世致用)의 역사관은 영향이 심원하다. 자하의 서하에서의 강학은 《춘추》의 강학에 더욱 치중되었는데, 이는 자하 본인의 경세치용의 학술 관점이 결정한 것이다.

자하는 《춘추》를 전하여 역사학을 정치로 이끌었다. 일면 자하는 특히 '미언대의(微言大義)'에 치중하였으며 나중에 공양학파에 전수하였고, 한나라 초기의 정치에 매우 큰 영향을 끼친 《춘추》 공양학을 형성하였다.

저명한 동중서(董仲舒)는 바로 이 일파의 계승자이다. 만청 시대의 저명한 개혁 사상가인 위원(魏源)과 공자진(龔自珍), 강유위(康有爲) 또한 모두 공양학파의 금문학파에 속한다.

위원과 공자진의 경세치용, 변고적금(變古適今)의 정치개혁 사상은 당시 일본에까지 유전되어 메이지유신 이후 일본의 정치사상에 중대한 영향을 끼쳤다.

다른 방면에서 자하는 또한 춘추시대의 사실(史實)에 매우 치중하였는데, 이는 《좌씨춘추》에 가장 많이 보존되어 있다. 이 외에도 자하는 또한 훈고학(訓詁學)도 중시하였는데, 이 일파가 곧 '곡량춘추(穀梁春秋)'이다. 현대의 학술 관점으로 보면 '공양학'은 정치의식 형태와 역사철학에 치중하고, '좌씨춘추'는 사료(史料)와 정치역사에 치중하고 있으며, '곡량춘추'는 언어분석 철학에 편중되어 있다고 말할 수 있다.

《춘추》학이 공자에게서 창시되었다고 한다면 자하는 바로 그 학설을 발양하고 크게 빛을 내어 상술한 3대 학파의 최초의 전승을 형성하였다.

자하와 그 제자의 노력을 거쳐 전국시대 말기에 이르러 유가사상은 이미 사람의 마음에 깊이 파고들었으며, 민간에서 입으로 서로 전수하는 것을 통하여 이미 매우 많은 사람들에게 귀에 못이 박히게 하였다.

진나라의 「분서갱유」라는 어려움을 겪으면서 대부분의 유가 경전이 불타고 많은 유생들이 갱살당하기는 하였지만, 여전히 일부 사람들이 이 재난을 피하여 부단히 민멸(泯滅)되지 않은 경학을 보전(寶典)으로 여기고 아울러 매우 빨리 이어서 일어난 한나라에서 유학을 부흥시켰다.

자하는 춘추전국시대의 공자 문하에서 유학의 예치사상에서 법가의 정술(政術) 사상으로 넘어가는 시기의 중추적인 인물이다. 자하는 만년에 위나라의 서하 일대에 이르러 교학(敎學)을 펼침으로써 '서하학파'를 창시하였으며, 유가의 경전인 '육예'를 전수하였을 뿐만 아니라 많은 경국치세의 훌륭한 인재를 양성하여 전기 법가가 성장하는 요람이 되었다.

공자의 제자 중에서 자하는 결코 안회(顔回)와 증삼(曾參)처럼 공자의 도를 삼가 지키지는 않았지만, 독창성을 갖추었고 이로 인하여 자못 이단적인 경향을 갖춘 사상가로 그가 관심을 쏟은 문제는 이미 '극기복례'(주나라의 예를 회복하는 것)가 아니라 시대와 함께 나아가는 당세의 정치였다.

이로 인하여 자하는 유가의 정통 정치 관점에서 벗어난 정치 및 역사 이론을 발전시켰다.

자하는 "군자는 세 가지 변함이 있으니, 바라보면 엄숙하고, 그 앞에 나아가면 온화하고, 그 말을 들어보면 명확하다(君子有三變 望之儼然 卽之也溫 聽其言也厲)라 하였다." 《논어》 자장(子張)

이로써 자하의 심중에 있는 군자는 권술(權術)을 알고 속셈이 있는 군자로 더 이상 공자가 창도한 "태도가 온화하고 행동이 문아(溫文爾雅)"하며, "평탄하여 여유가 있는(坦蕩蕩)" 유학이 아니었다.

이런 관념은 법가의 형세를 관찰하고 권력을 쓰는 정신을 체현해 내었다. 자하는 임금이 권술(權術)을 쓰는 것을 중시하였으며 임금은 반드시 정치 역사를 주의하여 연구하여야 한다고 생각하였다.

그는 "국가를 다스리는 사람은 《춘추》를 배우지 않을 수 없다.", "형세를 잘 지니는 사람은 일찌감치 간사함의 싹을 잘라버린다.《한비자》 외저설(外儲說)"고 하여 나라를 다스리는 사람은 《춘추》 등 사서(史書)를 배워 역사적인 교훈을 취하고 맹아 상태에 있을 때 위기를 없애 권력을 잃어 정변에 이르는 것을 방지하여야 한다고 주장하였다.

당나라 때부터 청나라 때까지 자하는 여러 차례에 걸쳐 통치자의 추봉과 제사를 받았다.

당나라 현종(玄宗) 개원(開元) 8년(720)에는 자하를 '십철(十哲)'

에 편입하고 열 번째로 공자에 배향하였다.

개원(開元) 8년(720) 자공은 '십철(十哲)'에 편입되어 공자에 배향되었다.

개원 27년(739)에는 그를 '위후(魏侯)'로 봉하였다.

북송 진종(眞宗) 대중상부(大中祥符) 2년(1009)에는 그를 '하동공(河東公)'에 봉하였다.

남송 도종(度宗) 함순(鹹淳) 3년(1267)에는 '위공(魏公)'에 봉하였다.

명나라 세종(世宗) 가정(嘉靖) 9년(1530)에는 '선현(先賢)'으로 칭하고 공자에 종사하였다.

청나라 건륭(乾隆) 21년(1765)년에는 자하를 '십이철(十二哲)'에 편입하고 공자에 배향하였다.

광서(光緒) 연간에는 산동의 거야 복씨가 한림이 되어 오경박사를 세습하는 것을 허락하였고 의학에 힘쓸 것을 윤허하였다.

민국 연간에는 산동의 공자 후손들이 또한 세서배자(世序輩字)를 이어 민국 정부의 비준을 얻어 그 자손들이 대대로 나라에서 내린 배서자(輩序字)를 썼는데, 또한 복씨의 후손 또한 함께 쓸 수 있었다.

2) 일화

회사후소(繪事後素)

자하는 《시》를 배우는 것을 가장 좋아하였으며 아울러 깊이 들어가 연찬(硏鑽)하고 탐구하고 토론함으로써 공자의 칭찬과 인정을 깊이 받았다. 한번은 자하가 공자에게 물었다. " '예쁜 웃음에 보조 개가 예쁘며 아름다운 눈에 눈동자가 선명함이여! 흰 비단으로 채색을 한다(巧笑倩, 美目盼兮 素以爲絢兮).' 라 한 시의 구절은 무슨 뜻입니까?"

공자가 말하였다. "먼저 흰 바탕이 있은 다음에 꽃을 그린다는 것이다."

자하가 또 물었다. "그러면 예가 생겨난 것이 인(仁)이 있은 후라는 말이 아닙니까?"

공자가 말하였다. "상아, 너는 정말로 나를 계발시켜 주는 사람이구나. 이제 너와《시》를 토론할 수 있겠다."

자하가 공자가 강학한 '회사후소'에서 인이 먼저고 예가 나중이라는 도리를 깨달아 공자는 자하가《시》를 배움에 성실한 곳 깊이 들어갔다고 칭찬하였고, 감히 새로운 문제를 제기함으로써 스승으로 하여금 계발되게 하였다.

'인자' 까마귀(仁者烏鴉)

지금 곡부성 동쪽에는 식추촌(息陬村)이 있으며 마을에는 춘추 서원이 있는데, 공자는 만년에 이곳에서 은거하였다.

하루는 공자와 자하가 마을 밖에서 산보를 하고 있는데 한 사냥꾼이 밭에서 사냥을 하고 있는 것이 보였다. 이때는 날씨는 추워지고 있었고 들판은 공활하여 사냥꾼은 이리저리 오가면서 사냥감을 찾지 못하였는데 갑자기 땅끝에 있는 큰 나무를 발견하였으며 나무에는 많은 까마귀가 깃들어 쉬고 있었다.

사냥꾼이 활시위를 당겨 활을 쏘자 '팍' 하는 소리와 함께 까마귀 한 마리가 땅에 떨어졌다.

자하는 사냥꾼의 활솜씨에 칭찬이 입에서 끊이지 않았다. 사냥꾼은 희색이 만면하여 화살에 맞아 죽은 까마귀를 집어 들고 떠났는데 뜻밖에도 까마귀 떼가 사냥꾼을 에워싸고 쫓아다니며 날고 울어댔다.

사냥꾼은 아무리 쫓아도 헤어날 길이 없어 어쩔 수 없이 죽은 까마귀를 버리고 하늘을 향해 화가 나 고함쳤다. "정말 재수 없군!" 이어서 활과 화살을 지고 떠났다.

공중을 낮게 선회하던 까마귀 떼가 사냥꾼이 멀리 달아난 것을 보자 분분히 땅에 내려앉아 죽은 까마귀를 에워싸고 슬프게 우는데 그 소리가 하도 처량해서 마치 조상(弔喪)을 하는 것 같았다.

이때 어떤 농부가 지나가다가 까마귀 떼를 쫓아내고 구덩이를 파서 죽은 까마귀를 묻었다. 공중의 까마귀는 또 울면서 한바탕 선회를 한 다음 먼 곳으로 날아갔다.

공자는 이 광경을 보고 슬퍼 탄식하였는데, 자하는 이해를 하지 못하고 물었다. "스승님 무엇 때문에 탄식을 하시는지요?"

공자가 말하였다. "내 까마귀에게서 깨달은 것이 있다! 까마귀는 날짐승 가운데 가장 인자한 새로 군자에 비길 만하다. 아무 까닭도 없이 사냥꾼에게 죽임을 당하였으므로 탄식을 하는 것이다!"

자하가 또 물었다. "스승님 어째서 까마귀가 날짐승 가운데 가장 인자하다는 것을 아십니까?"

공자가 말했다. "까마귀는 반포(反哺)의 마음을 가지고 있으므로 어질다고 일컫는다. 방금 본 정경으로 보건대, 까마귀의 이런 차마 같은 무리가 죽어서 들판에 드러나는 것을 보지 못하는 심사가 얼마나 진지하냐! 지금 천하는 크게 어지럽고 인류는 쟁탈하면서 서로 죽여대니 결국 까마귀 떼가 인자의 마음을 가진 것만 못하구나!"

지혜로 진나라 군사를 물리치다(智退秦兵)

춘추전국시대 후기에 진나라는 날로 강성해져서 곧장 육국을 병탄하려고 하였다. 하루는 진나라의 임금이 군신을 소집하여 위(魏)나라를 공격할 계책을 상의했다.

신하들은 모두 병마가 아직 이르지 않았는데 양초(糧草 ; 군량미와 말먹이)가 먼저 가면 위나라는 진나라와 강 하나를 사이에 두고 황하 용문(龍門)의 천연 험지를 점거하고 있어서 양초가 충분하고 공수의 조건이 모두 갖추어져 있으면 이때는 공격을 해서는 안 되며, 양초가 부족하여 군대의 심사가 어지러우면 이때는 공격을 하여 일거에 성공을 거둘 수 있으리라 생각하였다.

진나라 왕은 신하들의 의견을 듣고 군사를 보내 위나라의 경계에 주둔하게 하는 한편 밀정을 보내 위나라의 양초에 대한 상세한 정황을 정탐하였다.

위나라 왕 문후(文侯)는 이 소식을 안 후에 마음이 불타는 듯 초조해져서 즉시 신하들과 적을 막을 방책을 상의했다. 당시 마침 춘궁기를 맞은 데다가 해마다 큰 가뭄이 이어져 신하들은 나라에 양초가 부족하다는 것을 잘 알고 있었으며 진나라 군사가 침범해 올까 봐 두려워하여 조정에서 얼굴만 서로 쳐다볼 뿐 꿀 먹은 벙어리처럼 아무 말도 하지 못했다.

위문후가 속수무책일 때 갑자기 지모가 많은 스승 자하가 생각나 이에 친히 방문하여 적을 막을 훌륭한 방책에 대해 가르침을 청하였다. 자하는 당시의 형세를 분석하여 첨예하게 대립하면서 '흙을 모아 창고에 채우는' 계책을 바쳐 위문후로 하여금 불현듯 가슴이 확 트이게 하였다.

위문후는 자하의 계책대로 분하가 황하로 들어가는 곳에서 서북쪽에서 동남쪽까지 여울의 모래흙을 수백 개나 되는 흙무더기를 쌓아 흙무더기를 갈대로 짠 자리로 덮어싸서 주위에는 나뭇가지로 방책(防柵)을 만들어 '십리양창(十裏糧倉)'이라고 하였다.

진나라의 밀정에 대처하기 위하여 지키는 장사병에게 창고의 문을 엄하게 지키게 하여 잡인이 함부로 안으로 드나들지 못하게 하고 또한 '양창'의 갈대 덮개에는 한 겹의 곡물을 고루 뿌려 참새 떼가 와서 쪼아먹게 하여 속임수를 써서 사실을 숨겼다.

과연 진나라의 밀정이 멀리서 위나라의 양창이 산 같아 다 쳐다볼 수가 없음을 바라보고, 또한 참새 떼가 왔다갔다 하는 것을 보고 창고에 양식이 풍족한 것으로 믿어 이에 함양(咸陽)으로 돌아가 진나라 왕에게 보고하였다.

진나라 왕은 신하들과 함께 위나라의 양초가 이미 풍족한 것으로 오인하여 마침내 군사를 물리고 싸움을 그만두었다. 위문후와 신하들은 진나라가 퇴각하였다는 것을 안 뒤에 한숨을 돌리며 모두들 자하가 계책을 바쳐 공을 세웠다고 칭찬하였으며, 위왕은 자하에게 상을 내리도록 명하였다.

자하의 '흙을 모아 창고에 채우는' 묘한 계책은 위나라가 양초를

쌓고 휴양(休養)을 늘리는 데 시간을 벌어주었으며 위문후 및 신하들은 매우 감격하여 자하를 더욱 존경하고 중시하였으며, 모든 중대한 조처에 모두 그의 의견을 들으려 하였다.

이후 위나라는 십리양창 서북쪽의 첫 번째 창고를 '창두(倉頭 ; 창고 머리)'라 불렀으며 동남쪽 끝의 양창은 '창저(倉底 ; 창고 바닥)'라 불렀다. 역사적 추이에 따라 '십리양창'은 홍수를 막는 분수와 황하의 제방이 되었다.

'양창'의 큰 흙더미의 흔적은 아직까지 남아 있으며 '창두'와 '창저' 또한 현재의 양촌향(陽村鄉)에 있는 황하변의 '창두촌(倉頭村)'과 시가향(柴家鄉) 분하 가의 '창저촌(倉底村)'으로 변전하였다.

3) 유적지
산동 하택(菏澤)의 자하묘(墓)

산동의 자하묘는 산동성 하택시 조주(曹州)의 복고도(卜堌都 ; 현재 하택시 牧丹區 萬福辦事處 丁莊 부근 卜固里)에 위치해 있다. 하택 복고도의 자하묘 또한 역사적 근거를 가장 잘 갖춘 자하묘이다.

《성문십육자서(聖門十六子書)》에서는 "복자하묘는 산동 조주 북쪽 10리 지점의 복고도(卜固都)에 있다."라고 하였다. 하남 획가현(獲嘉縣)의 《읍승·상릉고(邑乘·商陵考)》에서는 "《궐리지(闕里志)》의 기록을 고찰해 보면 '자하묘는 조주에 있다.'라 하였다."라고 기록하였다.

《산동통지(山東通志)》에서는 "복자하묘(卜子夏墓)는 하택 북쪽

10리 지점의 복고도에 있다."라고 기록하였다.

《조주부지(曹州府志)》에서는 "복자하묘(卜子夏墓)는 조주 북쪽 10리 지점에 있는데 복고도이다."라고 기록하였다.

하남(河南)의 자하묘(墓)

하남의 자하묘는 한 곳은 하남 온현(溫縣) 임소향(林召鄉) 복양문촌(卜楊門村)에 위치해 있고, 한 곳은 하남성 획가현(獲嘉縣) 서관촌(西關村)에 위치해 있다. 하남 온현에는 「현(賢)」으로 명명한 향촌이 많은데 초현향(招賢鄉)과 집현향(集賢鄉), 복현향(卜賢鄉), 고현향(古賢鄉), 동초현(東招賢), 서초현(西招賢) 등 도처에 현(賢)을 영광스럽게 여기고 존현(尊賢)을 숭상하는 기풍이 드러난다. 민국의 《온현지고(溫賢志稿)》에 의하면 민국 이전의 온현 현성 안에 복자사(卜子祠)와 복리시원(卜里試院), 복리서원(卜里書院) 등이 있었다고 한다.

산서(山西) 신봉촌(辛封村)의 자하묘 표지비(標志碑)

산서(山西) 신봉촌(辛封村)의 자하묘(墓)

산서의 자하묘는 산서성 하진시(河津市) 신봉촌에 위치해 있다.

4) 《논어》 가운데 자하와 관련된 장구(章句)

❶ 子夏問曰 巧笑倩兮 美目盼兮 素以爲絢兮. 何謂也? 子曰 繪事
   後素. 曰 禮後乎? 子曰 起予者商也! 始可與言詩已矣.

   자하가 물었다. " '예쁜 웃음에 보조개가 예쁘며 아름다운 눈
   에 눈동자가 선명함이여! 흰 비단으로 채색을 한다.'라 한 것은
   무슨 뜻입니까?"

   공자께서 말씀하셨다. "그림 그리는 일은 흰 비단을 마련하는
   것보다 뒤에 하는 것이다."

   (자하가) 말하였다. "예가 뒤이겠군요?"

   공자께서 말씀하셨다. "나를 일깨워주는 자는 상이로구나! 비
   로소 함께 《시》를 말한 만하다." 《논어》 팔일(八佾)

❷ 司馬牛憂曰 人皆有兄弟 我獨亡. 子夏曰 商聞之矣 死生有命
   富貴在天. 君子敬而無失 與人恭而有禮. 四海之內 皆兄弟也
   君子何患乎無兄弟也.

   사마우가 걱정하면서 말하였다. "사람들은 모두 형제가 있는
   데 나만 없구나."

   자하가 말하였다. "내 듣건대 죽음과 삶은 명에 달려 있고, 부
   와 귀는 하늘에 달려 있다 하였다. 군자가 공경하고 잃음이 없으
   며, 남과 함께함에 공손하고, 예가 있으면 사해 안이 다 형제이

니, 군자가 어찌 형제가 없음을 걱정하겠는가?"《논어》안연(顔
淵)

❸ 子夏爲莒父宰 問政. 子曰 無欲速 無見小利. 欲速則不達 見小
利則大事不成.

자하가 거보의 읍재가 되어 정사를 묻자, 공자께서 말씀하셨
다. "속히 하려고 하지 말고, 조그만 이익을 보지 말아야 한다.
속히 하려고 하면 제대로 하지 못하고, 조그만 이익을 보면 큰
일을 이루지 못한다."《논어》자로(子路)

❹ 子夏曰 博學而篤志 切問而近思 仁在其中矣.

자하가 말하였다. "배우기를 널리 하고 뜻을 독실히 하며, 절
실하게 묻고 가까이 생각하면 인이 그 가운데 있다."《논어》자
장(子張)

❺ 子夏曰 日知其所亡 月無忘其所能 可謂好學也已矣.

자하가 말하였다. "날마다 모르는 것을 알며, 달마다 능한 것
을 잊지 않으면 학문을 좋아한다고 이를 만하다."《논어》자장
(子張)

❻ 子夏曰 仕而優則學 學而優則仕.

자하가 말하였다. "벼슬하면서 여가가 있으면 학문을 하고,
학문을 하고서 여가가 있으면 벼슬을 한다."《논어》자장(子張)

248

孔門弟子【畫傳】

26. 언언(言偃)

1) 일생

언언(BC 506~BC 443)은 자가 자유(子游)이며 세칭 언자(言子)라고 한다. 춘추시대 오나라 금천(琴川 ; 지금의 江蘇 常熟) 사람이다. 공자보다 45세 어리며 공자 만년의 저명한 제자 중의 하나로 '문학(文學)'으로 일컬어졌으며 또한 현재 알려진 공자 문하의 제자 가운데 유일한 남방 사람이다.

자유는 11세 때 일족을 따라 글을 읽고 글씨를 썼으며 22세 때 노나라의 성철(聖哲)인 공자가 위(衛)나라에서 학문을 일으켰다는 말을 듣고 부모와 처자를 떠나 장강을 건너 위나라에서 공자를 스승으로 모셨다.

자유는 공자를 스승으로 모시고 '예'를 배워 고향의 비루한 습속을 개변시킬 수 있다고 생각하였는데, 이는 당시 오나라와 월나라가 모두 무(武)를 숭상한 나라로 다만 무력 정복만 알았지 "온(溫 ; 溫和)·량(良 ; 善良)·공(恭 ; 恭遜)·검(儉 ; 儉素)·양(讓 ; 謙讓)"은 알지 못하였기 때문이다.

자유가 매우 꾸준하게 배워 의심이 가고 어려운 문제에 맞닥뜨리면 늘 공자에게 가르침을 청하였으며, 공자 또한 그를 만족스러운 제자의 하나로 생각하여 자유에게 심중의 이상사회에 대해 묘사한 적이 있다. 현존하는 문헌을 가지고 보면 자유는 공자 문하의 제자 가운데 예학에 가장 뛰어난 제자이다.

자유는 고대 전적의 학습에 발군이었을 뿐만 아니라 정치적인 재능과 영도(領導)의 수준을 잘 갖춘 치국의 인재이다.

BC 484년에 자유는 공자를 따라 노나라로 왔다. 3년 뒤 26세의 자유는 무성(武城)33)의 읍재에 임명되었다. 그는 이 보잘것없는 고을에서 '예악의 다스림'을 미루어 시행하고 예악을 가지고 민중을 교화하여 공자의 깊은 칭찬을 얻었다.

2년 후 공자가 세상을 떠나자, 자유는 다른 공자 문하의 제자들과 함께 공자의 삼년상을 지켰으며 아울러 《논어》의 편찬에 참여하였다.

BC 446년 환갑이 넘은 자유는 잎이 져 뿌리로 돌아가듯 이미 월나라의 통치를 받고 있는 고향으로 돌아갔다. 그는 강남 일대의 네 군데서 강학하면서 공자의 교육사상을 전파하였으며 북방 중원의 발달한 문화를 강남으로 가지고 왔다.

BC 444년 겨울 63세의 자유는 연로함을 돌아보지 않고 고향 금천(琴川)34)에서 출발하여 동강(東江)35)을 가로질러 해염(海鹽) 고현(古縣)의 청계(靑溪)36)에서 학문을 전수하였는데, 이것이 그가 오나라에서 마지막으로 강학하고 전도한 여행이었다.

BC 443년 자유는 병으로 세상을 떠났으며, 우산(虞山)의 동쪽 기슭에 장사 지냈는데 바로 지금의 강소 상숙(常熟)의 언자묘(言子

---

33) 지금의 산동(山東) 평읍(平邑).

34) 지금의 강소(江蘇) 상숙(常熟).

35) 지금의 황포강(黃浦江).

36) 지금의 상해(上海) 봉현(奉縣).

墓)이다.

　공자 문하의 제자 가운데 자유는 이상이 가장 높고 멀었으며 의론이 가장 깊고 커서 공자 문하의 대현(大賢)이라 할 수 있다.

　《논어》자장편의 기록을 보면 자유는 자하(子夏)가 쇄소(灑掃)와 응대(應對), 진퇴(進退) 등의 예의의 세세한 예절을 가지고 학생을 가르치는 것을 보고 큰 도를 소홀히 할까 걱정하여 "이런 것들은 모두 지엽적인 예절이니 도덕학문의 근본을 파악하지 않으면 어찌 행하겠는가?"라고 비평하였다.

　자유는 고전 문헌 및 예악 교화를 깊이 연구하여 공자 학설의 발전과 전파에 상당히 큰 공헌을 하였다.

　《예기》예운(禮運)의 명편은 '자유씨 유가의 경전'으로 떠받들어진다. 《맹자》공손추(公孫丑) 상에서는 "옛적에 제가 듣건대, 자하와 자유, 자장은 모두 성인[孔子]의 일부분을 가지고 있었다(昔者竊聞之 子夏, 子遊, 子張皆有聖人之一體)."라고 기록하였다.

　자유는 예악 교육과 도덕 문장을 가지고 고향의 인문 산수를 윤택하게 하여 상숙의 문화와 오중(吳中)의 문화 및 교육의 발전과 번영에 중대한 공헌을 하였다. 남방 또한 점차 학문을 중시하고 유가를 숭상하는 기풍을 형성하게 되었으며, 따라서 사람들은 그를 '道로 동남을 열고 文으로 오회를 연' '남방의 부자'로 존숭하였다. 공자 또한 일찍이 "나의 문하에 언언이 있으니 나의 도가 남쪽으로 갈 것이다(吾門有偃, 吾道其南)."라고 말한 적이 있다.

　자유는 예악 교화 방면의 성취에서 공자의 칭찬과 인정을 받았을 뿐만 아니라 역대 통치자의 중시와 존숭을 받았다.

당나라 현종 개원(開元) 8년(720)에는 '십철(十哲)'에 편입되어 공묘에 들어가 제사를 받았다.

개원 27년(739)에는 '오후(吳侯)'에 봉하여졌다.

북송 진종(眞宗) 대중상부(大中祥符) 2년(1009)에는 '단양공(丹陽公)'에 봉하여졌다.

남송 도종(度宗) 함순(鹹享) 3년(1267)에는 '오공(吳公)'에 봉하여졌다.

명나라 세종(世宗) 가정(嘉靖) 9년(1530)에는 '선현(先賢)'에 봉하여져 공자에 종사(從祀)되었다.

청대에는 명대의 봉호를 계승하였으며 강희(康熙) 51년(1712) 조정에서 언언의 후손 가운데서 특별히 오경박사(五經博士) 1인을 두어 대대로 계승하도록 비준하였으며 선현의 제사를 받들게 하였다.

청나라 건륭(乾隆) 21년(1765)년에는 자유를 '십이철(十二哲)'에 편입하고 공자에 배향하였다.

2) 언언(言偃)의 일화

닭을 잡는 데, 어찌 소 잡는 칼을 쓰느냐?
(殺鷄焉用牛刀)

공자는 무성(武城)에 이르러 실제로 자유가 다스리는 것을 살펴보았다. 아직 성안에 들어가지도 않았는데 한참 멀리 곳곳에서 현악기의 반주에 맞추어 부르는 노랫소리를 듣고 공자는 미소를 띠며 말하였다. "닭을 잡는데 어째서 소 잡는 칼을 쓰느냐?"

이는 이 작은 지방을 다스리는 사소한 일을 하는데 시골벅적 야

단을 떨며 예악과 덕행을 가지고 교육을 시키느냐는 뜻이다. 총명한 자유는 물론 스승이 뜻하는 바를 분명히 깨달아 공경을 다하여 말하였다.

"전에 스승님께서 저를 가르쳐주신 적이 있는데, 관직에 있는 사람들은 교육을 받으면 인애(仁愛)의 마음을 가지게 될 것이며, 백성들은 교육을 받으면 쉽게 부릴 수 있다고 하시어 교육은 언제나 유용한 것이라고 하였습니다."

제자의 대답은 공자를 매우 만족시켰다. 공자는 그를 수행하여 함께 온 제자들에게 말하였다. "자유의 말이 정확하다. 내가 방금 한 그 말은 그와 농담한 것이 지나지 않을 따름이다."

자유는 공자의 사상에 대하여 깊이 이해를 하였을 뿐만 아니라 몸소 힘껏 실천을 하였다. 자유는 정치가 혼란한 춘추시대 말기에 '예로 교화하고 다스리는(以禮化治)' 방침을 실행하여 다스리는 읍을 매우 조리 있게 관리하였는데, 역사상 그것을 '현가지치(弦歌之治)'라고 한다.

현명한 인재를 잘 알아보다(能識賢才)

자유는 관직에 임한 후에 특별히 주의 관찰하여 인재를 선발하였는데 그는 공손하게 말만 하는 것을 싫어하였으며 실행하는 인재를 중시하였다. 공자가 내방하여 자유가 무성을 매우 조리 있게 다스리는 것을 보고 매우 기뻐하며 물어보았다. "너는 이곳에서 어떤 인재라도 얻었느냐?"

자유가 대답하였다. "담대멸명(澹大滅明)이란 사람이 있는데 그가 인재라고 생각합니다."

공자는 매우 흥미를 느끼며 물었다. "담대멸명은 어떤 사람인고?"

자유가 말하였다. "담대멸명은 길을 갈 때 소로로 지나가지 않고 또한 공무가 아니면 나의 집으로 오지 않아 저는 담대멸명이 행위가 단정하고 큰일을 맡길 만한 사람이라고 생각하고 있습니다."

공자는 자유의 말을 듣고 또 자세히 담대멸명의 말과 행동을 관찰하고 다듬을 만한 재목으로 생각하여 이에 담대멸명을 거두어 제자로 삼았다.

"길을 감에 지름길로 가지 않는다(行不由徑)"는 것은 일종의 인격적 표지로 투기를 하여 교묘함을 취하지 않고, 급박하게 공리를 추구하지 않으며 사리를 꾀하여 마구 부정한 짓을 저지르지 않고, 정정당당하며 성실한 것으로, 이것은 담대멸명의 장점이며 자유가 사람을 쓰는 표준이자 자유 자신에 대한 요구이기도 하다.

3) 유적지

상해(上海) 봉현구(奉賢區)

BC444년 자유는 동해 가에 와서 학관(學館)을 열었는데 제자들에게 학문을 교수하였을 뿐만 아니라 유학의 예의로 사람을 가르치고 덕을 길렀다.

그의 창도 하에 바다의 한 모서리에 곳곳에서 예악의 소리를 들을 수 있었으며, 그 또한 바닷가의 백성들로부터 '성인'으로 존경을 받았다. 이 필생을 학문을 전하고 예를 일으키는 데 전력을 다한 현인을 기념하고자 후인들은 현의 이름을 '봉현(奉賢)'으로 명명하고 '언자사(言子祠)'를 세웠으며, "삼가 현인을 받들고 현인을 보면 같아지기를 생각하는" 민풍을 숭상하였다.

지금은 "현인을 존경하고(敬賢) 현자를 배우고(學賢) 현자와 같아지자(齊賢)"는 구호는 이미 봉현 시민의 행동 준칙이 되었다.

상해 봉현구의 당시 자유가 강학을 하던 곳

강소(江蘇) 상숙(常熟) 언자고적(言子古迹)

지금의 강소성 상숙성 안에는 언자의 고적이 여러 군데 있다. 우산진(虞山鎭) 언자항(言子巷)에는 언자의 고택(古宅)이 있고 우산 동령(東嶺)에는 언자묘(墓)가 있으며, 학전가(學前街)에는 언자전사(專祠)가, 대동문(大東門) 밖에는 언항교(言港橋)가, 주당반(州塘畔)에는 언자고리정(故里亭)이 있다.

언자 묘는 우산 동쪽 기슭에 있는데 산에 의지하여 세웠으며, 기

256

세가 우위하다. 묘는 높고 큰 봉토(封土)이며, 현재 남아 있는 묘도
는 세 개의 패방(牌坊)과 한 개의 석정(石亭)으로 조성되었다. 이
묘는 서한 때 처음 세워졌으며 역대의 수축을 거쳐 지금의 거대한
규모를 갖추게 되었다. 1956년 10월 18일 언자묘는 강소성 문물보
호단위로 공포되었다.

상숙 언자묘 패방

강소 소주(蘇州) 언자사(言子祠) 유지(遺址)

소주 언자사 유지는 소주시 간장(干將) 동로(東路) 908호에 있
으며 언자묘(言子廟)라고도 한다. 사묘(祠廟)는 명나라 만력(萬曆)
12년(1584)에 건축되었으며, 청나라 광서(光緒) 원년(1875)에 중건
되었다. 북쪽에서 남쪽을 향해 있으며 사당의 문 및 향당(享堂)이
지금도 남아 있다. 청나라 말기부터 사당 내에 소학교가 설립되었
으며, 예성타오(葉聖陶)가 어렸을 때 이곳에서 공부하였다.

4) 《논어》 가운데 자유와 관련된 장구(章句)

❶ 子遊問孝. 子曰 今之孝者 是謂能養 至於犬馬 皆能有養 不敬
  何以別乎?

자유가 효에 대하여 묻자, 공자께서 말씀하셨다. "지금의 효
라는 것은 잘 봉양하는 것을 이른다. 그러나 개와 말까지도 모두
봉양함이 있으니, 공경하지 않으면 어떻게 구별하겠는가?"《논
어》위정(爲政)

❷ 子遊曰 事君數 斯辱矣 朋友數 斯疏矣.

자유가 말하였다. "임금을 섬김에 자주 (간)하면 욕을 당하고,
붕우 간에 자주 (충고)하면 멀어지는 것이다."《논어》이인(里
仁)

❸ 子遊爲武城宰. 子曰 女得人焉爾乎? 曰 有澹臺滅明者 行不由
  徑 非公事 未嘗至於偃之室也.

자유가 무성의 읍재가 되었다. 공자께서 "너는 사람을 얻었느
냐?"라고 묻자, 자유가 대답하였다. "담대멸명이라는 자가 있는
데, 길을 다닐 적에 지름길로 가지 않으며, 공적인 일이 아니면
제 집에 이른 적이 없습니다."《논어》옹야(雍也)

❹ 子之武城 聞弦歌之聲. 夫子莞爾而笑曰 割鷄焉用牛刀? 子遊
  對曰 昔者 偃也聞諸夫子 曰 君子學道則愛人 小人學道則易使
  也. 子曰 二三子! 偃之言是也. 前言戲之耳.

공자께서 무성에 가셨는데 현악에 맞추어 노래 부르는 소리
를 들었다. 부자께서 빙그레 웃으시며 말씀하셨다. "닭을 잡는
데, 어찌 소 잡는 칼을 쓰느냐?"

  자유가 대답하였다. "예전에 제가 선생님께 듣건대 '군자가 도를 배우면 사람을 사랑하고, 소인이 도를 배우면 부리기가 쉽다.' 하셨습니다."

  공자께서 말씀하셨다. "얘들아, 언의 말이 옳도다. 방금 한 한 말은 농담일 뿐이다." 《논어》 양화(陽貨)

孔門弟子【畫傳】

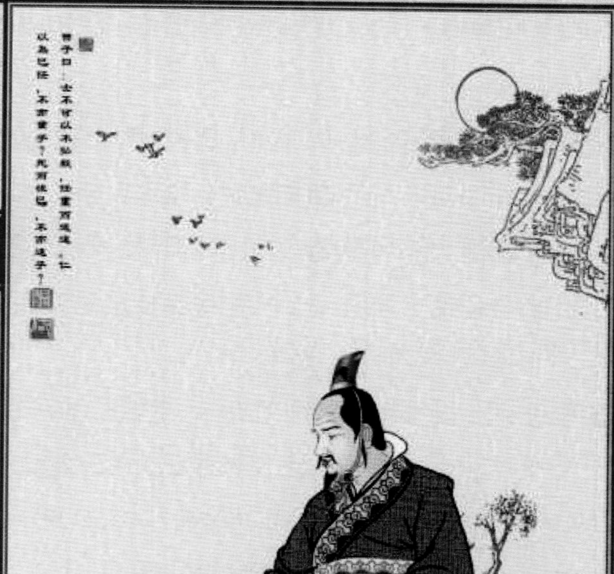

27. 증삼(曾參)

1) 일생

증삼(BC 505~BC 432)은 자가 자여(子輿)이며 세칭 증자라고 한다. 춘추시대 말기 노나라 남무성(南武城 ; 지금의 산동 嘉祥) 사람이다. 공자보다 46세 어리며 공자 만년의 저명한 제자로 유가사상을 전파한 사람 가운데 중요한 인물이며 유가사상 문화발전사에서 매우 중요한 지위를 차지하고 있다.

소년 시절에 증자는 집에서 농사에 힘썼다. 증자는 매우 효순(孝順)하여 평상시에 부친의 아주 세세한 것까지 보살펴드렸으며 아침 저녁으로 부모님께 문안인사를 드렸고, 겨울에는 부모님을 따뜻하게 해드리고 여름에는 부모님을 시원하게 해드려 능력이 닿는 대로 부모님을 편안하게 해드렸다.

17세 때(BC 489) 증자는 부친의 명을 받들어 집을 떠나 초나라로 가서 공자에게 스승의 예를 올렸다. 증자는 성정이 침착하였고 겉으로는 노둔해 보였지만 실천에 독실하였고 겸허하고 근신하여 공자는 증자가 충실하게 자신의 사상을 계승하리라고 생각하여 '효를 행하는' 도리를 그에게 전수해 주었으며 공자의 능력에 따라 가르침을 베풀고 순순히 잘 이끌어 주는 학습 방식에 따라 증자는 마침내 저명한 유학의 대사(大師)가 되었다.

노나라 애공(哀公) 11년(BC 484) 증삼은 공자를 따라 노나라로 돌아왔는데, 노나라 임금이 증자가 도덕이 고상하고 품행이 단정하다는 말을 듣고 사자를 파견하여 그를 성지(城池)로 보내 시읍으로 삼게 하였으나 증자는 완곡한 말로 거절하였다.

증자 27세 되던 해(BC 479)에 공자가 병으로 돌아가시자 증자와 그의 제자들은 함께 3년상을 지켰다. 그 후 자하와 자장, 자유가 유약(有若)이 공자와 닮았다고 하여 유약을 공자로 삼아 모시려고 하였으나 증자의 결사반대에 부딪혔다.

나중에 증자는 고향인 무성으로 돌아와 단을 세우고 학문을 가르쳤는데 제자 70여 명이 있었으며 그 가운데 유명한 제자인 악정자춘(樂正子春)과 선거리(單居離), 공명의(公明儀) 등도 증자와 함께 유가의 경전인 《논어》를 편정하고 정리하는 일에 참여하여 유가 사상의 전파에 중요한 작용을 하였다.

공자의 손자 공급(孔伋 ; 자는 子思)은 증자의 학생이다. 증자는 사후에 산동성 가상현 남무산(南武山) 서남쪽의 현무산(玄武山) 아래에 묻혔다. 증자의 저작으로는 《증자(曾子)》, 《대학(大學)》, 《효경(孝經)》이 있다.

《증자》 10편은 증자가 그의 제자인 공명의(公明儀)와 악정자춘(樂正子春), 선거리(單居離), 증원(曾元), 증화(曾華) 등에게 논술한 '입신과 효를 행하는 요점과 만물의 이치'를 기록하였으며, 증자와 선진 유가학설을 연구하는 데 중요한 역사 자료이다.

《대학》은 13경 가운데 하나인 《예기(禮記)》의 1편으로 치국과 나라를 안정시키는 도리를 말하였으며, 주요 내용은 유가의 저명한 '삼강령팔조목(三綱領八條目)'이다. '삼강령'은 곧 명명덕(明明德)과 친민(親民), 지어지선(止於至善)이며, '팔조목'은 곧 격물(格物)·치지(致知)·성의(誠意)·정심(正心)·수신(修身)·제가(齊家)·치국(治國)·평천하(平天下)의 입신(立身) 처세(處世)하는 방법이다.

《효경》 또한 13경의 하나로 효도와 효치(孝治), 그리고 유가의 인덕(仁德) 사상을 논술하였다.

증자는 공자의 뒤를 이은 유가학파의 중요한 대표 인물로 후세에 '종성(宗成)'으로 존칭되었다. 증자의 학설은 고향에 머물면서 스승의 학설을 전한 정통 색채를 표현해냈으며 전인이 이룩한 문화 정신을 표현해내었고, 그는 더욱이 체내의 인격에 있는 완미함에 관심을 가지고 거시적인 각도에서 현실사회에 대하여 비판을 진행하였으며, 총체적인 방향에서 사회 방면을 규획하고 구축하는 데 증자는 공자와 맹자의 두드러짐에는 미치지 못하였다.

증자가 후세에 가장 크게 영향을 끼친 것은 효도사상으로, 증자의 '효'는 공자의 '인', 맹자의 '의'와 마찬가지로 독자적인 기치(旗幟)를 세웠으며 영향이 심원하다.

증자는 효를 덕의 근본으로 생각하였으며, 그는 효가 모든 교화와 인륜관계의 가장 큰 원칙과 법도라고 생각하였다. 증자는 효로 천하를 다스릴 것을 제창하였으며 부모와 전배에게 효도하는 가정과 종친의 윤리정감(倫理情感)을 국가와 조정에 충성하는 정치도덕 관념으로 전환시켰다.

그는 가정이 효성스러우면 반드시 나라가 잘 다스려지며 효자가 좋은 신하가 될 수 있다고 생각하여, 천자부터 서민까지 효를 근본으로 삼을 수만 있다면 국가와 사회가 오래도록 잘 다스려지고 평안해지며 사람과 사람 사이의 관계가 융화되고 화목해질 수 있다고 생각하였다.

증자는 효를 행함을 정치의 범주에 넣었으며 효로 백성을 다스리고 정치를 하는 정치사상을 체현하였으며 유가의 효치파(孝治派) 학설의 중요한 대표 인물이 되었다.

증자 후에 유가의 후학들은 증자의 효치사상을 계속 발전시켰으며 장장 2천여 년에 달하는 봉건사회에서 하나의 완전한 윤리도덕으로 변화 발전시켰으며 봉건 통치자가 천하를 효치하는 데 도로를 닦아주었다.

증자의 수신관(修身觀) 또한 후세에 거대한 영향을 끼쳤다. 그는 "나는 날마다 세 가지로 내 몸을 반성한다(吾日三省吾身)"는 수양 방법을 제기하였으며 특별히 '신독(愼獨)'을 강조하여 다른 사람이 알지 못하거나 다른 사람이 없는 상황에서 혼자 일을 처리할 때도 엄격하게 유가의 각종 도덕규범의 자율을 가지고 남에게 해를 끼치고 나를 이롭게 하는 일을 하지 않아야 한다고 주장하였다.

증자의 수신은 스스로도 선을 지향할 뿐만 아니라 동시에 또한 남들과도 선한 일을 함을 즐겨야 할 것을 요구하였는데, 그 수신 사상은 매우 높은 경지에 도달하였다.

시대의 국한성으로 말미암아 증자의 사상에는 소극적인 일면이 존재하는데, 이를테면 부모에게 효경하는 것 같은 것은 부모에게 저녁이 되도록 맞을 때까지 도망가면 안 되고, '신독(愼獨)'의 수양은 한 걸음을 떼는 동안 세 번을 살펴야 하는 미소한 것을 삼가는 지경에까지 이르렀다.

당나라 때부터 명나라 때까지 증삼은 여러 차례에 걸쳐 통치자의 추봉을 받았다. 당나라 고종(高宗) 총장(總章) 원년(668)에는 증삼을 태자소사(太子少師)에 봉하여 공자에 배향하였다.

당나라 예종(睿宗) 태극(太極) 원년(712)에는 또 태자태사(太子太師)에 봉하였다.

당나라 현종(玄宗) 개원(開元) 27년(739)에는 그를 '성백(郕伯)'에 봉하고 공자에 종사하였다.

북송 진종(眞宗) 대중상부(大中祥符) 2년(1009)에는 그를 '하구후(瑕邱侯)'에 봉하였다.

남송 도종(度宗) 함순(鹹淳) 3년(1267)에는 '성국공(郕國公)'에 봉하고 위패가 '사배(四配)'에 들었다.

원나라 문종(文宗) 지순(至順) 원년(1330)에는 그를 '성국종성공(郕國宗成公)'으로 높여 봉하였다.

명나라 세종(世宗) 가정(嘉靖) 9년(1530)에는 '종성(宗成)'으로 칭하고 공자에 배향하였다.

2) 증자의 일화

오이를 김매다 매를 맞다(耕瓜受杖)

수탉이 세 번 울고 태양이 산의 숲에서 뉘엿뉘엿 떠올라 농부들은 분분히 호미를 매고 들에 일하러 갔다. 증삼의 아버지 증석(曾晳)은 호미를 들고 들로 일하러 갔으며 증삼이 그 뒤를 바짝 따랐다. 밭에는 작은 오이 싹만 파랗게 보일 뿐이었는데 바람을 맞아 흔들리며 매우 싹이 씩씩했다.

증석은 가르쳐주는 어투로 증삼에게 말하였다. "삼아, 호미로 김을 맬 때는 호미를 대는 것을 부드럽게 해야 하고 호미를 당길 때는 두루 미치게 해야 하며 절대로 순과 말을 허둥대서는 안 된다." 하고 말하면서 시범을 보여주기 시작하였다. 증삼은 신경을 써서 배워 조심조심 오이밭을 김매기 시작하였지만, 처음 배워 언뜻 연습을 한지라 손발이 미숙함을 면치 못하여 조금 조심하지 못하여 잘 자란 오이 싹이 호미에 잘려나가 증삼의 부친은 대경실색했다.

증석은 보고 매우 화가 나서 나무 막대기를 집어들고 아들을 때렸다. 증삼은 순종적으로 땅에 넘어진 채 기어다니며 아버지가 때리는 대로 맡겨두었다.

어머니는 아이가 맞는다는 말을 듣고 황망히 밭으로 달려가 맞고 있는 아이를 안고 통곡을 하였다. 증삼은 아픔을 참고 어머니에게 말하였다. "어머니께서는 괴로워하지 마세요. 아버지께서 저를 가르쳤는데, 제가 아버지의 화를 돋우었던 것입니다."

증석은 화가 누그러져 아이가 다쳤는지 걱정이 되어 살며시 증삼의 침실로 가서 엿보았다. 증삼은 아버지가 오신 것을 알고 심한 고통을 참아가며 거문고를 타며 노래하였다. 증석은 이 모습을 보고 난 후에야 안심이 되어 느린 걸음으로 방으로 돌아갔다.

돼지를 죽여 신의를 보이다(殺猪示信)

한번은 증자의 아내가 일이 있어 외출을 하게 되었는데, 아이가 울면서 시끄럽게 따라가려고 하자 증자의 아내는 달래느라 아이를 속여서 말하였다. "네가 가지 않는다면 돌아와서 돼지를 잡아 구워

주마.”

아이는 그 말을 듣고 정말 더 이상 시끄럽게 울지 않았다. 증자의 아내가 돌아왔을 때 그녀는 아이를 달래며 한 말은 까마득히 잊어 버리고 있었는데, 뜻밖에도 증삼이 매우 진지하게 칼을 갈고 있는 것을 보았다.

아내는 “피식” 소리내어 웃으며 말하였다. “나는 다만 아이를 달래려고 한 것에 불과한데 무엇하러 진짜 그렇게 해요?”

증삼은 엄숙하게 대답하였다. “몸으로 가르치는 것이 말로 가르치는 것보다 중한데, 말을 하고 신의가 없으면 가장 바람직하지 못한 거요. 거짓말을 하는 것은 남을 속일 뿐만 아니라 자기에게도 해를 끼치오. 하물며 이렇게 해서야 어떻게 아이를 가르쳐 재주를 이루게 할 수 있단 말이오.”

돼지를 죽여 신의를 보이다(殺猪示信)

아내는 이 말을 듣고 부끄러워서 고개를 푹 숙였다. 부부는 정말로 돼지를 죽여 아이에게 삶아 먹였고 아울러 마을 사람을 초청하였다.

증삼은 사람됨이 충후(忠厚)하고 언행이 일치하여 작은 아이의 말에도 말이 나오면 반드시 행동으로 실행하였다. '증자가 돼지를 죽인' 이야기는 지금까지 유전되어 그의 성실하고 신의 있는 품덕이 줄곧 후대인들의 존경을 받았다.

식읍 받기를 거절하다(辭受食邑)

증삼은 공자를 따라 유학을 배우고 연구하여 인내심을 가지고 계속 정진하여 도를 전하는 것으로 일관했다. 그는 이때 맡은 직책이 없었고 집에서 해진 옷을 깁고 몸소 농사를 지었으며 생활이 매우 궁색했다.

노나라 임금이 소문을 들은 후에 그에게 매우 관심을 가졌고 '식읍(食邑)'을 내려주기로 결정하였다. 그러나 증삼은 결단코 받지 않으려 했는데, 그는 '식읍'은 봉록만 받고 일은 하지 않는 것이므로 차라리 자급자족하는 것이 낫다고 생각했다.

노나라에서 보내온 사자는 호의를 가지고 증삼에게 열심히 권하였다. "그대는 남에게 바라는 것이 없는 사람이 아닌데, 어째서 거절하고 받지 않습니까?"

증삼이 성의껏 그 사자에게 말하였다. "내가 늘 듣자 하니 남에게 받은 사람은 남을 두려워하고 남에게 주는 사람은 남에게 교만하다더군요. 임금이 나에게 교만하게 굴지 않는다 하더라도 내가 어찌 두려워하지 않을 수 있겠습니까?"

두 번 세 번 거듭 거절을 하여 증삼은 결국 임금이 내려준 식읍을 받지 않았다. 정치적으로 권세 있는 자와 교왕하면서 증자는 사사로움도 두려워함도 없는 태도를 견지하였다.

자하의 잘못(子夏之過)

자하의 아들은 불행히도 병으로 죽어 자하는 매우 슬퍼하여 눈이 멀 정도로 울었다. 증삼은 가서 자하를 만나보았다. 자하가 곡을 하자 증삼도 곡을 하였다.

자하가 곡을 하면서 말하였다. "하늘이시여, 제가 무슨 잘못이 있기에 이렇게 저를 징벌하시려는 것입니까?"

증삼은 듣고 약간 화가 나서 솔직하게 말하였다. "자하여, 그대가 어찌 죄가 없겠는가? 지난날 그대는 부자를 따라 배우고 늙어서 서하(西河) 가로 물러나 거처하였는데, 서하의 사람들은 모두 그대를 아는데도 오히려 부자에 대해서는 익히 알지 못하였으니, 이것이 그대의 첫 번째 죄과요! 그대의 부모가 돌아가셨을 때 서하의 사람들이 아무도 알지 못하였으니, 이것이 그대의 두 번째 죄과요! 지금 그대의 아들이 죽었는데 그대는 눈이 멀도록 곡을 하여 모르는 사람이 없으니, 이것이 그대의 세 번째 죄과요."

자하는 듣고서 매우 심복하여 손에 쥐고 있던 지팡이를 떨어뜨리고 깊이 절을 하며 사죄하였다. "그대의 말이 옳소."

증자는 바르고 곧게 자하의 잘못을 지적하였으니, 첫 번째 죄는 스승을 충분히 존경하지 않은 것이고, 두 번째 죄는 노인을 충분히 존경하지 않은 것이며, 세 번째 죄는 지나치게 자식을 사랑한 것이니, 이것이 바로 증자의 효도사상과 안으로 성찰하는 정신의 표현이었으며 또한 자하로 하여금 자기의 잘못을 알게 하는 동시에 그가 지나친 아들을 잃은 슬픔에서 빠져나오도록 돕는 것이었다.

증삼이 자리를 바꾸다(曾參更席)

증삼은 만년에 중병에 걸려 병상에서 일어나지 못하였다. 그의 제자인 악정자춘(樂正子春)이 와서 문안하였다.

악정자춘은 침상 앞에 앉았고 큰아들 증원(曾元)과 둘째아들 증신(曾申)은 모두 그의 발치 아래 앉아 있었으며, 악정자춘을 따라온 서동(書童)은 벽 모서리의 등자(凳子)에 앉아 손으로는 등불을 들고 있었다.

서동이 갑자기 손으로 증삼의 침상에 깐 자리를 가리키며 말하였다. "저 화려한 자리는 대부가 쓰는 자리가 아닙니까?"

악정자춘은 황망히 서동에게 말을 못하게 하려는 뜻을 드러내었다. 병이 중한 증삼이 동자가 말한 말을 자세히 알아듣지 못하여 동자에게 방금 한 말을 한 번 더 해보라고 하였다.

증자는 감탄하여 말하였다. "이 자리는 계손(季孫)씨의 대부(大夫)가 내게 보내온 것인데, 아직도 바꾸지를 못하였구나. 원아 빨리 자리를 바꾸어라."

증원이 말하였다. "아버님, 병환이 이렇게 위중하시어 몸을 움직이면 안 되니 내일 아침 조금 나아지면 바꾸겠습니다!"

증자가 말하였다. "너의 나에 대한 사랑이 오히려 이 아이만도 못하구나. 군자는 덕행으로 남을 사랑하고 소인은 예절로 하니 이러할 따름이구나!"

이에 여러 사람이 부축하랴 들어올리랴 자리를 바꾸었는데, 증삼은 일으킨 몸을 채 눕히지도 못하고 가쁜 숨을 몰아쉬다가 세상을 하직하였다.

누려서는 안 될 물건을 누리는 것이 곧 '비례(非禮)'의 행위이다. 사욕을 이기고 예를 지키는 증삼으로 말할 것 같으면 말이 많은 동자가 그를 해친 것이 아니라 그를 구해준 것이다. 죽기 전에 자리를 바꾸어 명예와 절개를 지키게 되었으므로 증부자는 죽어서도 유감이 없었을 것이다.

3) 유적지

산동 가상(嘉祥)의 증자묘(曾子廟)

산동의 증자묘는 산동성 가상 현성(縣城) 남쪽 23km 지점의 남무산 남쪽 기슭에 위치해 있는데, 또한 증묘(曾廟), 종성묘(宗成廟)라고도 불리며, 대대로 증삼을 제사 지내온 사당이다. 증묘는 주나라 고왕(考王) 15년(BC 426)에 처음 건축되었으며 원래의 명칭은 '충효사(忠孝祠)'였다.

명나라 정통(正統) 9년(1444) 중건한 후에 '종성묘'로 개칭하였다. 증자묘의 건축은 웅위하고 비갈(碑碣)이 숲처럼 서 있으며 오래된 측백나무가 우거져 있어 산동성의 유명한 고건축군 가운데 하나로 꼽히며 성급중점문물보호단위이다.

증삼의 후손들은 여러 대에 걸쳐 산동 경내를 벗어난 적이 없으며 왕망(王莽)이 한나라를 찬탈했을 때 산동 무성(武城)의 증씨가 남쪽 강남(江南)의 여릉(廬陵)으로 옮겨 증씨의 '남쪽으로 옮긴 비조(鼻祖)'가 되었다.

증삼의 후손 가운데는 인재가 많이 배출되었는데 《이십사사(二十四史)》와 《청사열전(淸史列傳)》, 《무성증씨족보(武城曾氏族

譜》등 고적의 기록에 의하면 청나라 말기까지 증씨 가운데 역사
적으로 이름을 떨친 명인은 약 110명이 있으며 그 가운데는 당송고
문팔대가의 한 사람인 송나라 증공(曾鞏)과 만청(晩淸)의 증국번
(曾國藩) 등을 포괄하고 있다.

증자의 제74대 후손인 홍콩의 두 번째 임시 행정장관인 쩡인취
엔(曾蔭權)과 홍콩의 저명한 실업가이자 금리래동사국(金利來董事
局)의 주석 쩡씨엔쯔(曾憲梓) 등도 모두 일찍이 가족을 데리고 가
상의 증묘에 이르러 선조를 제사지냈다.

산동 가상(嘉祥)의 증자묘(曾子墓)

당나라와 송나라, 명나라의 《증씨족보(曾氏族譜)》에서는 모두

가상 증묘 종성전(嘉祥曾廟宗聖殿)

南무성 서쪽에 증자묘(墓)가 있다고 밝혀 놓았다. 명나라 천순(天順) 4년(1460)에 성국종성공묘비(郕國宗成公廟碑)를 중건하였는데, "(증자) 묘(廟) 동남쪽에 운과대가 있으며 서남쪽에는 증자 묘(墓)"가 있다는 기록이 있다. 이 기록은 또한 성화(成化) 원년보다 5년 이르다.

가상 증자묘(嘉祥曾子墓)

산동 가상(嘉祥)의 운과대(耘瓜臺)

운과대는 가상 남무산 동쪽, 남무성 북부에 위치해 있으며, 증자가 오이를 김매다가 잘못하여 그 뿌리를 잘라낸 곳으로 전하여진다. 명나라 우신행(于慎行)의 《연주부지(兗州府志)》 고적지(古迹志)의 기록에서는 "운과대는 남무산 남쪽에 있는데 증자가 오이를 김매다 잘못하여 그 뿌리를 잘라낸 곳이라 전하여진다. 후인들이 그 때문에 그곳을 운과대라 명명하였다."라 하였다.

《종성지(宗成志)》 읍리(邑里)의 기록에서는 "대는 2개가 있으며 높이는 한 길 남짓이고 남북으로 서로 대치하고 있으며 남대는 약 5무, 북대는 약 3무이다."라 하였다.

산동 가상(嘉祥)의 원대(元代) 증자서원

가상 남무산의 남쪽에는 증자서원이 있다. 명나라 우신행의 《연주부지·학교지(學校志)》에서는 "증자서원은 현의 남무산 아래에 있으며 증자가 독서를 하던 곳이라 전하여진다. 원나라 때 오씨(吳氏)의 묘비를 고찰해 보면 동으로 증자서원에 이르렀다는 글이 있는데, 세월이 오래되어 유지가 남아 있지 않다."

산동 가상(嘉祥)의 금대(金代) 금당(禁堂)

가상현 소재지 동쪽의 맹산(萌山) 남쪽에 있는데 증자가 금을 탄 곳이라고 전해진다. 금나라 태화(泰和) 7년(1207) 소은충(蘇恩忠)이 중건하였다.

명나라 가정(嘉靖) 9년(1530) 가상 지현인 왕시좌(王時佐)가 돌을 취하여 반석교(泮石橋)를 수축하고 그 당은 마침내 헐렸다. 곁에는 감천(甘泉)이 있는데, 물이 맑고 차가우며 나중에 금당갱(禁堂坑)이라 불렀다.

산동 평읍(平邑)의 증자산(曾子山)

산동 증자산은 산동성 임기시(臨沂市) 평읍현 위장향(魏莊鄉) 경

내에 위치해 있으며, 몽산(蒙山)의 남쪽에 가파르게 높이 솟아 있는
데 최고 해발은 487.5m이다.

이 산은 산기슭 아래 남무성촌(南武城村)에서 출생한 종성(宗成)
증자 때문에 얻은 이름이며, 또한 증자가 효로 널리 일컬어졌으므
로 현지인들은 또한 효자산(孝子山)이라고도 부른다.

증자묘(墓)는 증자산 7대 경관 중 하나이며, 무성 고성(古城)의
동북쪽 1,500m 지점에 자리잡고 있으며 높고 큰 흙언덕으로 봉토
의 높이는 6.5m이고 직경은 20m이며 위에는 소나무와 홰나무[槐]
등의 나무를 심어놓았다. 그 이웃에는 또한 그 부친 증점(曾點)의
묘가 있다.

평읍 증자산(平邑曾子山)

4) 《논어》 가운데 증자와 관련된 장구(章句)

❶ 曾子曰 吾日三省吾身. 爲人謀而不忠乎? 與朋友交而不信乎? 傳不習乎?

증자가 말씀하였다. "나는 날마다 세 가지로 내 몸을 반성하나니, 남의 일을 도모해 줌에 충성스럽지 못한가? 붕우와 사귐에 성실하지 못한가? 전수받은 것을 복습하지 않았는가? 이다." 《논어》 학이(學而)

❷ 子曰 參乎! 吾道一以貫之. 曾子曰 唯. 子出 門人問曰 何謂也? 曾子曰 夫子之道 忠恕而已矣.

공자께서 말씀하시기를, "삼아! 나의 도는 하나로 꿰뚫고 있다." 하시니, 증자께서 "예" 하고 대답하였다.

공자께서 나가시자 문인들이 "무슨 말씀입니까?" 하고 물으니, 증자께서 대답하셨다. "부자의 도는 충과 서일 뿐이다." 《논어》이인(里仁)

❸ 曾子曰 士不可以不弘毅 任重而道遠. 仁以爲己任 不亦重乎? 死而後已 不亦遠乎?

증자가 말씀하였다. "선비는 도량이 넓고 뜻이 굳세지 않으면 안 된다. 책임이 무겁고 길이 멀기 때문이다. 인을 책임을 삼으니 무겁지 아니한가? 죽은 뒤에야 끝이 나니 멀지 아니한가?" 《논어》 태백(泰伯)

❹ 曾子曰 可以託六尺之孤 可以寄百裏之命 臨大節而不可奪也. 君子人與? 君子人也.

증자가 말씀하였다. "육척의 어린 임금을 맡길 만하고, 백리

의 명을 부탁할 만하며, 큰 절개에 임해서 빼앗을 수 없다면, 군
자다운 사람인가? 군자다운 사람이다." 《논어》 태백(泰伯)

277

孔門弟子畫傳【樊須】

孔門弟子【畫傳】

樊須，姓樊名須，
字子遲，亦稱樊遲，
比孔子小三十六歲，齊國人，一說是魯國人。

28. 번수(樊須)

1) 일생

번수(BC 505~BC 454)는 자가 자지(子遲)이며 번지(樊遲)라고
도 한다. 춘추시대 말기 노나라(지금의 山東 魚臺) 사람이며, 공자
보다 46세 어리다.

번지는 18세 때 곡부로 가서 공자를 스승의 예로 예방한 적이 있
으나 당시 마침 공자가 열국을 주유하면서 귀국하지 않아 소원을
이룰 수 없었다.

노나라 애공(哀公) 11년(BC 484) 번지가 22세 때 제나라가 군사
를 일으켜 노나라를 침범하자 염구는 명령을 받들어 노나라의 좌사
(左師)를 거느리고 제나라 군사에 맞섰는데, 염구는 지모가 많고 전
투에 뛰어난 번지를 대단히 좋아하여 계씨에게 번지로 하여금 부장
(副將)을 맡게 하도록 청하였다.

제나라와 노나라의 대군이 도랑을 사이에 두고 대치하고 있을 때
번지가 군사를 이끌고 제나라의 군대로 쳐들어가 완벽한 승리를 거
두고 전공을 세웠다.

그 해 가을, 공자가 노나라로 돌아와 번지는 공자를 스승으로 모
시고 공자의 수레를 몰아주었다. 번지는 흥취가 매우 넓었으며, 학
문을 열심히 배웠다.

노나라 애공 16년(BC 479) 공자가 돌아가시자 번지는 기타 공자
문하의 제자들과 함께 공자의 3년상을 지켰다. 나중에 전란을 피하

여 번지와 민자건(閔子騫), 복자천(宓子賤)은 함께 제수(濟水) 일 대[37]에서 도를 전하였는데, 제자가 수백 명이었으며 세상에서는 '오리삼현(五裏三賢)'이라 일컫는다.

번지는 적극적으로 학문에 힘썼을 뿐만 아니라 또한 농업의 생산에 관심을 가졌다. 그는 현지의 지세가 움푹 꺼진 특징에 의거하여 방형의 구덩이를 파고 대전(臺田 ; 진흙을 파서 지하수의 수위를 낮추어 배수로를 만든 밭)을 만드는 방법으로 농업 생산을 극대화하여 촉진시켰다.

노나라 도공(悼公) 14년(BC 454) 가을, 번지는 민자건, 복자천과 함께 수레를 끌고 곡부로 가서 선사인 공자를 제사 지내러 가던 도중에 바람과 추위를 만나 사망하였다.

번지는 공자문하 제자의 하나로 역대 통치자의 추숭을 받았다. 72년(永平 15년) 동한(東漢) 명제(明帝) 유장(劉莊)이 곡부에 이르러 공자 및 72제자를 제사지낸 이후로부터 번지는 부단히 역대 관부(官府)의 제사와 봉함을 받았다.

당나라 개원(開元) 8년(720)에 현종(玄宗) 이융기(李隆基)는 번지의 화상(畫像)을 공묘에 종사하라는 조령을 내렸다.

개원(開元) 27년(739)에는 '번백(樊伯)'에 봉하였다.

북송 진종(眞宗) 대중상부(大中祥符) 2년(1009)에는 '익도후(益都侯)'에 봉하였다.

명나라 세종(世宗) 가정(嘉靖) 9년(1530)에는 그를 '선현(先賢)'으로 일컫고 공자에 종사(從祀)하였다.

---

37) 지금의 어대현(魚臺縣) 무대촌(武臺村).

2) 번지의 일화

번지가 학문을 구하다(樊遲求學)

번지가 공자를 스승으로 모시는 예를 올리자 공자가 물어보았다.

"번지야, 너는 무슨 기량을 배우고 싶으냐?"

번지가 말하였다. "저는 오곡의 곡식 농사를 배우고 싶습니다."

공자가 말하였다. "오곡의 곡식 농사는 내가 늙은 농부보다 못하느니라."

번지가 말하였다. "그러면 선생님께 채소 심는 것을 배우겠습니다."

공자가 말하였다. "채소 심는 것은 내가 채마지기보다 못하다."

"그러면……" 번지는 망연하게 공자를 똑바로 쳐다보았다.

"그러면 선생님께서는 제게 무슨 학문을 가르쳐주실 수 있습니까?"

공자는 대답을 하지 않았다. 번지는 천천히 물러나갔다.

공자는 탄식하며 말하였다. "번지는 어째서 들판의 농부 같을꼬! 통치자는 예절을 연구하면 백성들이 존경하지 않는 사람이 없으며, 통치자의 행위가 정당하면 백성들이 감히 복종하지 않는 사람이 없고, 통치자가 정성스럽고 신실하면 백성들이 감히 진실을 말하지 않는 사람이 없다. 이렇게 하면 사방의 백성들이 아이를 등에 업고 달려올 텐데 무엇 때문에 농사짓는 법을 배워서 어디에 쓸 것인가?"

번지가 농사짓는 법을 배우기를 청한 목적은 농업으로 세상과 백성을 구제하려는 생각이었으나, 공자는 덕과 예로 나라를 다스리고 세상을 구제할 것을 주장하여 절로 '농업을 배우는' 주장은 중요한 문제를 파악하였다고 생각지 않았다. 바로 이런 뜻으로 공자는 번지의 견식이 얕다고 말하였다.

무우대38)에서 가르침을 받다(舞雩臺受敎)

하루는 공자 사제(師弟) 일행이 노나라의 도읍 남쪽 무우대에 이르러 놀면서 회포를 풀었다.

번지가 공경스레 공자에게 물었다. "선생님께 여쭙겠습니다. 어떻게 하면 노덕을 늘리고, 과실을 바로잡으며, 잘잘못을 변별하겠습니까?"

번지가 이 질문을 하는 것을 듣고 공자는 매우 기뻐하였다. "이 질문이 참으로 좋도다. 먼저 일을 하고 난 다음에 얻는다면 품덕을 높이는 것이 아니겠는가? 자기의 나쁜 점을 비판하고 다른 사람의 나쁜 점을 비판하지 않으면 무형적인 원한을 없애는 것이 아니겠는가? 한때의 분노 때문에 자신을 잊고 심지어 부모까지 잊어버린다면 의혹되는 것이 아니겠는가?"

번지가 또 물었다. "감히 선생님께 여쭙겠습니다. 어떻게 하는 것이 인을 하는 것인지요?"

공자가 말하였다. "모든 사람을 충분히 사랑할 수 있는 것이다."

번지가 또 물었다. "사람이 어떡하면 지혜롭다고 할 수 있겠습니

---

38) 무우대(舞雩臺) : 우대(雩臺)라고도 하며 곡부성 남쪽 3리 지점의 기하(沂河) 북쪽에 있는데, 높고 큰 토대(土臺)로, 원래는 주나라의 제후국인 노나라에서 하늘에 제사지내던 제단이었는데, 나중에 공자가 제자들을 데리고 이곳에서 바람을 맞으며 노래를 불렀기 때문에 무우대(舞雩臺)라고 한다.

까?"

공자가 말하였다. "사람을 아는 것이다."

번지가 공자의 대답에 의혹을 느끼고 제대로 이해를 하지 못하자 공자는 의미심장하게 번지에게 일러주었다. "정직한 사람을 들어서 선발하여 그들의 지위를 정직하지 못한 사람 위에 놓으면 정직하지 못한 사람이 정직해지게 할 수 있다."

번지는 그래도 부자의 말뜻을 완전히 이해하지 못하여 자하(子夏)에게 물어보았다. "내가 방금 부자를 뵙고 어떻게 하면 지혜롭다고 할 수 있느냐고 물었더니, 부자께서 '정직한 사람을 들어서 선발하여 정직하지 못한 사람을 정직하게 하는 것'이라 하였는데 무슨 뜻인가?"

자하가 말하였다. "부자께서 말씀하신 우의(寓意)가 너무 깊구나! 순(舜)임금이 천하를 다스릴 때 뭇사람 가운데서 고요(皐陶)를 선발하여 그의 조수로 삼아 행정과 사법을 관장하게 하였더니 정직하지 못한 사람들이 모두 멀리 떠났지. 탕(湯)임금이 천하를 다스릴 때 뭇사람 가운데서 이윤(伊尹)을 선발하여 재상으로 삼아 정사를 잡아 다스리니 정직하지 못한 사람들이 곧 멀리 떠났다네."

공자는 우의가 깊은 도리를 번지에게 말해주어서 번지에게 사랑함을 배가시키게 하였는데, 번지가 알아듣지 못하고 물어 허심탄회하게 학문을 구하는 정신은 후인들이 배울 만한 가치가 있다.

3) 유적지

산동 어대(魚臺) 번지 묘(墓)

어대 번지묘 표지비(魚臺樊遲墓標志碑)

번지의 묘는 산동성 제령시(濟寧市) 어대현 장황진(張黃鎭) 무대촌(武臺村) 서남쪽 20m 지점에 있다. 묘는 지면에서 드러나 흙 언덕 형상을 하고 있으며, 높이는 0.8m 둘레는 10m이다. 이 유지는 현재 이미 현급중점문물보호단위로 공포되었다.

4) 《논어》 가운데 번지와 관련된 장구(章句)

❶ 樊遲問仁. 子曰 居處恭 執事敬 與人忠. 雖之夷狄 不可棄也.
번지가 인에 대하여 물었다. 공자께서 대답하셨다. "거처할 때는 공손히 하며, 일을 집행할 때는 공경하고, 사람을 대할 때는
충성되게 하여야 한다. 이것은 비록 오랑캐의 나라에 가더라도 버려서는 안 된다." 《논어》 자로(子路)

❷ 樊遲問仁. 子曰 愛人. 問知. 子曰 知人. 樊遲未達 子曰 擧直錯
　諸枉 能使枉者直.

번지가 인에 대하여 묻자, 공자께서 "사람을 사랑하는 것이
다." 하셨다. 지(知)를 묻자, 공자께서 "사람을 아는 것이다." 하
셨다. 번지가 그 내용을 통달하지 못하자, 공자께서 말씀하셨다.
"정직한 사람을 들어 쓰고 모든 부정한 사람을 버리면 부정한
자로 하여금 곧게 할 수 있는 것이다."《논어》 안연(顏淵)

❸ 樊遲問知. 子曰 務民之義. 敬鬼神而遠之 可謂知矣. 問仁. 曰
　仁者先難而後獲 可謂仁矣.

번지가 지(智)에 대하여 묻자, 공자께서 말씀하셨다. "사람이
지켜야 할 도리를 힘쓰고 귀신을 공경하되 멀리한다면 지혜롭다
할 수 있다."

다시 인에 대하여 묻자, 또 말씀하셨다. "인자는 어려운 일을
먼저 하고 얻는 것을 뒤에 하니, 이렇게 한다면 인이라고 말할
수 있다."《논어》 옹야(雍也)

❹ 樊遲從遊於舞雩之下 曰 敢問崇德修慝辨惑. 子曰 善哉問! 先
　事後得 非崇德與? 攻其惡 無攻人之惡 非修慝與? 一朝之忿
　忘其身 以及其親 非惑與?

번지가 공자를 따라서 무우의 아래에서 놀았는데, "감히 덕을
높이고, 간특함을 닦으며, 의혹을 분별함을 묻겠습니다."

공자께서 말씀하셨다. "좋도다! 질문이여. 일을 먼저하고 얻
는 것을 뒤에 함이 덕을 높이는 것이 아니겠는가? 자기의 악함
을 다스리고 남의 악함을 다스리지 않음이 간특함을 닦는 것이

아니겠는가? 하루아침의 분노로 자신을 잊어서 화가 부모에게
까지 미치게 함이 의혹함이 아니겠는가?"《논어》자로(子路)

❺ 樊遲請學稼. 子曰 吾不如老農. 請學爲圃. 曰 吾不如老圃. 樊
遲出. 子曰 小人哉 樊須也! 上好禮 則民莫敢不敬 上好義 則
民莫敢不服 上好信 則民莫敢不用情 夫如是 則四方之民 襁負
其子而至矣 焉用稼.

번지가 농사일을 배우기를 청하자, 공자께서는 "나는 늙은 농
부만 못하다."라고 하셨다. 채전을 가꾸는 것을 배우기를 청하
자, "나는 늙은 원예사만 못하다." 하셨다.

번지가 나가자, 공자께서 다음과 같이 말씀하셨다. "소인이로
다, 번수여! 윗사람이 예를 좋아하면 백성들이 윗사람을 공경하
지 않는 이가 없고, 윗사람이 의를 좋아하면 백성들이 복종하지
않는 이가 없고, 윗사람이 신을 좋아하면 백성들이 감히 실정대
로 하지 않는 이가 없는 것이다. 이렇게 되면 사방의 백성들이
자식을 포대기에 업고 올 것이니, 농사짓는 것을 어디에 쓸 것인
가?"《논어》자로(子路)

286

子張曰：
執德不弘，信道不篤，
焉能為有？焉能為亡？

庚寅陽春賈明繪

孔門弟子【畫傳】

中國 新宇 畫庫

29. 전손사(顓孫絪師)

1) 일생

전손사(BC 503~?)는 성이 전손이고 이름은 사이며, 자는 자장 (子張)이다. 춘추시대 말기 진(陳)나라 양성(陽城 ; 지금의 河南 登 封) 사람이다. 공자보다 48세 어리며 공자 만년의 저명한 제자 가 운데 하나이다.

자장은 용모가 당당하였지만, 출신이 미천하여 범죄를 저지른 적 이 있다. 공자를 스승으로 모신 후에 그는 배우기를 좋아하고 깊이 생각하였으며, 공자와 문제를 토론하기를 좋아하였다.

충(忠)과 신(信)의 사상에서 공자의 영향을 매우 깊이 받아 공자 의 충과 신에 관한 가르침을 큰 허리띠에 적어서 영원히 잊지 않을 것을 나타내었으며, 공자문하의 제자 가운데 충과 신의 모범을 보 여주었다.

자장은 성격이 비교적 나서는 편이며, 천성이 치우치고 급한 편 이어서 공자는 그를 "사는 지나치다", "사는 치우쳤다"(《논어》 선 진)라 평하였었다. 공자의 가르침 아래 자장은 당대의 대가가 되었 다. 공자가 죽은 후 자장은 진(陳)나라에서 거처하며 문도를 모아 강학하였다.

자장과 자하, 자유의 학문을 힘쓰는 실천은 전국시대 초기에 전 손(顓孫 ; 자장)과 복(卜 ; 자하), 언(言 ; 자유)이라는 3대 교육 유파 가 정립하는 성황(盛況)을 출현시켰다.

자장이 창립한 학파를 역사상 '자장지유(子張之儒)'라 일컬으며 한비자에 의하여 전국시대 '유가팔파(儒家八派)'의 으뜸에 놓였다. 자장의 사상과 주장이 후대에 끼친 영향은 매우 컸다. 학술계에서는 대부분 《대대례기(大戴禮記)》 중의 〈천승(千乘)〉과 〈사대(四代)〉, 〈우대덕(虞戴德)〉, 〈고지(誥志)〉, 〈소변(小辨)〉, 〈용병(用兵)〉 그리고 〈소간(少間)〉의 7편은 자장지유의 저작으로 인정되고 있다.

자장은 선비는 위험을 보면 생명을 바쳐야 하고, 얻는 것을 보면 얻어야 할 것인지를 고려해야 하며, 제사 때는 엄숙하고 진지한지 고려해야 하며, 거상 중일 때는 슬퍼하여야 한다고 주장했다.

자장은 남들과 교왕할 때 너그럽고 활달하여 "현자를 높이고 대중을 포용할 것"을 주장하였다. 생활에서 그는 작은 절개에 얽매이지 않았고, 겉으로 보이는 예의는 따지지 않았고, 의관을 정결히 하고 아름다운 외관은 추구하지 않았으며, 세속을 따라 묵가(墨家)와 상통하는 면이 있었다.

한나라에서 청나라 때까지 자장은 여러 차례 통치자의 봉함을 받았다. 동한(東漢) 명제(明帝) 영평(永平) 15년(72)에 자장은 공자에 배향되었다.

당나라 현종(玄宗) 개원(開元) 27년(739)에는 '진백(陳伯)'으로 봉하여졌다.

송나라 진종(眞宗) 대중상부(大中祥符) 2년(1009)에는 '완구후(宛邱侯)'에 봉하여졌다.

남송 도종(度宗) 함순(鹹淳) 3년(1267)에는 '십철(十哲)'에 편입하여 공자에 종사하고 아울러 '진공(陳公)'에 봉하였다.

명나라 세종(世宗) 가정(嘉靖) 9년(1530)에는 그를 '선현(先賢)'으로 일컫고 공자에 종사(從祀)하였다.

청나라 건륭(乾隆) 21년(1765)년에는 '십이철(十二哲)'에 편입하고 공자에 배향하였다.

2) 자장의 일화

섭공이 용을 좋아하다(葉公好龍)

노나라 애공(哀公)은 늘 다른 사람에게 자기가 얼마나 인재를 갈망하고 얼마나 재능이 있는 사람을 좋아하는지 말하였다. 당시 자장은 이미 어느 정도 명성과 지위를 가지고 있었으므로 노나라 애공이 현재(賢才)를 매우 환영한다는 말을 듣고 진(陳)나라에서 노나라로 와 노나라 애공을 뵙기를 청하였으며 노나라에서 자기의 재능을 발휘하기를 바랐다.

그러나 자장은 노나라에서 이레를 기다려도 노나라 애공의 그림자조차 볼 수가 없었다. 자장은 매우 실망하여 노나라 애공의 마부 앞으로 가서 고사를 하나 이야기해 주고 마부더러 노나라 애공에게 들려주라고 하였다.

마침내 어느 날 노나라 애공은 자장에 뵙기를 청한 일을 떠올렸는데 이에 마부는 노나라 애공에게 자공이 말한 고사를 말해주었다. 초나라에 섭자고(葉子高)라는 사람이 있었는데 늘 다른 사람에게 자기가 어찌어찌해서 용을 좋아하였다고 과장해서 말했다.

그는 허리띠의 갈고리에 용을 그려놓았고, 술을 마시는 도구에

용을 새겨놓았으며, 집 침실의 꽃무늬를 조각하는 곳에도 모두 용을 조각해 놓았다.

하늘의 진짜 용이 섭자고가 이렇게까지 용을 좋아한다는 것을 알고 매우 감동하여 섭자고의 집으로 내려가 머리를 쭉 뻗어 창문 안으로 들어가 살펴보았는데, 꼬리는 대청에 끌려 있었다.

이 광경을 섭자고가 보고 놀라 안색이 싹 바뀌었고 놀라 자빠지며 고개를 돌리고 달아났다. 진짜 용은 애초부터 섭자고가 결코 진짜로 용을 좋아하는 것이 아니며 단지 형식적이고 입으로만 좋아하는 것일 뿐이라는 것에 매우 실망하였다.

노나라 애공은 듣고 난 후에 매우 부끄러워하였다.

자장의 곤혹(子張的困惑)

자장은 의표가 당당하고 또한 지향이 원대하였으며, 학업 방면에서도 자기의 독창적인 견해를 가지고 있었지만, 동료들의 그에 대한 평가는 일치하지 않았다.

자유는 말하였다. "자장은 재주가 높고 뜻이 넓어 다른 사람이 해내지 못하는 일을 할 수 있으니 정말 하기 어려운 일이라 할 수 있지만 여전히 인애(仁愛)는 하지 못한다."

증자는 말하였다. "자장은 의표가 당당하기는 하지만, 그와 함께 인애정신을 추진해 나가기는 매우 어렵다."

원래 자장은 비록 총명하고 학문을 좋아하기는 하였지만, 성격이 독단적이고 오만하여 다른 사람의 감정 따위는 고려하지 않았다.

한번은 자하의 학생이 자장에게 '어떻게 남과 교왕해야 하는가?'

하고 가르침을 청하자, 자장은 그에게 '자하는 어떻게 가르쳤는가?' 라 반문하였다.

그 제자는 자하는 사귈 만하면 사귀고 사귈 만하지 못하면 거절하라고 가르쳤다고 하였다.

자장은 듣자마자 바로 반대를 표시하며 말하였다. "군자는 걸출한 사람을 존중하고 보통사람을 포용하며 좋은 사람을 칭찬하고 능력이 없는 사람을 동정해야 한다. 그렇지 않으면 너는 다만 너보다 강한 사람과 교왕을 해야 하는데, 그가 너보다 강하면 너를 거들떠보지 않을 것이며, 또 너보다 강하지 않은 사람이라면 너도 그를 거들떠보지 않을 것이니, 그렇다면 또한 어찌 벗으로 사귈 수 있겠느냐?"

자장의 이 말은 한편으로는 그가 벗을 사귀는 이론적인 측면에서 확실히 매우 견해가 있음을 체현하였고, 한편으로는 그 스스로 매우 고상한 것을 반영하였다.

자장이 이렇게 말을 하였는데도 자하가 어떻게 그를 좋은 친구라고 생각할 수 있었을까? 자장을 겨냥한 문제에 대해 공자는 그에게 말을 살피고 안색을 갈피는 동시에 또한 남에게 겸손하게 낮추라고 가르친 적이 있다.

3) 유적지

안휘(安徽) 회북(淮北) 전손사 고거(故居)

전손사의 고거는 안휘성 회북시 두집구(杜集區) 석대진(石臺鎮)의 학전지촌(學田地村)에 있다.

안휘성 소현(蕭縣) 전손사 묘(墓)

전손사의 묘는 안휘성 소현 남쪽 30리 지점의 굴방촌(掘坊村)에 있는데 "묘의 높이는 한 길 남짓이며 면적은 120궁(弓)이다."

4) 《논어》 가운데 자장과 관련된 장구(章句)

❶ 子貢問 師與商也孰賢? 子曰 師也過 商也不及. 曰 然則師愈 與? 子曰 過猶不及.

자공이 "사와 상은 누가 낫습니까?" 하고 묻자, 공자께서 "사 는 지나치고, 상은 미치지 못한다."라 하셨다.

(자공이) 물었다. "그러면 사가 낫습니까?"

공자께서 말씀하셨다. "지나침은 미치지 못함과 같다."《논 어》 선진(先進)

❷ 子張問行. 子曰 言忠信 行篤敬 雖蠻貊之邦 行矣. 言不忠信 行不篤敬, 雖州里 行乎哉? 立則見其參於前也 在輿則見其倚 於衡也 夫然後行. 子張書諸紳.

자장이 행해짐에 대해 묻자, 공자께서 말씀하셨다. "말이 충 신하고 행실이 독실하고 공경하면 비록 오랑캐의 나라라 하더라 도 행해질 수 있겠지만, 말이 충신하지 못하고 행실이 독실하고 공경하지 못하면 주리(州里)라 하더라도 행해질 수 있겠는가? 일어서면 그것이 앞에 참여함을 볼 수 있고, 수레에 있으면 그것 이 멍에에 기댐을 볼 수 있어야 하니, 이와 같은 뒤에야 행해질 수 있는 것이다."

자장이 이 말씀을 띠에 적었다. 《논어》 위령공(衛靈公)

❸ 子張曰 士見危致命 見得思義 祭思敬 喪思哀 其可已矣.

자장이 말하였다. "선비가 위태로움을 보고 목숨을 바치며, 이득을 보고 의를 생각하며, 제사에 공경함을 생각하며, 상사에 슬픔을 생각한다면 괜찮다." 《논어》 자장(子張)

❹ 子張曰 執德不弘 信道不篤 焉能爲有? 焉能爲亡?

자장이 말하였다. "덕을 잡음이 넓지 못하며, 도를 믿음이 독실하지 못하면 어찌 있다고 할 수 있을 것이며 어찌 없다고 할 수 있겠는가?" 《논어》 자장(子張)

❺ 子夏之門人問交於子張. 子張曰, 子夏雲何? 對曰 子夏曰 可者與之 其不可者 拒之. 子張曰 異乎吾所聞. 君子尊賢而容衆 嘉善而矜不能. 我之大賢與 於人何所不容? 我之不賢與 人將拒我 如之何其拒人也?

자하의 문인이 자장에게 벗 사귀는 것을 묻자, 자장이 "자하는 어떻게 말하던가?"하고 되물으니, 대답하기를 "자하께서 '가한 자는 사귀고 불가한 자는 사귀지 말라.' 하셨습니다." 하였다.

자장이 말하였다. "내가 듣던 것과는 다르다. 군자는 어진 이를 존경하고 대중을 포용하며, 잘하는 이를 아름답게 여기고 능치 못한 이를 불쌍히 여긴다. 내가 크게 어질다면 남에게 대해서 누구인들 용납하지 못할 것이며, 내가 어질지 못한다면 남들이 장차 나를 거절할 것이니, 그 어찌 남을 거절할 수 있겠는가?" 《논어》 자장(子張)

294

孔門弟子【畫傳】

子謂南容：邦有道，不廢；
邦無道，免於刑戮。
以其兄之子妻之。（《論語·公冶長》）

30. 남궁괄(南宮适)

1) 일생

남궁괄(생졸년 미상)은 성은 남궁이고 이름은 괄이며, 자는 자용 (子容)으로 또한 남용(南容)이라고도 하는데, 나중에 경숙(敬叔)이 란 시호39)를 받았다. 춘추시대 말기 노나라의 귀족으로 노나라 삼 환(三桓) 중의 하나인 사공(司空)40) 맹희자(孟僖子)의 아들이자 맹 의자(孟懿子)41)의 형으로 공자보다 21세 적다.

노나라 소공(昭公) 24년(BC 518) 남궁괄은 공자에게 스승의 예 를 올리고 예를 배웠는데 함께 와서 스승의 예를 올린 사람으로 또 한 그의 형인 맹의자가 있었다. 그들은 모두 노나라 대부 맹희자의 공자(公子)인데, 이는 공자(孔子)가 학교를 연 이래 첫 번째 찾아온

---

39) 시호(諡號) : 옛날 제왕이나 제후, 경대부, 고관대신 등이 죽은 후 조정에 서는 그들의 평생의 행위에 근거하여 일종의 칭호를 주어 선악을 포폄하는 데 이를 시(諡) 또는 시호(諡號)라고 한다. 이를테면 '무(武)'제나 '애(哀)'공 같 은 것이 있다.

40) 사공(司空) : 중국의 고대 관직 이름. 서주(西周) 때 처음 설치되었으며, 위차(位次)는 삼공(三公)으로 육경(六卿)에 상당한다. 사마(司馬) · 사구(司 寇) · 사사(司士) · 사도(司徒)와 함께 오관(五官)으로 불리며 수리(水利)와 영 건(營建)의 일을 관장하는데, 금문(金文)에서는 모두 사공(司工)으로 되어 있 다. 춘추전국시대에도 이어서 설치되었다.

41) 맹의자(孟懿子) : 노나라 대부 중손씨(仲孫氏)로 이름은 하기(何忌)이며 의(懿)는 시호이다. 부친의 유명을 따라 공자에게서 예를 배웠다.

귀족 출신 학생이어서 일시에 온 나라가 떠들썩했다.

남궁괄은 사람됨이 신중하였으며 공자의 "군자는 말은 어눌하되 행동은 민첩해야 한다"는 가르침을 열심히 실천하였으며 원래부터 말이 많지 않았다. 그는 공자의 도덕으로 민중을 인도하고 예로 민중을 다스리는 사상을 계승하였으며 무(武)를 숭상하는 자를 멸시하였다.

공자는 남궁괄은 정치가 청명할 때는 관직생활을 할 수 있고 정치가 어두울 때는 형벌을 면할 수 있다고 생각하여 그를 "군자"라 칭찬하고 아울러 자기의 질녀를 그에게 시집보냈다.

당나라에서 명나라 때까지 남궁괄은 여러 차례 통치자에 의하여 봉하여졌다. 당나라 현종(玄宗) 개원(開元) 27년(739)에 그를 '담백(郯伯)'에 봉하였다.

북송 진종(眞宗) 대중상부(大中祥符) 2년(1009)에는 그를 '공구후(龔丘侯)'에 봉하였다.

명나라 세종(世宗) 가정(嘉靖) 9년(1530)에는 그를 '선현(先賢)'으로 칭하고 공자에 종사(從祀)하였다.

2) 남궁괄의 일화

남궁괄이 가르침에 대하여 묻다(南宮适問敎)

남궁괄이 공자에게 교육에 관한 문제에 대하여 물었다. "선생님께서 가르치시는 주요 내용은 무엇인지요?"

공자가 말했다. "내가 가르치는 내용은 매우 많지만 주로 세 방면이다. 첫째는 '시에서 흥기시키는 것'으로 곧 시로 학생들의 품격을 제고하는 것이며, 둘째는 '예에 서는 것'인데 예의 도리와 규범을 가지고 학생들로 하여금 사회에서 우뚝 서게 할 수 있는 것이고, 셋째는 '음악에서 완성하는 것'으로 음악과 가무를 가지고 학생들의 성정을 도야하여 그 인격을 완선(完善)하게 하는 것이다."

남궁괄이 또 물었다. "선생님은 제자들에게 어떤 교육 방법을 채택하셨습니까?"

공자가 대답하였다. "사사로움이 없고 숨기는 것이 없는 것이 내가 교육을 베푸는 첫 번째 요점이다. 나는 학생들에게 조금의 숨기고 속이는 것이 없는데, 이는 나의 학생들의 학문이 이미 자가의 일상적인 생활 행위에서 남김없이 표현되었다. 엄격한 요구가 내가 교육을 베푸는 두 번째 요점이다. 마음속으로 통하려고 노력하지 않으면 열어주지 않으며, 애태워하지 않으면 말해주지 않으니, 이것이 내가 교육을 베푸는 세 번째 요점이다. 학생들을 가르치는 데 어렵게 생각하여 해결하지 않고 대답을 요구할 때는 그를 계도하지 않고 생각을 해서 말을 하지 않고 또 말이 명백하지 않을 때는 계발시켜주지 않으며, 학생이 한 귀퉁이를 들어 세 귀퉁이를 반증(反證)할 수 있어야 한다."

남궁괄은 공자의 교육 방법을 분명히 알게 되었으며 공자를 더욱 존경하게 되었고 학습도 더욱 분투하였다. 공자의 계발식 이념교육은 오늘날의 교육에도 중요한 귀감의 뜻을 가지고 있다.

3) 유적지

산동 추성(鄒城) 남궁괄 묘(墓)

298

남궁괄의 묘는 산동성 추성시 한가운데 현 소재지 앞의 남궁촌
(南宮村)에서 약 100m 지점에

있다. 묘지에는 원래 향전(享殿)
과 둘레 담 및 명·청 시기에 심은
고목 수십 그루가 있었으나 '문화
대혁명' 때 없어지고 파괴되었으
며, 봉분 또한 평평하게 깎여나갔
고 청대의 부서지고 남은 묘비 하
나만 있다.

추현(鄒縣) 인민정부는 1984
년에 원래의 묘지에 '전현중점문
물보호단위(全縣重點文物保護單
位)'라는 비석을 세웠다.

추성의 남궁괄 묘 청대 잔비

추성의 남궁괄 묘 문물보호표지비

4) 《논어》 가운데 남궁괄과 관련된 장구(章句)

❶ 子謂南容, 邦有道 不廢 邦無道 免於刑戮. 以其兄之子妻之.

　공자께서 남용을 두고 평하시기를 "나라에 도가 있을 때에는 버려지지 않을 것이요, 나라에 도가 없을 때에는 형벌을 면할 것이다." 하시고, 형의 딸을 그에게 시집보내셨다. 《논어》 공야장(公冶長)

❷ 南容三復白圭 孔子以其兄之子妻之.

　남용이 〈백규〉의 시를 (하루에) 세 번 반복해 외우니, 공자께서 그 형님의 딸을 그에게 시집보내셨다. 《논어》 선진(先進)

❸ 南宮適問於孔子曰 羿善射 奡盪舟 俱不得其死. 然禹稷, 躬稼而有天下. 夫子不答 南宮適出. 子曰 君子哉若人! 尙德哉若人!

　남궁괄이 공자께 묻기를, "예는 활을 잘 쏘았고, 오는 힘이 세어 육지에서 배를 끌고 다녔지만, 모두 제대로 죽지 못하였습니다. 그러나 우왕과 직은 몸소 농사를 지었는데도 천하를 소유하셨습니다." 하니, 공자께서 대답하지 않으셨다.

　남궁괄이 밖으로 나가자, 공자께서 말씀하셨다. "군자로구나, 이 사람이여! 덕을 숭상하는구나, 이 사람이여!" 《논어》 헌문(憲問)

孔門弟子【畫傳】

天下無行，多為家臣
仕於都；唯季次未嘗仕。

庚寅陽春賈明繪

31. 공석애(公晳哀)

1) 일생

공석애(생졸년 미상)는 성이 공석(公晳)이고 이름은 애(哀)이며 자(字)는 계차(季次) 또는 계침(季沈)이라고 했다. 춘추시대 말기 제(齊)나라 사람이다.

공석애는 가정형편이 매우 빈한하였으며 공자를 사사한 이후 열심히 공부하여 공자의 가르침을 실천하였다. 그는 평생토록 벼슬을 하지 않았으며 안빈낙도의 기절(氣節)을 표현해내었다.

동한(東漢) 이래 공석애는 역대 통치자의 추숭을 받아 봉함과 제사가 끊이지 않았다.

당나라 현종(玄宗) 개원(開元) 27년(739)에 예백(郳伯)에 추봉되었다. 북송 진종(眞宗) 대중상부(大中祥符) 2년(1009) '북해후(北海侯)'에 봉하여졌다. 명나라 세종(世宗) 가정(嘉靖) 9년(1530)에 '선현(先賢)'으로 일컬어져 공자에 종사되었다.

2) 《사기》 가운데 공석애와 관련된 장구(章句)

天下無行 多爲家臣 仕於都 唯季次未嘗仕.

천하에서 (덕을) 행하지 않고 거의 가신이 되어 도읍에서 벼슬을 하는데, 계차만은 일찍이 벼슬을 한 적이 없다. 《사기》 권 67 〈열전(列傳)〉 제 7.

302

司馬牛曰：不憂不懼，

斯謂之君子已乎？

子曰：內省不疚，不疚，

夫何憂何懼？

庚寅陽春賈明繪

孔門弟子【畫傳】

32. 사마경(司馬耕)

1) 일생

사마경(생졸년 미상)은 성이 사마이고 이름은 경이며, 자는 자우 (子牛)이다. 춘추시대 말기 송(宋)나라 사람으로 송나라 대부 사마 환퇴(司馬桓魋)의 아우이다.

사마경은 말을 잘하였으며 성미가 급하였다. 공자께 인사를 올리 고 스승으로 삼은 후에 유가의 학설을 굳게 믿어 윗사람을 범하여 난을 일으키는 것을 반대하였다. 그의 형인 사마환퇴가 송나라의 반란에 참여하자, 그는 곧 송나라를 떠나 제나라로 달아났다. 환퇴 가 일으킨 반란이 실패하고 제나라로 도망치자, 사마경은 제나라를 떠났다.

사마경은 역대 통치자의 제사와 봉함을 받았다.

당나라 현종(玄宗) 개원(開元) 27년(739)에는 '향백(向伯)'에 봉 하였다.

북송 진종(眞宗) 대중상부(大中祥符) 2년(1009)에는 '초구후(楚 邱侯)'에 봉하였다.

남송 도종(度宗) 함순(鹹淳) 3년(1267)에는 '수양후(睢陽侯)'로 공자에 종사(從祀)하였다.

명나라 세종(世宗) 가정(嘉靖) 9년(1530)에는 그를 '선현(先賢)'으 로 칭하고 공자에 종사하였다.

사마라는 성은 관직에서 비롯하였는데, 서주의 군사 대권을 관장하던 대신 정백휴보(程伯休父)에게서 나왔으며, 이 관직의 칭위를 씨로 삼았다. 사마씨는 중국의 유명한 복성으로 그 가족에게서 인재가 배출되었다.

이를테면 서한의 유명한 사학가 사마담(司馬談)과 사마천(司馬遷) 부자며, 서한의 부(賦) 작가로 유명한 사마상여(司馬相如), 삼국시대의 위나라 권신 사마의(司馬懿)와 사마사(司馬師), 사마소(司馬昭), 북송의 대신이자 사학가인 사마광(司馬光) 등이 나왔다.

2) 사마경의 일화

사마경은 공자 일행의 뒤에 처져 한 걸음 한 걸음 따라가고 있었다. 그가 한 걸음씩 걸을 때마다 마음속으로 받는 번민은 더욱 심각하였다. 그는 공자 일행이 송나라에 이르러 오래 머물 수 없는 것이 모두 그의 형인 환퇴(桓魋)의 횡포의 소치 때문이라고 생각하였다.

송나라 경공(景公)은 공자를 매우 예우하였지만, 공자가 사마환퇴를 비평함으로써 환퇴가 사람을 보내 공자를 쫓아 죽이려는 상황을 초래했다.

사마경은 마음속으로 늘 왜 이런 형이 있을 수 있는가 생각하였다. 그는 심중으로 종종 탄식을 하였지만, 공자가 위난에 처하여 "하늘이 나에게 덕을 주었으니, 환퇴가 나를 어찌 하겠는가?(天生德於予, 桓魋其如予何)"라고 엄숙하게 말을 하였을 때는 숙연한 공경심이 일었다.

사마경이 공자를 스승으로 모셨을 당시에는 성심껏 공자의 가르침을 받아들일 수 있기를 바랐는데 지금 모두의 눈빛이 등에 가시를 진 것 같은 것을 보니 그들의 눈은 마치 "그 형에 그 아우"라고 말하고 있는 것 같았다.

사마경은 이 때문에 마음이 혼란해져서 공자의 일행과 갈수록 멀어져 마지막 한 사람도 보이지 않았을 때 그는 갑자기 눈시울이 뜨거워져 눈에서 눈물이 흘렀다.

"어이! 무슨 일이야?" 줄곧 사마경의 위를 따르던 자하가 다정하게 물었다.

잠시 침묵하다가 사마경은 탄식하면서 말했다. "모두 좋은 형이 있는데 나만 지금 없다네."

자하가 말하였다. "슬퍼하지 마. 한 사람의 생사는 명이 일찌감치 정하여져 있고 부귀도 완전히 하늘이 결정하는 거야. 형제와 연분이 없는 것도 천명이지. 내 생각에는 피차의 마음에 경(敬)을 지닐 수 있고 남과 함께 있을 때 공손하고 예가 있으면 온 천하의 사람이 모두 형제가 될 수 있으니 결코 골육간의 친형제만 형제는 아니라네. 보게, 지금 눈앞에서 길을 가고 있는 사람들이 모두 그대의 형제가 아닌가?"

사마경은 듣고 발걸음이 자기도 모르게 매우 경쾌해졌다. 자하와 사마경 두 사람은 성큼성큼 걸어 공자 일행을 따라잡았다.

모두들 잠시 멈추어 쉬고 있었고 공자는 홀로 조금 떨어진 곳에 앉아서 흐르는 물을 응시하고 있었다. 사마경은 가볍게 공자 쪽으로 걸어갔다. 공자는 조용하게 고개를 들고는 미소를 지으며 관심을 나타내었다.

사마경이 물었다. "선생님께 어떡해야 군자가 될 수 있는지 여쭙고 싶습니다."

　공자는 눈을 감은 다음 침착하고 느긋하면서도 힘주어 대답하였
다. "군자는 걱정하지도 않고 두려워하지도 않는다. 안으로 자기를
성찰하여 조그마한 흠도 없으니 또한 무엇을 근심하며 두려워함이
있겠는가?"

　사마경은 부자의 대답을 듣고 마음속이 따뜻해졌다. 사마경의 번
뇌는 잠깐만에 완전히 사라졌다. 그러나 지금부터 그가 대면해야
하는 더욱 큰 번뇌는 그가 인생의 대도(大道)를 발견하는 것으로 마
치 하나의 높고 험준한 산봉우리가 그의 눈앞에 서 있는 것 같았다.

3)《논어》가운데 사마경과 관련된 장구(章句)

　❶ 司馬牛問仁. 子曰 仁者 其言也訒. 曰 其言也訒 斯謂之仁矣
　　乎? 子曰 爲之難 言之得無訒乎?

　　사마우가 인에 대하여 묻자, 공자께서 말씀하셨다. "인자(仁
者)는 그 말함이 참아서 하는 것이다." 말하였다.

　　"그 말하는 것을 참아서 하면 인이라 이를 수 있습니까?"

　　공자께서 말씀하였다. "이것을 행하기가 어려우니, 말함에 참
아서 하지 않을 수 있겠는가?"《논어》안연(顏淵)

　❷ 司馬牛問君子. 子曰, 君子不憂不懼. 曰 不憂不懼 斯謂之君子
　　矣乎? 子曰 內省不疚 夫何憂何懼?

　　사마우가 군자에 대하여 묻자, 공자께서 말씀하셨다. "군자는
걱정하지 않으며 두려워하지 않는다." 사마우가 말하였다. "근심
하지 않으며 두려워하지 않으면 군자라 이를 수 있습니까?" 공

자께서 말씀하셨다. "안으로 반성하여 조그마한 하자도 없으니, 무엇을 근심하며 무엇을 두려워하겠는가?" 《논어》 안연(顔淵)

308

孔門弟子【畫傳】

林放
姓林
名放，
字子丘，
魯國人

33. 임방(林放)

1) 일생

임방(생졸년 미상)은 춘추시대 말기 노나라(지금의 山東 新泰 放城集, 일설에 의하면 曲阜 林家村) 사람이다. 임방은 상(商)나라의 모신(謀臣) 비간(比干)의 후손이다. 비간은 일찍이 맡은 관직에 충성을 다하다가 상나라 천자에 의해 심장이 갈라져 죽임을 당하였기 때문에 임씨의 가족은 몰래 도망쳐 산으로 들어갔다.

춘추시대 때 임방은 노나라에 거처하면서 공자에게 예를 물었다. 당나라 개원(開元) 27년(739)에 '청하(淸河伯)'라는 호를 내렸다. 송나라 대중상부(大中祥符) 2년(1009)에 '장산후(長山侯)'에 추봉되었다.

2) 유적지

산동 곡부 임방 묘(墓)

임방의 묘는 곡부성 남쪽 임가촌 서북쪽 400m 104번 국도 서쪽에 있다. 묘에는 원래 봉분이 있었으며, 비석에는 "선현장산후임자방묘(先賢長山侯林子放墓)"라고 새겨져 있다.

비석의 높이는 2.4m, 너비는 0.8m이며 비석의 머리에는 해무리 모양의 무늬가 있어서 반원 형태를 띠고 있으며 고박하고 순후하다. 비석 앞에는 돌 상석이 있으며 주위에는 원래 후손들의 무덤이 몇 기(基) 있었으나, 지금은 이미 남아 있지 않다.

묘 곁에는 '임방이 예를 물은 곳(林放問禮處)'이란 비석이 있는
데, 1975년 공묘(孔廟)의 규문각(奎文閣) 앞 서비정(西碑亭)으로 옮
겼다. 1986년 곡부시급 문물보호단위로 공포되었으며, 지금은 산동
성 문물보호단위이다.

곡부 임방묘 표지비

곡부 임방묘 표지비

곡부 임방묘 표지비

산동 곡부 임방 문예처(問禮處)

이곳은 곡부성 남쪽 8리 임가촌 서북쪽에 있으며 임방의 고리로
전하여진다. 《논어》 팔일(八佾)편의 기록에 임방이 예의 근본을 묻
자, 공자께서 말씀하셨다. "훌륭하다, 질문이여! 예는 사치하기보다

곡부의 임방문예처 비석

는 차라리 검소하여야 하고, 상은 형식적으로 잘 치르기보다는 차라
리 슬퍼하여야 한다(林放問禮之本 子曰 大哉問 禮 與其奢也 寧儉,
喪, 與其易也 寧戚)."라 하였다.

나중에는 마침내 임가촌을 예를 물은 곳으로 정하였다. 청나라 건
륭(乾隆) 49년(1784) 곡부 유학교유(儒學教諭) 왕득후(王得厚)는
이곳에 비석을 세우고 '문예고지(問禮故址)' 넉 자를 써 놓았다. 지
금 비석은 공묘의 명비정(明碑亭)에 있다.

3) 《논어》 가운데 임방과 관련된 장구(章句)

❶ 林放問禮之本 子曰 大哉問 禮 與其奢也 寧儉 喪 與其易也 寧
戚.

임방이 예의 근본을 묻자, 공자께서 말씀하셨다. "훌륭하다,
질문이여! 예는 사치하기보다는 차라리 검소하여야 하고, 상은
형식적으로 잘 치르기보다는 차라리 슬퍼하여야 한다." 《논
어》 팔일(八佾)

❷ 季氏旅於泰山 子謂冉有曰 女弗能救與? 對曰 不能 子曰 嗚呼!
曾謂泰山不如林放乎?

계씨가 태산에서 여제(旅祭)를 지냈다. 공자께서 염유에게
"네가 그것을 바로잡을 수 없겠느냐?" 하시자, 염유가 "할 수
없습니다." 하고 대답하였다.

공자께서 다음과 같이 말씀하셨다. "아! 일찍이 태산의 신령
이(禮의 근본을 물은) 임방만도 못하다고 생각하느냐?" 《논
어》 팔일(八佾)

313

孔門弟子畫傳【申根】

孔門弟子【畫傳】

七十二賢人之申根。
庚寅陽春賈明繪

中国 書店

34. 신정(申棖)

1) 일생

신정(생졸년 미상)은 자가 주(周)이다. 춘추시대 말기 노나라(지금의 산동 嘉祥) 사람이다. 일찍부터 공자를 따라 배워 성실하고 각고의 노력을 기울였지만, 성격이 강하고 굳세어 다른 사람과 변론을 할 때마다 쉽게 양보하지 않았다.

전하는 바에 따르면 신정은 전란을 피하여 문등(文登 ; 지금의 상동 문등시)에서 은거하며 강학을 하다가 죽은 후에 이곳에 장사지내졌다고 한다.

당나라 개원(開元) 27년(739) '노백(魯伯)'에 추봉되었다.

송나라 대중상부(大中祥符) 2년(1009) '문등후(文登侯)'에 봉하여졌다.

명나라 가정(嘉靖) 9년(1530)에 '선현신자(先賢申子)'로 봉하여졌다.

2) 신정의 일화

신정은 강하지 않다(申棖不剛)

공자는 몇몇 제자들이 일단 벼슬을 하면 강직한 덕성을 잃어버리고 가볍게 권귀와 타협을 하는 것을 보았는데, 이는 그를 매우 실망시켰고 늘 강직하고 굽히지 않는 사람이 없는 것에 대해 개탄했다.

젊은 제자들은 매우 이상하게 느꼈는데, '인(仁)'과 '지(智)' 혹은 '중용(中庸)' 같은 지극히 높고 지극히 아름다운 덕행은 물론 마음대로 충분히 할 수 있는 것이 아니지만 '강직함' 같은 덕행을 갖춘 사람은 당연히 적지 않을 것이라고 생각하였다.

신정은 말을 했다 하면 금석이 울리듯 힘이 있었고, 다른 사람과 의논을 할 때 그의 뇌성이 울리는 듯한 음성은 상대방이 입을 열수 없게 할 정도로 압도적이었다.

장자(長者)건 다른 사람의 면전에서든 막론하고 두려워했던 적이 없었으며 오히려 이치를 따져가며 힘껏 따졌으며 아울러 그는 언제나 약소하고 업신여김을 받는 쪽에 서서 정의를 펼쳤다.

이 때문에 나이 어린 제자들의 시각으로는 신정이야말로 가장 환영받고 가장 존경받는 일물 중의 하나이다.

이에 어떤 제자가 공자에게 말하였다. "스승님, 신정은 강직하고 굽히지 않는 사람에 걸맞겠지요."

공자가 듣더니 웃으면서 대답하였다. "신정은 욕망이 너무 많으니 어떻게 강직하여 굽히지 않는다고 하겠는가?"

공자의 이 대답을 듣고 제자들은 모두 공자의 말이 이해하기 어렵다고 느꼈으며 심지어는 승복을 못한다는 느낌이 들기까지 했다. 무엇보다도 신정은 금전에 대하여 지금껏 매우 냉담했기 때문에 제자들은 모두 신정이 욕심이 많은 사람이라고 생각지 않았다.

다음으로 신정이 욕망이 많다고 하더라도 여전히 강직한 사람이라는 평가는 잃지 않았으니, 이는 누구도 부인할 수 없었으며 그의 평상시의 생활과 사람됨이야말로 가장 좋은 증거였다.

316

다른 한 제자가 참지 못하고 신정을 위해 불평을 하였다. "스승님, 스승님께서는 신정이 욕망이 너무 많다 하셨는데, 제 생각에는 너무 지나친 요구인 것 같은데요."

공자가 대답하였다. "사실 이른바 욕망이라는 것이 바로 돈과 재물을 탐하는 것이라 볼 수는 없다. 간단히 말해서 무릇 시비에 대한 밝은 변별도 없이 대뜸 남과 다투고 다른 사람을 능가하고자 하는 사람이야말로 바로 '욕망'이다. 신정은 성격이 정직하기는 하지만, 그는 오히려 위세를 부리고 승리를 다투며 왕왕 감정대로 일을 처리하는 것이야말로 '욕망'인 것이다. 그러니 어찌 강직하여 굽히지 않는 것에 걸맞겠느냐?"

공자는 이어서 말하였다. "이른바 '강'이라는 것은 결코 위세를 부리고 이기기를 좋아하는 것이 아니라 자기를 제어할 수 있는 공부인 것이다. 자기의 욕망을 충분히 제어할 수만 있다면 어떤 환경을 막론하고 모두 천리(天理)를 위배하지 않으며 또한 시종여일 가볍게 변치 않을 것이니, 이 정도는 되어야 진정한 '강'이라 하겠다."

스승의 말을 듣고 제자들은 약속이나 한 듯이 고개를 끄덕이며 무엇이 욕망이 없는 강임을 명백히 알게 되었다.

3) 유적지
산동 문등(文登) 신정 묘(墓)

신자의 묘는 산동성 문등시 성 북쪽에 있는데 '문화대혁명' 때 훼손되었다. 신정은 전란을 피하여 일찍이 문등에서 은거하며 강학하였으며 사후에 이곳에 장사지내어졌다.

신정이 와서 제후국의 많은 문인과 지사를 흡수하여 끌어들였으며, 전국시대 때 '직하(稷下)의 황로학파(黃老學派)'가 이곳에서 무리를 모아 강학한 적이 있는데, 그들이 말과 행동으로 가르친 것이 '문등학(文登學)'의 최초의 연원으로 문등을 자못 명성이 있는 '문사지향(文士之鄕)'으로 만들어 주었다.

4) 《논어》 가운데 신정과 관련된 장구(章句)

子曰 吾未見剛者. 或對曰 申棖. 子曰 棖也慾 焉得剛.

공자께서 "나는 아직 강한 자를 보지 못하였다." 하시자, 혹자가 "신정입니다."라 대답하였다. 공자께서 말씀하셨다. "신정은 욕심으로 하는 것이니, 어찌 강일 수 있겠는가?"《논어》 공야장(公冶長)

318

孔門弟子【畫傳】

公伯寮 姓公伯名寮，字子周，魯国人。

庚寅陽春賈明繪

中国 孔子 画傳

35. 공백료(公伯寮)

1) 일생

공백료(생졸년 미상)는 성이 공백(公伯)이고 이름은 요(寮)이며 자는 자주(子周)이다. 공자의 학생으로 자로와 함께 계씨(季氏)의 가신이 되었다.

공백료는 공자의 일생 가운데 몇 가지 큰 사건에서 결정적인 작용을 하였다. 공자가 '세 도읍을 허무는(墮三都)' 계획을 집행하는 과정에서 몰래 공자가 노나라 정공(定公)에게 보낸 편지[簡札]를 사사로이 계씨에게 누설함으로써 이 때문에 공자는 계씨에게 죄를 짓게 되었다.

공자가 동제(冬祭)를 지낼 때 아직 제육(祭肉)을 받지 못한 상황에서 계씨는 공백료로 하여금 공자에게 옥결(玉玦)을 가져다주게 하고, 아울러 공백료로 하여금 공리(孔鯉)에게 정공이 친히 이 물건을 공자에게 가져다주게 한 것이라고 말하게 함으로써 공자로 하여금 정공이 결별할 뜻이 있다는 생각을 가지게 하여 열국(列國)을 주유하기 시작하도록 결정하게 하였다.

공백료는 이 때문에 계씨가 내리는 상을 받게 되었고 공자의 제자 행렬에서 퇴출되었다.

《사기》 중니제자열전에서는 그를 공자의 제자로 열거하고 있으며 그의 이름을 24번째로 열거하였다. 그가 공자를 팔아먹고 자로를 참소하였으므로 후인들에 의해 공문 제자의 명단에서 삭제되었다. 명나라 가정 연간에 공묘에서도 신위가 치워졌다.

2) 《논어》 가운데 공백료와 관련된 장구(章句)

公伯寮愬子路於季孫. 子服景伯以告 曰 夫子固有惑志於公伯寮
吾力猶能肆諸市朝. 子曰 道之將行也與 命也 道之將廢也與 命
也公伯寮其如命何!

공백료가 자로를 계손에게 참소하니, 자복경백이 공자께 아뢰기를 "부자(季孫)께서 진실로 공백료의 말에 마음을 의혹하고 계시니, 내 힘이 그래도 공백료의 시신쯤은 거리에 널어놓을 수 있습니다."

공자께서 말씀하셨다. "도가 장차 행해지는 것도 명이며, 도가 장차 폐해지는 것도 명이니, 공백료가 그 명을 어떻게 하겠는가?" 《논어》 헌문(憲問)

孔門弟子【畫傳】

顏幸，
姓顏名幸，字子柳，
比孔子小四十八歲，
魯國人。

中国书店

36. 안행(顔幸)

안행(BC 503~?)은 일명 안신(顔辛)이라고도 하며 자는 자유(子柳)로 춘추시대 말기의 노나라 사람이다. 공자보다 48세 어리다.

당나라 때 '소백(蕭伯)'에 추봉되었다.

북송 때 '양곡후(陽穀侯)'로 높여져 봉하여졌다.

명나라 때 '선현안자(先賢顔子)'로 칭호가 바뀌었다.

孔門弟子【畫傳】

曹卹，姓曹名卹，字子循，比孔子小五十歲，蔡國人。

37. 조휼(曹卹)

1) 일생

조휼(BC 501~?)은 자가 자순(子循)이며 춘추시대 말기의 채(蔡)나라 사람으로 공자보다 50살 어리다.

당나라 때 '조백(曹伯)'에 추봉되었다.

북송 때 '상채후(上蔡侯)'로 높여져 봉하여졌다.

명나라 때 '선현조자(先賢曹子)'로 칭호가 바뀌었다.

2) 유적지

조휼의 묘(墓)는 지금의 하남성 주마점시(駐馬店市) 상채현(上蔡縣) 수호진(洙湖鎭)에 위치해 있다.

하남 상채의 조휼 묘(墓)

孔門弟子【畫傳】

冉孺　姓冉名孺，
字子魯，冉氏三兄弟冉求之子，
比孔子小五十歲，魯國人。

中國　濟寧　曲阜

38. 염유(冉孺)

염유(BC 501~?)는 춘추시대 말기의 노나라 사람이다. 《사기(史記)》〈중니제자열전(仲尼弟子列傳)〉의 기록에는 공자보다 50살 어리다고 하였다.

당나라 현종(玄宗) 개원(開元) 27년(739) '기백(紀伯)'에 추봉되었다.

송나라 대중상부(大中祥符) 2년(1009)에는 '임기후(臨沂侯)'로 높여져 봉하여졌다.

명나라 가정(嘉靖) 9년(1530)에는 '선현염자(先賢冉子)'로 칭호가 바뀌었다.

孔門弟子【畫傳】

39. 백건(伯虔)

백건(BC 501~?)은 자가 자석(子析)이며, 춘추시대 말기의 노나
라 사람이다. 공자보다 50살 어리다.

당나라 때 '요백(聊伯)'에 추봉되었다.

북송 때 '목양후(沐陽侯)'로 높여져 봉하여졌다.

명나라 때 '선현백자(先賢伯子)'로 칭호가 바뀌었다.

孔門弟子【畫傳】

顏高——先賢顏子

庚寅陽春賈明繪

40. 안고(顔高)

안고(BC 501~?)는 춘추시대 말기의 노나라 사람이다.
당나라 때 '낭야백(琅琊伯)'에 추봉되었다.
북송 때 '뇌택후(雷澤侯)'로 높여져 봉하여졌다.
명나라 때 '선현안자(先賢顔子)'로 칭호가 바뀌었다.

孔門弟子【畫傳】

先賢——公孫龍

庚寅陽春賈明繪

中國　濟寧　曲阜

41. 공손룡(公孫龍)

공손룡(BC 498~?)은 자가 자석(子石)이며, 춘추시대 말기의 초
(楚)나라 사람이다. 공자보다 53살 어리다.

당나라 때 '황백(黃伯)'에 추봉되었다.

북송 때 '지강후(枝江侯)'로 높여져 봉하여졌다.

명나라 때 '선현공손자(先賢公孫子)'로 칭호가 바뀌었다.

冉季：
字子產，冉雍之子。
魯国人。

孔門弟子【畫傳】

中国 哲学 画库

42. 염계(冉季)

염계(생졸연대 미상)는 춘추시대 말기의 노나라 사람이다.
당나라 때 '동평백(東平伯)'에 추봉되었다.
북송 때 '제성후(諸城侯)'로 높여져 봉하여졌다.
명나라 때 '선현염자(先賢冉子)'로 칭호가 바뀌었다.

孔門弟子畫傳【公祖句茲】

先賢公祖子

庚寅陽春賈明繪

孔門弟子【畫傳】

中国 曲阜

43. 공조구자(公祖句茲)

공손구자(생졸년 미상)는 춘추시대 말기의 진(秦)나라 사람이다.

당나라 때 '기사백(期思伯)'에 추봉되었다.

북송 때 '즉묵후(卽墨侯)'로 높여져 봉하여졌다.

명나라 때 '선현공조자(先賢公祖子)'로 칭호가 바뀌었다.

秦祖——先賢秦子

庚寅陽春賈明繪

孔門弟子【畫傳】

中國 濟寧 畫專

44. 진조(秦祖)

진조(생졸년 미상)는 춘추시대 말기의 노(魯)나라 사람이다.
당나라 때 '소량백(少梁伯)'에 추봉되었다.
북송 때 '견성후(鄄城侯)'로 높여져 봉하여졌다.
명나라 때 '선현진자(先賢秦子)'로 칭호가 바뀌었다.

漆雕哆——先賢漆雕子

庚寅陽春賈明繪

孔門弟子【畫傳】

中国 曲阜

45. 칠조치(漆雕哆)

칠조치(생졸년 미상)는 춘추시대 말기의 노나라 사람이다.

당나라 때 '무성백(武城伯)'에 추봉되었다.

북송 때 '복양후(濮陽侯)'로 높여져 봉하여졌다.

명나라 때 '선현칠조자(先賢漆雕子)'로 칭호가 바뀌었다.

341

孔門弟子畫傳【漆雕徒父】

孔門弟子【畫傳】

先賢——漆雕徒父
庚寅陽春賈明繪

中国 曲阜

46. 칠조도보(漆雕徒父)

칠조도보(생졸년 미상)는 춘추시대 말기의 노나라 사람이다.

당나라 때 '수구백(須句伯)'에 추봉되었다.

북송 때 '고원후(高苑侯)'로 높여져 봉하여졌다.

명나라 때 '선현칠조자(先賢漆雕子)'로 칭호가 바뀌었다.

孔門弟子畫傳【壤駟赤】

壤駟赤————先賢壤駟子
庚寅陽春賈明繪

孔門弟子【畫傳】

344

47. 양사적(壤駟赤)

양사적(생졸년 미상)은 춘추시대 말기의 진(秦)나라 사람이다.
당나라 때 '북징백(北徵伯)'에 추봉되었다.
북송 때 '상규후(上邽侯)'로 높여져 봉하여졌다.
명나라 때 '선현양사자(先賢壤駟子)'로 칭호가 바뀌었다.

345

孔門弟子【畫傳】

商澤——先賢商子

侯家陽春賈明繪

中国 济宁 曲阜

48. 상택(商澤)

상택(생졸년 미상)은 춘추시대 말기의 노나라 사람이다.
당나라 때 '저양백(睢陽伯)'에 추봉되었다.
북송 때 '추평후(鄒平侯)'로 높여져 봉하여졌다.
명나라 때 '선현상자(先賢商子)'로 칭호가 바뀌었다.

孔門弟子【畫傳】

石作蜀
姓石名作蜀，
字子明。

屈富陽敬業明繪

中國 濟寧 曲阜

49. 석작촉(石作蜀)

석작촉(생졸년 미상)은 춘추시대 말기의 진(秦)나라 사람이다.
당나라 때 '후읍백(郈邑伯)'에 추봉되었다.
북송 때 '성기후(成紀侯)'로 높여져 봉하여졌다.
명나라 때 '선현석작자(先賢石作子)'로 칭호가 바뀌었다.

孔門弟子【畫傳】

任不齊　姓任名不齊・字選・一作子選・楚國人

50. 임부제(任不齊)

임부제(생졸년 미상)는 춘추시대 말기의 초(楚)나라 사람이다.

당나라 때 '임성백(任城伯)'에 추봉되었다.

북송 때 '당양후(當陽侯)'로 높여져 봉하여졌다.

명나라 때 '선현임자(先賢任子)'로 칭호가 바뀌었다.

351

孔門弟子【畫傳】

后處 姓后名處，字子里，齊國人。

南方楷各質四所

中國 新宇 曲阜

51. 후처(後處)

후처(생졸년 미상)는 춘추시대 말기의 제(齊)나라 사람이다.
당나라 때 '영구백(營丘伯)'에 추봉되었다.
북송 때 '교동후(膠東侯)'로 높여져 봉하여졌다.
명나라 때 '선현후자(先賢後子)'로 칭호가 바뀌었다.

353

孔門弟子畫傳【秦冉】

秦冉——先賢秦子

庚寅陽春賈明繪

孔門弟子【畫傳】

中國 濟寧 曲阜

52. 진엽(秦冉)

진엽(생졸년 미상)은 춘추시대 말기의 채(蔡)나라 사람이다.

당나라 때 '팽아백(彭衙伯)'에 추봉되었다.

북송 때 '신식후(新息侯)'로 높여져 봉하여졌다.

명나라 때 '선현진자(先賢秦子)'로 칭호가 바뀌었다.

孔門弟子【畫傳】

53. 신당(申黨)

신당(생졸년 미상)은 춘추 말기 노나라 사람이다.
당나라 때 '소능백(김陵伯)'에 추봉되었다.
북송 때 '치천후(淄川侯)'로 높여져 봉하여졌다.
명나라 때 '선현신자(先賢申子)'로 칭호가 바뀌었다.

孔門弟子【畫傳】

54. 안지복(顔之僕)

안지복(생졸년 미상)은 춘추시대 말기의 노나라 사람이다.
당나라 때 '동무백(東武伯)'에 추봉되었다.
북송 때 '완구후(宛句侯)'로 높여져 봉하여졌다.
명나라 때 '선현안자(先賢顔子)'로 칭호가 바뀌었다.

孔門弟子畫傳【左人郢】

孔門弟子【畫傳】

55. 좌인영(左人郢)

좌인영(생졸년 미상)은 춘추시대 말기의 노나라 사람이다.

당나라 때 '임치백(臨淄伯)'에 추봉되었다.

북송 때 '남화후(南華侯)'로 높여져 봉하여졌다.

명나라 때 '선현좌자(先賢左子)'로 칭호가 바뀌었다.

청나라 때는 또 '선현좌인자(先賢左人子)'로 칭호가 바뀌었다

孔門弟子畫傳【燕伋】

孔門弟子【畫傳】

56. 연급(燕伋)

연급(생졸년 미상)은 춘추시대 말기의 노나라 사람이다.
당나라 때 '어양백(漁陽伯)'에 추봉되었다.
북송 때 '견원후(汧源侯)'로 높여져 봉하여졌다.
명나라 때 '선현연자(先賢燕子)'로 칭호가 바뀌었다.

孔門弟子【畫傳】

57. 진비(秦非)

진비(생졸년 미상)는 춘추시대 말기의 노나라 사람이다.
당나라 때 '견양백(汧陽伯)'에 추봉되었다.
북송 때 '화정후(華亭侯)'로 높여져 봉하여졌다.
명라 때 '선현진자(先賢秦子)'로 칭호가 바뀌었다.

施之常——先賢施子
孔廟陽山官刊碑　編

孔門弟子【畫傳】

58. 시지상(施之常)

시지상(생졸년 미상)은 춘추시대 말기의 노나라 사람이다.
당나라 때 '승지백(乘氏伯)'에 추봉되었다.
북송 때 '임복후(臨濮侯)'로 높여져 봉하여졌다.
명나라 때 '선현시자(先賢施子)'로 칭호가 바뀌었다.

顏噲，姓顏名噲，字子聲，魯國人。

孔門弟子【畫傳】

59. 안쾌(顔噲)

안쾌(생졸년 미상)는 춘추시대 말기의 노나라 사람이다.
당나라 때 '승지백(乘氏伯)'에 추봉되었다.
북송 때 '제명후(濟陽侯)'로 높여져 봉하여졌다.
명나라 때 '선현시자(先賢施子)'로 칭호가 바뀌었다.

孔門弟子畫傳【步叔乘】

步叔乘，姓步名叔乘，字子車，齊國人。

孔門弟子【畫傳】

60. 보숙승(步叔乘)

보숙승(생졸 연대 미상)은 춘추시대 말기 제(齊)나라 사람이다.
당나라 때 '순우백(淳於伯)'에 추봉되었다.
북송 때 '박창후(博昌侯)'로 높여져 봉하여졌다.
명나라 때는 '선현보숙자(先賢步叔子)'로 칭호가 바뀌었다.

先賢樂子，字子聲。秦國人。

孔門弟子【畫傳】

61. 악해(樂欬)

악해(생졸 연대 미상)는 춘추시대 말기의 제(齊)나라 사람이다.
당나라 때 '창평백(昌平伯)'에 추봉되었다.
북송 때 '건성후(建成侯)'로 높여져 봉하여졌다.
명나라 때는 '선현악자(先賢樂子)'로 칭호가 바뀌었다.

孔門弟子【畫傳】

62. 염결(廉絜)

염결(생졸 연대 미상)은 춘추시대 말기 위(衛)나라 사람이다.
당나라 때 '거보백(莒父伯)'에 추봉되었다.
북송 때 '조성후(胙成侯)'로 높여져 봉하여졌다.
명나라 때는 '선현염자(先賢廉子)'로 칭호가 바뀌었다.

375

孔門弟子【畫傳】

叔仲會——先賢叔仲子

庚寅陽春賈明繪

63. 숙중회(叔仲會)

숙중회(생졸 연대 미상)는 춘추시대 말기 진(晉)나라 사람이다.

당나라 때 '하구백(瑕丘伯)'에 추봉되었다.

북송 때 '박평후(博平侯)'로 높여져 봉하여졌다.

명나라 때는 '선현숙중자(先賢叔仲子)'로 칭호가 바뀌었다.

狄黑——失賢狄子

庚寅陽春賈明繪

孔門弟子【畫傳】

64. 적흑(狄黑)

적흑(생졸 연대 미상)은 춘추시대 말기 위(衛)나라 사람이다.
당나라 때 '임제백(臨濟伯)'에 추봉되었다.
북송 때 '임필후(林廬侯)'로 높여져 봉하여졌다.
명나라 때는 '선현적자(先賢狄子)'로 칭호가 바뀌었다.

孔門弟子【畫傳】

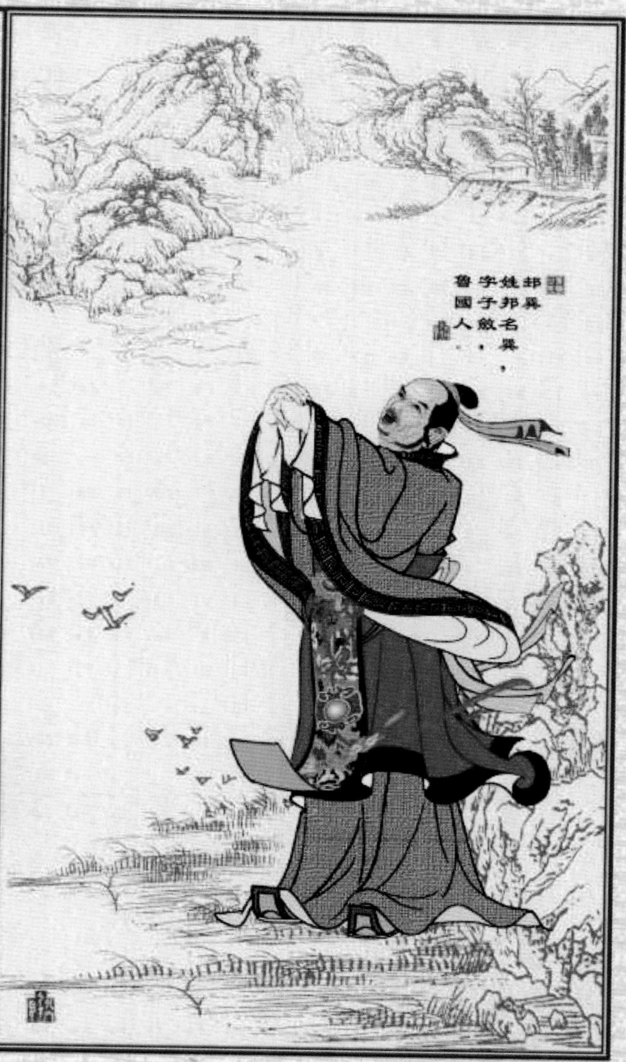

65. 규손(邽巽)

규손(생졸 연대 미상)은 춘추시대 말기 노(魯)나라 사람이다.

당나라 때 '평륙백(平陸伯)'에 추봉되었다.

북송 때 '고당후(高堂侯)'로 높여져 봉하여졌다.

명나라 때는 '선현규자(先賢邽子)'로 칭호가 바뀌었다.

孔門弟子【畫傳】

孔忠 姓孔名忠，
字子蔑，孔子兄孟皮之子，
是孔子的姪子，魯國人

66. 공충(孔忠)

공충(생졸 연대 미상)은 자가 자멸(子蔑)이다. 춘추시대 말기 노(魯)나라 사람이다.

당나라 때 '문양백(汶陽伯)'에 추봉되었다.

북송 때 '운성후(鄆城侯)'로 높여져 봉하여졌다.

명나라 때는 '선현공자(先賢孔子)'로 칭호가 바뀌었다.

청나라 때는 또 '선현자멸자(先賢子蔑子)'로 칭호가 바뀌었다.

孔門弟子【畫傳】

六十六

公西葴 字子尚，鲁国人。

庚寅阳春贾明绘

67. 공서점(公西蔵)

공서점(생졸 연대 미상)은 춘추시대 말기 노(魯)나라 사람이다.
당나라 때 '축아백(祝阿伯)'에 추봉되었다.
북송 때 '서성후(徐城侯)'로 높여져 봉하여졌다.
명나라 때는 '현공서자(先賢公西子)'로 칭호가 바뀌었다.

琴牢——先賢秦子

庚寅陽春賈明繪

孔門弟子【畫傳】

68. 금뢰(琴牢)

금뢰(생졸 연대 미상)는 춘추시대 말기 위(衛)나라 사람이다.
당나라 때 '남릉백(南陵伯)'에 추봉되었다.
북송 때 '평양후(平陽侯)'로 높여져 봉하여졌다.
명나라 때는 '선현금자(先賢琴子)'로 칭호가 바뀌었다

孔門弟子【畫傳】

鄭國——先賢鄭子

中國 曲阜

69. 정국(鄭國)

정국(생졸 연대 미상)은 춘추시대 말기 노(魯)나라 사람이다.

당나라 현종(玄宗) 개원(開元) 27년(739) '영양백(滎陽伯)'에 추봉되었다.

송나라 대중상부(大中祥符) 2년(1009)에는 '구산후(朐山侯)'로 높여져 봉하여졌다.

명나라 가정 연간에 '선현정자(先賢鄭子)'로 칭호가 바뀌었다.

孔門弟子【畫傳】

蘧瑗：姓蘧名瑗，字伯玉，
衛國大夫，是一個受視的君子

庚寅陽春賈明繪

中國 古典 畫庫

70. 거원(蘧瑗)

거원(생졸 연대 미상)은 성은 거이고 이름은 원이며 자(字)는 백옥(伯玉)으로 춘추시대 말기 위(衛)나라 사람이다. 위나라 대부는 예를 지킨 군자이다.

당나라 현종(玄宗) 개원(開元) 27년(739) '위백(衛伯)'에 봉하여졌다.

송나라 대중상부(大中祥符) 2년(1009)에는 '내황후(內黃侯)'로 높여져 봉하여졌다.

奚容蔵——先賢奚子

庚寅陽春賈明繪

孔門弟子【畫傳】

中国 曲阜

71. 해용점(奚容蒧)

해용점(생졸 연대 미상)은 춘추시대 말기 위(衛)나라 사람이다.

당나라 현종(玄宗) 개원(開元) 27년(739) '하비백(下邳伯)'으로 추봉되었다.

송나라 대중상부(大中祥符) 2년(1009)에는 '제양후(濟陽侯)'로 높여져 봉하여졌다.

명나라 가정(嘉靖) 9년(1530)에는 '선현해자(先賢奚子)'로 바뀌어 일컬어졌다.

孔門弟子【畫傳】

縣成　姓縣名成，字子祺，魯國人
南方總務委員明禋　

中國　曲阜

72. 현성(縣成)

현성(생졸 연대 미상)은 성은 현이고 이름은 성이며 자는 자기 (子祺)이다. 춘추시대 말기의 노나라 사람이다.

당나라 현종(玄宗) 개원(開元) 27년(739) '거야후(鉅野侯)'로 추봉되었다.

송나라 대중상부(大中祥符) 2년(1009)에는 '무성후(武城侯)'로 높여져 봉하여졌다.

부록 1.

공자연표(孔子年表)

1세 ; BC 551년(周靈王 21년, 魯襄公 22년)
하력(夏曆) 8월 27일(양력 9월 28일)에 공자가 노(魯)나라 추읍(陬邑) 창평향(昌平鄕 ; 지금의 山東 곡부성 동남쪽)에서 태어났는데 이름은 공구(孔丘), 자는 중니(仲尼)라 하였다.

3세 ; BC 549년(周靈王 23년, 魯襄公 24년)
부친 숙량흘(叔梁紇)이 죽어 방산(防山 ; 지금의 山東 곡부 梁公林)에 장사 지내고 어머니인 안징재(顔徵在)가 아들을 데리고 노나라 도성인 궐리(闕裏)로 옮겨 거처를 정하다.

6세 ; BC 546년(周靈王 26년, 魯襄公 27년)
공자가 예를 배우기 시작하다. 아이로 장난할 때 항상 제기를 차려 놓았으며 예를 행하는 용모를 베풀었었다(爲兒嬉戱 常陳俎豆, 設禮容).

15세 ; BC 537년(周景王 8년, 魯昭公 5년)
공자가 스스로 열 다섯 살에 학문에 뜻을 두었다(十有五而志於學)라고 하였다.

17세 ; BC 535년(周景王 10년, 魯昭公 7년)
모친인 안징재가 병사하다.

19세 ; BC 533년(周景王 12년, 魯昭公 9년)
견관씨(幵官氏)의 딸에게 장가들다.

20세 ; BC 532년(周景王 13년, 魯昭公 10년)
아들 공리(孔鯉)가 태어나다. 공자가 전후로 위리(委吏)와 승전(乘田)이 되어 양초(糧草)와 목축(牧畜)을 관리하다.

24세 ; BC 528년(周景王 17년, 魯昭公 14년)
공자가 부모를 방산(防山)에 합장하다.

27세 ; BC 525년(周景王 20년, 魯昭公 17년)
담자(郯子)가 노나라를 조현하자 공자가 담자에게 배우다.

29세 ; BC 523년(周景王 22년, 魯昭公 19년)
공자가 사양(師襄)에게 금(琴)을 배우다.

30세 ; BC 522년(周景王 23년, 魯昭公 20년)
제나라 경공(景公)과 안영(安嬰)이 노나라에 들어와 공자에게 예를 묻다. 공자가 학교를 설치하여 학생들을 가르치다. 공자가 스스로 "서른 살에 자립하였다(三十而立)."라고 하다.

34세 ; BC 518년(周敬王 2년, 魯昭公 24년)

맹의자(孟懿子)와 남궁경숙(南宮敬叔)이 공자에게 예를 배우다.
공자와 남궁경숙이 주나라로 가서 노담(老聃)에게 예를 묻고,
장홍(萇弘)에게 음악을 묻다.

35세 ; BC 517년(周敬王 3년, 魯昭公 25년)
노나라에 내란이 발생하여 공자가 노나라에서 제나라로 가다.
소(韶)의 음악을 듣고 석 달 동안 고기맛을 알지 못하다. 제나라
경공이 공자에게 정치를 묻다.

36세 ; BC 516년(周敬王 4년, 魯昭公 26년, 齊景公 32년)
제나라 경공이 늙었다면서 공자를 사절하자, 공자가 노나라로
돌아오다.

40세 ; BC 512년(周敬王 8년, 魯昭公 30년)
공자가 스스로 "마흔 살에 의혹되지 않았다(四十而不惑)." 라
하였으며, 학문에 더욱 진전이 있어 제자들이 더욱 불어나다.

47세 ; BC 505년(周敬王 15년, 魯定公 5년)
양화(陽貨)가 공자를 찾아보고 공자에게 출사를 권하다.

50세 ; BC 502년(周敬王 18년, 魯定公 8년)
공자가 스스로 "쉰 살에 천명을 알았다(五十而知天命)." 라고
하다. 《역》을 좋아하여 《역》을 읽다가 가죽끈이 세 번 떨어지
자, "하늘이 나에게 몇 년의 수명을 빌려주어 마침내 《역》을 배

우게 한다면 큰 허물이 없을 것이다(加我數年 五十以學易 可以
無大過矣)."라 하다.

51세 ; BC 501년(周敬王 19년, 魯定公 9년)
공자가 중도재(中都宰)가 되어 밤에도 방문을 닫지 않고 길에
서 흘린 것을 줍지 않게끔 다스리다.

52세 ; BC 500년(周敬王 20년, 魯定公 10년, 齊景公 48년)
공자가 사공(司空)이 되고 나중에 대사구(大司寇)로 승진하다.
제나라와 노나라의 협곡(夾谷)의 회합에서 공자가 재상의 일을
대신 행하다.

54세 ; BC 498년(周敬王 22년, 魯定公 12년)
공자가 노나라의 사구(司寇)로 재상의 일을 대신 행하여 삼도
(三都)를 허물다. 공산불요(公山不擾)가 노정공을 공격하였는데
공자에 의해 꺾이어 패하다. 공자가 소정묘(少正卯)를 죽이다.

55세 ; BC 497년(周敬王 23년, 魯定公 13년, 衛靈公 38년)
봄에 공자가 노나라를 떠나 위(衛)나라로 가서 열국 주유가 시
작되다.

56세 ; BC 496년(周敬王 24년, 魯定公 14년, 衛靈公 39년, 陳
湣公 6년)
공자가 위나라에서 진나라로 가다가 광(匡)에서 곤액을 당하

다.

공자가 포(蒲)를 지나는데, 포 사람들이 에워쌌으며 포를 거쳐 위나라로 돌아가다.

57세~59세 ; BC 495년~BC 493년.

공자가 위령공을 만나보고 위나라에서 3년간 출사하다. 공자가 남자(南子)를 만나다. 위령공이 죽은 후 공자가 위나라를 떠나다.

60세 ; BC 493년(周敬王 28년, 魯哀公 3년, 宋景公 25년)

공자가 조(曹)나라와 송(宋)나라, 정(鄭)나라를 거쳐 진(陳)나라로 가다. 도중에 송나라 사마(司馬) 환퇴(桓魋)의 살해 위협을 받다. 정나라를 지나는 길에 제자와 서로 길을 잃다. 공자가 스스로 "예순 살에 귀로 들으면 그대로 이해가 되었다(六十而耳順)."라 하였다.

61세~63세 ; BC 492년~BC 489년.

공자가 진(陳)나라에 있으면서 진민공에게서 3년간 벼슬을 하다.

송(宋)나라를 지나 진(陳)으로 가다.

63세 ; BC 489년(周敬王 31년, 魯哀公 6년, 楚昭王 27년)

공자가 진(陳)나라를 떠나 채(蔡)나라로 가다가 진나라와 채나라 사이에서 식량이 떨어지다.

64세~67세 ; BC 488~BC 485년

공자가 위(衛)나라에 있으면서 위출공(衛出公)에게서 4년간 출사하다.

68세 ; BC 484년(周敬王 36년, 魯哀公 11년)
공자가 위나라에서 노나라로 돌아오다.

69세 ; BC 483년(周敬王 37년, 魯哀公 12년)
아들인 공리(孔鯉)가 죽다. 공자가 음악을 바로잡고 《시》와 《서》 등의 문헌을 정리하다.

70세 ; BC 482년(周敬王 38년, 魯哀公 13년)
공자가 스스로 "하고 싶은 대로 해도 법도를 넘지 않았다(從心所欲 不逾矩)."라 하다.

71세 ; BC 481년(周敬王 39년, 魯哀公 14, 楚惠王 8년)
노나라 서쪽에서 기린이 잡혔으며 전하기로는 공자가 이때 《춘추(春秋)》를 짓다가 절필(絕筆)하였다고 하다.

72세 ; BC 480년(周敬王 40년, 魯哀公 15, 楚惠王 9년, 衛莊公 1년)
위나라에서 정변이 발생하여 자로가 피살되다.

73세 ; BC 479년(周敬王 401, 魯哀公 16)
공자가 세상을 떠나다.

부록 2

공문제자 유존현상(遺存現狀)

산동성(山東省)
제령(濟寧) 곡부(曲阜)
◆ 재여(宰子) 묘(墓) ; 곡부성 동쪽에 있으며, 지금의 고성촌
동남쪽 250m 327번 도로 이북이다.
◆ 안자림(顔子林) ; 지금의 곡부성 동남쪽 20리 방산(防山) 남
쪽에 있다.
◆ 안묘(顔廟)·누항가(陋巷街) ; 곡부성 안에 있다.
◆ 자공(子貢) 여묘처(廬墓處) ; 곡부 공림(孔林)에 있다.
◆ 유약(有若) 묘비 ; 곡부성 동남쪽 남천촌(南泉村) 동남쪽 50
0m 지점에 있다.
◆ 임방(林放) 묘(墓) ; 곡부성 남쪽 임가촌(林家村) 서북쪽
400m 104번 국도 서쪽 곁에 있다.

제령 어대(魚臺)
◆ 어대 민자사(閔子祠) ; 어대현 무대향(武臺鄕) 대민촌(大閔
村)에 있다.
◆ 번지(樊遲) 묘(墓) ; 어대현 왕로진(王魯鎭) 무대촌(武臺村)
남쪽 50m 지점에 있다.

◆ 오리(五里) 삼현(三賢)의 전설 ; 지금까지 어대현 장황진(張黃鎭)에 전하여진다.

제령 사수(泗水)

◆ 사수 중자묘(仲子廟) ; 사수현 현성 동부 제하(齊河) 서안에 있으며 원명은 향현사(鄕賢祠) 이다.

제령 미산(微山)

◆ 미산 중자묘 ; 미산현 노교진(魯橋鎭) 중가천촌(仲家淺村)에 자리잡고 있다.

제령 가상(嘉祥)

◆ 가상 증점(曾點) 묘(墓) ; 가상현 위장향(魏莊鄕) 무성촌(武城村) 북쪽 800m 지점에 있다.

◆ 담대자(澹臺子) 고리비(故里砒) ; 가상현 남부에 있다.

◆ 염자(冉子) 묘사(墓祠) ; 가상현 현성 서북쪽 28.5km 황해촌(黃垓村) 동북쪽에 있다.

◆ 증자묘(曾子廟) ; 가상현 현성 남쪽 23km 남무산(南武山) 남쪽 기슭에 있다.

제령 추성(鄒城)

◆ 남궁괄(南宮適) 묘(墓) ; 추성시 한가운데 현 소재지 앞의 남동평의 염자사는 유지만 남아 있다.

태안 신태(新泰)

◆ 태안 방성집(放城集) ; 임방(林放)은 태안 숭례향(崇禮鄕) 방성집 사람이며, 마을에는 방성집이라고 불리는 시장이 있는데 현지인들은 이 이름으로 임방이 예를 높이고 근본을 안 미덕을 기념하고 있다. 지금의 신태 방성진(鎭)에 속한다.

임기(臨沂) 평읍(平邑)

◆ 평읍 증점(曾點) 묘(墓) ; 평읍현 위장향(魏莊鄕) 현 소재지 남쪽 1.5km 지점 증자산(曾子山) 자연풍경구에 있다.

◆ 평읍 원헌(原憲) 고리 ; 평읍현 중촌진(仲村鎭) 남둔촌(南屯村) 북쪽 15km 지점의 남양성(南陽城)에 있으며 또한 원헌성이라고도 한다. 성 북쪽 무산(武山) 뇌고대(擂鼓臺)는 원헌의 묘라고 전하여진다.

◆ 평읍 증자산(曾子山) ; 평읍현 위장향 경내에 있으며 몽산(蒙山) 남쪽에 우뚝 높이 서 있는데 최고 해발은 487.4m이다.

임기(臨沂) 비현(費縣)

◆ 비현 민자사(閔子祠) ; 비현 동북쪽의 오구촌(五溝村)에 있다.

임기 기수(沂水)

◆ 기수 이현사(二賢祠) ; 기수 서북쪽 45km 지점에 위치하고 있으며 민자건이 계씨를 피한 곳이며 사당 곁에는 자로(子路)의

독서대가 있어서 함께 제사를 지내고 명칭을 이현사라 하였다고
전하여진다.

하택개발구(菏澤開發區)

◆ 하택 중궁사(仲弓祠) ; 선현 염자 중궁의 사위(祠位)는 산동
성하택시 동쪽 7km 지점의 장점촌(張店村)에 있는데 선현 염자
중궁의 고향으로 마을에는 염씨 성을 가진 주민이 많다. 마을
중심의 정자로(丁字路) 입구 동북쪽 모서리에는 염자 중궁사가
있으며 속칭 염가사당이라고도 하며, 하택시의 시급문물보호단위
이다.

하택 정도(定陶)

◆ 하택 삼염합사(三冉合祠) ; 정도현(定陶縣) 현성 동남쪽 6km
지점의 염고진(冉堌鎮) 염고집촌(冉堌集村)에 있는데 춘추시대에
처음 형성된 옛 촌락이다. 전하는 바에 따르면 선현 염자(冉子 ;
冉求)의 고향이라 하며, 마을에는 옛날에 염경(冉耕)과 염옹, 염
구(冉求)의 삼현(三賢)을 합사한 삼염사(三冉祠)가 있었다고 한
다.

하택 선현(單縣)

◆ 선현 복부제(宓不齊) 금대(琴臺) ; 선현(單縣) 성 남쪽 제방
안의 금대에 있는데 곧 당시 복부제가 정무를 보던 틈틈이 금을
타던 곳이다.

하택 목단구(牧丹區)

◆ 하택 자하(子夏) 묘(墓) ; 하택시 목단구 만복판사처(萬福辦
事處) 정장(丁莊) 부근의 복고리(葡固裏)에 있다.

요성시(聊城市)

◆ 관현(冠縣) 염자(冉子) 묘(墓) ; 지금의 산동 요현(聊縣) 현
성 서북쪽 9km 지점의 고왕단촌(高王丹村) 동쪽 염자중학원(冉
子中學院) 안에 있다.

조장시(棗莊市)

◆ 설성(薛城) 염구(冉求) 묘(墓) ; 조장시(棗莊市) 설성구 도장
진(陶莊鎭) 북부 암상촌(庵上村) 동쪽 500여 m의 수구산(繡球
山)에 있다.

탄방(灘坊) 제성(諸城)

◆ 제성 공야장(公冶長) 묘(墓) ; 제성시(諸城市) 마장향(馬莊鄕)
석산(錫山)의 동남쪽 기슭에 자리 잡고 있으며, 석산은 또한 공
야산(公冶山)이라고도 한다.

탄방 안구(安丘)

◆ 안구 공야장서원(公冶長書院) ; 안구시 성정산(城頂山)에 있
으며 공야장이 은거하며 독서하고 문도들을 가르친 곳이라 전하
여진다.

위해시(威海市)

◆ 문등(文登) 신장(申棖) 묘(墓) ; 묘지는 문등시 성 북쪽에 있는데 문화대혁명 때 훼손되었다.

河南省 낙양시(洛陽市)

◆ 맹진(孟津) 염백우(冉伯牛) 묘(墓) ; 지금의 맹진현 백학진(白鶴鎭) 동남쪽 2리 쯤 되는 우장(牛莊)에 있다.

복양시(濮陽市)

◆ 복양 자로분(子路墳) ; 자로분은 중유묘(仲由墓)라고도 하며 하남 복양시 신시구의 중심지대에 위치하며 그 서남쪽 반화리(半華里)는 척성(戚城)의 유지이다.

복양 범현(範縣)

◆ 범현 민자(閔子) 묘(墓) ; 범현 동남쪽 22km 지점에 위치하고 있으며 물가가 황하를 굽어보고 있어 이따금씩 부딪쳐 허물어져 범현의 역대 관리와 유생들이 여러 차례 물자를 대어 수리하고 정비한 적이 있다.

주마점시(駐馬店市)

◆ 상채(上蔡) 칠조개(漆雕開) 묘(墓) ; 주마점시 상채현 화피진(華陂鎭) 화남촌(華南村) 서쪽에 있다.

◆ 상채(上蔡) 조휼(曹卹) 묘(墓) ; 주마점시 상채현 수호진(洙

湖鎭)에 있다.

학벽시(鶴壁市)

◆ 학벽 여공(黎公) 묘(墓) ; 지금의 하남 학벽시(市) 준현(浚縣)의 현성 동남쪽 4km 지점 동장장촌 서북쪽 200m지점에 있다.

주구(周口) 태강(太康)

◆ 태강 고시집(高柴集) ; 태강현 성 서쪽 23km 지점에 있는데 민간에서는 고현집(高賢集) 혹은 고시집(高柴集)이라고도 한다.

주구 회양(淮陽)

◆ 회양 진항(陳亢) 고리 ; 진항의 고리는 하남성 회양 성 북쪽의 진루촌(陳樓村)에 있는데 그가 당시에 거주하고 생활하였으며 강학하던 곳이다.

초작시(焦作市)

◆ 온현(溫縣) 자하(子夏) 묘(墓) ; 온현 임소향(林召鄕) 복양문촌(葡楊門村)에 있다.

신향시(新鄕市)

◆ 획가(獲嘉) 자하 묘(墓) ; 획가현 서관촌(西關村)에 있다.

山西省 하진시(河津市)

408

◆ 신봉촌(辛封村) 자하 묘(墓) ; 하진시 신봉촌에 있다.

安徽省 숙주시(宿州市)

◆ 소현(蕭縣) 삼현사(三賢祠) ; 소현 백모산(白茅山)에 있으며, 그곳에는 민자건(閔子騫)과 자장(子張), 안신(顏辛)을 함께 제사지내므로 삼현사 라고 한다.

◆ 소현 편타노화거우반촌(鞭打蘆花車牛返村) ; 편타노화(鞭打蘆花)의 고사가 생겨난 곳으로 후인들이 민자건의 효행을 기념하고자 편타노화(鞭打蘆花)가 있었던 곳의 마을을 편타노화 거우반촌으로 개명하여 지금껏 그대로 쓰고 있어서 현재 중국에서 가장 긴 마을 이름이 되었다.

◆ 소현 전손사(顓孫師) 묘(墓) ; 소현 남쪽 30리 지점의 굴방촌에 있으며, 묘의 높이는 1길여이고 면적은 120궁(弓)이다.

저주시(滁州市)

◆ 풍양(風陽) 복부제(宓不齊) 묘(墓) ; 민국 판본 《선현지》의 기록에 의하면 복부제의 분묘는 풍양현 수주 이남 30km의 철불강에 있으며, 이전에 석비가 있었는데, 복부제는 노나라를 위하여 오나라에 사신으로 갔다가 길에서 죽어 이에 여기에 장사를 지낸다(宓不齊爲魯使吳 死于道 因葬焉)라는 글자가 새겨져 있었다.

회북시(淮北市)

◆ 회북 전손사(顓孫師) 고거(故居) ; 회북시 두집구(杜集區) 석

대진(石臺鎭) 학전지촌(學田地村)에 있다.

蘇省 소주시(蘇州市)

◆ 소주 담대호(澹臺湖) ; 담대멸명이 남쪽을 유람하다가 강소 오현(吳縣) 동남쪽에 이르러 거주하였으며 그가 살던 곳 부근이 나중에 함몰되어 호수가 되었고 사람들은 그곳을 담대호라고 하였는데 또한 바로 지금의 소주의 저명한 담대호이며, 호숫가에서는 지금도 봉분을 볼 수 있다.

◆ 소주 언자사(言子祠) 유지 ; 소주 언자사 유지는 소주시 간장(幹將) 동로(東路) 908호에 있으며 또한 언자묘(廟)라고도 한다.

◆ 강소 상숙(常熟) 언자 고적 ; 지금의 상숙성 안에는 언자의 고적이 여러 군데 있다. 우산진(虞山鎭) 언자항(言子巷)에는 언자 고택이 있고 우산 동령(東嶺)에는 언자 묘(墓)가 있으며, 학전가(學前街)에는 언자전사(專祠)가, 대동문(大東門) 밖에는 언항교(言港橋)가, 주당반(州塘畔)에는 언자고리정(亭)이 있다.

上海市 상해 봉현구(奉賢區)

◆ 상해 봉현구 ; BC 444년 자유(子遊)가 상해 가에 와서 학관(學館)을 열고 제자들에게 학문을 익히게 하였을 뿐만 아니라 유학의 예로 사람을 가르치고 덕을 길렀는데, 봉현은 이 때문에 얻은 이름이며, 나중에 봉현구로 고쳤다.

410

江西省 남창시(南昌市)

◆ 남창 담대멸명(澹臺滅明) 묘(墓) ; 남창 시내 동호(東湖) 가에 있으며 묘비는 이미 훼손되었다.

◆ 진현현(進賢縣) ; 공자의 제자 72현 중에서 담대멸명이 여기에서 남유하면서 강학을 하였으므로 이렇게 부르며 '진능납현(進能納賢)' 이라는 뜻이다.

湖北省 무한시(武漢市)

◆ 무한 자공서원(子貢書院) ; 무한시 횡피구(橫陂區) 기가만(祁家灣)에 있다.

四川省 성도시(成都市)

◆ 사천상구리(四川商瞿裏) ; 곧 지금의 사천성 성도시 쌍류현(雙流縣) 동쪽 구상성(瞿上城)이다.

공문제자화전
孔門弟子畵傳

초판 인쇄일 / 2024년 09월 20일
초판 발행일 / 2024년 09월 27일

☆

지은이 / 정중손(鄭仲遜)

옮긴이 / 장세후

펴낸이 / 김동구

펴낸데 / 🏮明文堂

(창립 1923년 10월 1일 창립 100주년)

서울특별시 종로구 윤보선길 61(안국동)

우체국 010579-01-000682

☎ (영업) 733-3039, 734-4798

(편집) 733-4748

fax. 734-9209

e-mail : mmdbook1@hanmail.net

등록 1977. 11. 19. 제 1-148호

☆

ISBN 979-11-94314-01-1   03150

☆

값 20,000원